du modèle
à la
simulation informatique

MATHESIS
Directeurs : Michel BLAY — Hourya SINACEUR

Franck VARENNE

du modèle à la simulation informatique

PARIS
LIBRAIRIE PHILOSOPHIQUE J. VRIN
6, Place de la Sorbonne, V^{e}

2007

Imprimé en France
ISSN 1147-4920
ISBN : 978-2-7116-1925-2

www.vrin.fr

REMERCIEMENTS

Cet ouvrage est un des résultats, refondu et adapté, d'un travail de thèse aux multiples sources. Je tiens à remercier d'abord Pierre Cérez, aujourd'hui décédé, ainsi que Claude Audoin, Noël Dimarcq, Bertrand Boussert et tous ceux qui m'ont formé à la « paillasse » comme à la modélisation mathématique et à la simulation numérique, lors d'un séjour de plus d'un an au *Laboratoire de l'Horloge Atomique d'Orsay* (laboratoire propre du CNRS aujourd'hui fusionné avec le *LNE – SYRTE* / Observatoire de Paris). Je tiens à remercier mon directeur de thèse, Girolamo Ramunni, qui m'a encouragé et a très vite perçu l'intérêt des enquêtes transversales que j'ai ensuite menées sur les différents usages de la simulation informatique comme sur leurs transformations récentes dans les sciences.

Toute ma reconnaissance va également aux acteurs et personnalités que j'ai pu rencontrer et longuement interviewer pour ce travail d'enquête, de conceptualisation et de mise en perspective : Hervé Bichat, Alain Coléno, Francis Collot, Jean Françon, Pierre Frankhauser, Francis Hallé, François Houllier, Jean-Marie Legay, Denise Pumain et Philippe de Reffye. Merci aussi à tous les acteurs ou historiens que j'ai pu contacter ponctuellement, et qui m'ont fourni d'autres documents ou d'autres perspectives : Stéphane Bura, Jack B. Fisher, Evelyn Fox Keller, Stephan Hartmann, Hisao Honda, Pierre Matarasso, Tsvi Sachs, Jerome C. Wakefield.

Merci également aux historiens, philosophes et/ou praticiens des modèles et des simulations avec lesquels j'ai interagi plus récemment, dans le cadre de colloques, séminaires ou communications invitées, cela de manière à prolonger, corriger ou affiner certaines des thèses soutenues ici : Frédéric Amblard, Gilles Campagnolo, Gérard Chazal, Patrick Coquillard, Robert Damien, Claude Debru, Raphaël Duboz, Jean-Claude Dumoncel, Jean-Claude Dupont, Bernard Elissalde, Sara Franceschelli, Olivier Gandrillon, David R. C. Hill, Jean-Jacques Kupiec, Francis Laloë, Pierre Livet, Patrice Langlois, Giuseppe Longo, Gianluca Manzo, Nicole Mathieu, Paul-Antoine Miquel, Jean-Pierre Müller, Daniel Parrochia, Maurice Pasdeloup, Maud Pélissier, Denis Phan, Léna Sanders, Anne-Françoise Schmid.

Je remercie enfin tout particulièrement Hourya Sinaceur qui, par son engagement enthousiaste, a constamment soutenu ce projet éditorial.

AVANT-PROPOS

De nombreuses histoires des concepts scientifiques et certains travaux d'histoire des idées au XXe siècle ont montré que la croyance en des idéologies comme en des théories unitaires est révolue. L'époque serait aux modèles, à leur relativité, à leur modestie, à leur caractère pragmatique. La simplicité biblique d'une théorie unitaire, monarchique et monolithique ne serait plus à l'ordre du jour. Et la multiplicité des secteurs de la science comme de ses méthodes, sa « désunité » même en attesteraient. Certes, avec Bruno et Galilée, mais aussi avec Spinoza, Kant, Hegel, puis Comte, le dieu de Descartes, incompréhensible et libre, est définitivement tombé sur la terre. Il est devenu la nature. Et en tombant, il s'est coupé en deux, en quelque sorte. À nous les hommes, l'infinie liberté, mais à la nature, l'infinie incompréhensibilité. La transcendance est désormais de ce monde. Nous y participons; mais nous n'y avons pas accès directement. Nous devons la travailler au corps. Nous sommes ainsi infiniment libres d'organiser une nature qui dépasse pourtant notre pouvoir de compréhension et d'intellection : c'est précisément là que naît la *méthode des modèles*, à l'orée du XXe siècle, dans ce lieu où la modestie et le narcissisme de l'homme contemporain se côtoient étrangement. L'homme sans qualités est l'homme contemporain, dit-on. C'est l'homme des possibles, des fictions probables, sans attache immuable, déraciné donc.

Nous dirions que c'est surtout l'homme des *divers modèles possibles* d'une nature à laquelle il participe sans pour autant la comprendre. Héritier d'un judéo-christianisme sans dieu, l'homme contemporain est placé devant l'interdit de toute représentation de l'incompréhensible que lui est désormais la nature, et donc aussi parfois sa nature. Arrangeant ses pratiques avec sa conscience, l'homme devient résolument positif. Plus précisément, il devient positiviste et pragmatiste. Déraciné du réel dans ses représentations comme dans ses concepts, il apprend à assumer progressivement la diversité et la dispersion des formulations du monde. Le monde n'est plus *écrit* en un langage géométrique : cette voix passive disait trop la confiance en l'activité antérieure d'une voix, d'un *fiat*, d'un Verbe premier qui n'a qu'à dire les choses pour qu'elles soient. Mais c'est à l'homme d'*écrire* activement le monde, en un langage mathématique aussi, il est vrai, mais en un langage dont ni le style ni la formulation ne sont déterminés *a priori*. Là est toute la différence. Ainsi, le formalisme scientifique ne s'enracine plus dans le réel. Mais il vient d'une proposition de celui qui pense et travaille ce réel. Si ce n'est plus la fidélité de la représentation scientifique formelle, sa vérité, qui est la valeur ultime, ce sera donc son économie (Mach) ou sa commodité (Poincaré, Duhem). La dispersion stylistique devient de fait la règle dans l'écriture des formalisations contemporaines de la nature. Cette dispersion, cette désunion formelle sont aujourd'hui encore incontestables.

Pour autant, en ce début du XXIe siècle, nous apercevons des signes qui semblent annonciateurs d'une transition vers une autre époque. L'ordinateur, après avoir fait le jeu de cette dispersion et l'avoir même amplifiée, semble par moments tendre à nous faire dépasser le pragmatisme du modélisme perspectiviste et ce d'une manière inédite. Après une époque de déracinement, puis de dispersion des formalisations du monde, le développement effréné des simulations informatiques et intégratives dans les sciences nous ferait-il assister à l'aube d'une convergence ? Et si oui, en quel sens ?

INTRODUCTION

Lorsqu'il s'agit de tester cette hypothèse d'un mouvement de convergence des formalisations et des disciplines, une enquête sur l'histoire récente des modèles de croissance de plantes et de leurs épistémologies en contexte présente un intérêt décisif. Elle permet d'une part de mettre au jour les obstacles auxquels la méthode des modèles [1] formels a été confrontée lorsqu'elle a rencontré des objets particulièrement complexes, au-delà même des problèmes anciens, mais régionaux, de calculabilité pratique ou théorique. D'autre part, elle donne l'exemple d'un domaine où, plus qu'ailleurs, la simulation informatique a très tôt supplanté les différentes techniques traditionnelles de modélisation. Rétrospectivement, on peut considérer que les spécialistes en simulation de croissance de plantes, dès les années 1970, ont fait un choix pionnier qui, depuis les années 1990, s'impose de plus en plus dans les sciences à objets réputés complexes : les approches de formalisation centrées sur les individus et sur les objets (programmation orientée objets, systèmes multi-agents [2]). Ainsi, il est important de comprendre que les motivations qui sont à l'origine de cette simulation, que nous dirons ici *informatique* parce qu'elle utilise toutes les ressources des langages de programmation informatique, ne sont pas les mêmes que celles qui furent à l'origine de la *simulation numérique*, origine si brillamment rapportée par Peter Galison [3]. Le fait que la *simulation*

1. On trouve une des premières occurrences en français de l'expression « méthode des modèles » (au sens des modèles formels) dans un ouvrage de cybernétique : P. de Latil, *La pensée artificielle*, Paris, Gallimard, 1953, p. 209.

2. *Cf.* glossaire.

3. P. Galison, *Image and Logic*, University of Chicago Press, 1997. À l'époque, l'objectif épistémologique de Galison est d'apporter une approche d'histoire sociologique, matérielle et instrumentale sur des faits récents d'histoire des sciences (dont la naissance décisive de la simulation sur ordinateur) que certaines philosophies des sciences, persistant dans une vision logiciste entre-temps adaptée (sémanticisme) mais réductrice, ne veulent interpréter qu'en

informatique ait pris son essor surtout hors de la physique suffirait à nous persuader *a priori* de son apport décisif pour l'appréhension des objets complexes. En ce sens, *la simulation informatique* n'est pas seulement une « *trading-zone* », une zone frontalière et de commerce où se parle un créole valant pour des échanges pragmatiques, comme Peter Galison le montre pour le cas de la *simulation numérique* en physique nucléaire[1]. Une simulation numérique repose en effet sur des discrétisations de modèle. À ce titre, son épistémologie graduée, malgré sa diversité, reste unidimensionnelle : elle met toujours face à face deux ou plusieurs interprétations appartenant à un *même* continuum épistémologique et qui sont également valables au sujet du *même* traitement formel par ordinateur d'un *même* modèle formel. Ainsi *les sous-symbolisations*[2] *unilatérales et uniformes* qu'elle met en œuvre dans ses discrétisations peuvent être interprétées à l'extrême soit comme une *représentation réaliste* granulaire (ainsi des neutrons simulés un à un...), soit comme un *traitement approché d'un modèle mathématique* préalable et surplombant. Il s'agit là certes de deux ou plusieurs langages, de deux ou plusieurs points de vue, mais servant à parler d'un *même* procédé technique de *calcul pas à pas*. Ainsi, pour Galison, malgré cette diversité *linguistique interprétative*, c'est un *accord pragmatiste*, mais de type encore linguistique, qui se fait dans l'existence même de ce procédé technique qu'est la simulation numérique et qui vaut donc comme l'incarnation à la fois technique et instrumentale d'un *créole*, d'un langage-frontalier.

Dans le cas des *simulations informatiques pluriformalisées*[3] qui se sont développées à partir des années 1970, en revanche, nous montrerons qu'il y a, dès le départ, une *pluralité fondamentale des sous-symbolisations*, donc une *pluralité de procédés techniques de calcul et de simulation de systèmes de symboles par d'autres systèmes de symboles. De telles simulations fragmentent et pluralisent tout langage monolithique. L'inexistence d'un modèle formel unique et l'inexistence corrélative d'un procédé unique et uniforme de calcul pas à pas, dans ces simulations, rendent donc désormais inapplicable une telle épistémologie linguistique, pourtant plus souple, comme elle confirme l'inapplicabilité d'une épistémologie de la simulation qui partirait unilatéralement de questions internes à la logique ou aux mathématiques*. Se pose alors la question plus générale de savoir *si les*

termes de règlements des diverses questions intra-mathématiques et/ou intra-logiques de *calculabilité*.

1. Cf. *ibid.*, p. 803 et 833-837.

2. *Cf.* glossaire.

3. Terme générique que nous proposons d'introduire : *cf.* glossaire.

épistémologies linguistiques contemporaines, qui valaient en leur temps pour les modèles formels, doivent être abandonnées ou doivent être une nouvelle fois réactualisées pour donner à comprendre l'apport épistémologique majeur des simulations. Afin de tâcher de répondre à cette question et, dans un premier temps, de mieux saisir le contexte de cette évolution épistémologique que nous jugeons majeure, nous allons rapidement rappeler le tableau des deux époques qui l'ont précédée.

Au cours de la première époque, des années 1920 aux années 1950, la méthode des modèles formels s'impose progressivement à la biologie quantitative de la morphogenèse à partir de quatre lieux distincts[1] : la biométrie, la biologie des populations, la biologie mathématique et la biocybernétique. Nous devons cependant faire tout de suite une mise au point. Par modèle formel, nous entendrons ne parler ici que des modèles formels à usage dans les sciences non purement formelles[2]. À partir de 1939, chez le logicien Alfred Tarski, la notion de « modèle » reçoit certes sa définition rigoureuse : « Un modèle d'une théorie formelle est une réalisation possible de cette théorie pour laquelle toutes les propositions valides de la théorie sont satisfaites »[3]. Le modèle est conçu comme un objet formel interprétant un système formel. Il est pensé comme l'*interprétant* plus concret d'un système formel abstrait. La théorie peut être alors définie, plutôt que par une axiomatisation directe, par la classe de ses modèles. Malgré les hypothèses interprétatives qui ont pu être par la suite formulées par des mathématiciens ayant pour objectif d'unifier les différents types de modèle[4], cela dans le cadre d'une stratégie classique de convergence absorbante[5], les études d'histoire des sciences montrent que la méthode des modèles dans les sciences non purement formelles a eu une origine distincte et d'abord assez indépendante de celle qui a caractérisé la naissance plus tardive, dans son caractère explicite, de la théorie métamathématique des modèles. Tandis que cette dernière ne remonte qu'aux travaux de Löwenheim et Skolem des années 1910-1920 et à ceux de Tarski

1. F. Varenne, « La simulation informatique face à la méthode des modèles », *Natures Sciences Sociétés*, vol. 11, n°1, 2003, p. 16-28.

2. *Cf.* glossaire : modèle formel.

3. M. Black, *Models and Metaphors – Studies in Language and Philosophy*, Ithaca and London, Cornell University Press, 1962, 6e éd., 1976, p. 262.

4. *Cf.* par exemple, P. Suppes, « A Comparison of the Meaning and the Uses of Models in Mathematics and the Empirical Sciences », *The Concept and the Role of the Model in Mathematics and Natural and Social Sciences*, H. Freudenthal (dir.), Dordrecht, D. Reidel Publishing Company, 1961, p. 163-177.

5. *Cf.* glossaire : convergence absorbante.

des années 1930[1] (même si on peut voir des précurseurs au XIXe siècle) et tire sa motivation de réflexions essentiellement internes à la logique et aux mathématiques dans leur versant algébrique (d'abord par opposition puis comme complément au courant de la logique axiomatique), la méthode des modèles, en biométrie, notamment, voit une de ses origines majeures dans la décision épistémologique de Ronald A. Fisher[2] de quitter l'interprétation bayésienne des statistiques. Fisher se propose, dans la lignée de la théorie des erreurs de l'astronomie puis dans la suite du célèbre article de Student[3] sur l'erreur probable effectuée dans l'estimation d'une moyenne, une « loi hypothétique » pour l'estimation de paramètres statistiques dans le cas des échantillons à faible effectif. *C'est cette loi hypothétique, formalisme déraciné s'il en est, en même temps que grille de lecture des données de terrain, qui sera très largement appelée « modèle » à la fin des années quarante.* Et c'est surtout cette formalisation fictive et déracinée qui servira de prototype aux autres types de modèle formel en biologie, dans l'après-guerre. Il est certes des exceptions, notamment, et cela est très significatif, en biologie théorique. Ainsi, au début des années 1960, c'est à partir d'une reprise explicite de la théorie mathématique des modèles que les biologistes théoriciens Nicholas Rashevsky et Robert Rosen finiront par accepter, mais à contre-cœur et bien tardivement, de se reconnaître comme « modélisateurs ». Mais les biologistes de terrain et expérimentateurs ne légitimeront, au contraire, que très rarement leur recours précoce au terme de « modèle » à l'aide de la théorie mathématique des modèles, même si tous ne l'ignorent pas. Leur référence reste bien souvent la biométrie et la biologie des populations des années 1920.

Par modèle formel, *nous entendons donc désigner ici plus généralement tout type de construit formel (de type logique ou mathématique), possédant une homogénéité axiomatique, et tel qu'il permette de répondre à certaines questions ou de remplir certaines fonctions (cognitives, empiriques, communicationnelles) en rapport avec un objet, un système ou un phénomène observable.* Il se distingue de la théorie par son caractère de localité, par son adaptation préalable aux questions initialement posées et par son incapacité à produire directement des résultats de type théorématique. Nous devons déjà dire qu'il se distingue aussi de la simulation. En première approche, la simulation sur ordinateur peut être

1. *Cf.* H. Sinaceur, *Corps et modèles*, Paris, Vrin, 1991, 1999 (2e éd.), p. 305-314.

2. R. A. Fisher, « Studies in Crop Variation. I. An Examination of the Yield of Dressed Grain from Broadbalk », *Journal of Agricultural Sciences*, 1921, vol. 11, p. 107-135.

3. W. S. Gosset (*alias* "Student"), « The probable error of a mean », *Biometrika*, 6, 1908, p. 1-25.

vue, quant à elle, comme un procédé de formalisation assisté par ordinateur et constitué de deux étapes distinctes : 1) une étape de *construction pas à pas* et de *réplication* (construction dont le scénario peut être lui-même soit fictif soit à tendance mimétique) fondée sur un *usage sous-symbolique*[1] de certains formalismes ; 2) une étape de *décompte, de mesure, d'observation ou de visualisation* de ce résultat. Cette étape de *mesure*, au sens large, peut être elle-même effectuée par ordinateur. La simulation remplace ainsi souvent un *calcul formel à la main ou assisté* par une *mesure sur réplication*. Une conséquence de ce fait est que, comme nous le verrons, contrairement au modèle, la simulation n'est pas toujours une construction *ad hoc*. Elle n'est pas toujours liée à un perspectivisme natif ni à une contrainte d'homogénéité formelle. Nous reviendrons sur ce point qui constituera un des acquis principaux de notre enquête.

Alors que le modèle de la théorie mathématique des modèles appartient de son côté à une représentation mathématique supposée plus concrète, alors que le « modèle géométrique » des lignes de force chez Faraday, comme plus tard chez Maxwell et Boltzmann, tendait lui aussi à une sorte de *visualisation des calculs (picturabilité)*, ce n'est cependant plus le caractère concret et figurable du modèle formel, ce n'est plus sa capacité interprétative qui sont recherchés dans la « méthode des modèles », mais, au contraire, une capacité à résumer formellement et commodément les relations entre observables, au besoin d'une manière qui reste purement symbolique et conventionnelle. Le *modèle formel* tend ainsi à être une formalisation directe sans construction préalable par un schème dans un espace figuratif.

Ainsi donc, cette première époque qui voit la naissance de la méthode des modèles, malgré ses divergences en matière d'épistémologie appliquée, se caractérise par un renouvellement général de la légitimation des formalismes en sciences de la vie, et particulièrement en formalisation de la morphogenèse : les formalismes se diversifient et sont moins directement réductionnistes et physicalistes. C'est en ce sens que le terme de « modèle »[2] devient plus fréquent, puis systématique, dans la littérature. Les mathématiques jouent alors un rôle soit purement pragmatique dans le cadre d'une épistémologie du déracinement et de la dispersion assumée, épistémologie de fait fictionnaliste et instrumentaliste (le modèle comme outil en biométrie), soit, pour les biomathématiciens les plus spéculatifs, un rôle non plus de réplication symbolique des mécanismes élémentaires

1. *Cf.* glossaire.
2. Pour la polysémie de ce terme, *cf.* glossaire.

(réalisme d'entités), mais celui de révélateur de structures stables de type directement mathématique (réalisme structurel). Ainsi en est-il du passage de la biophysique à la biotopologie chez Nicholas Rashevsky [1]. À coté de l'essor des mathématiques descriptives en sciences du vivant appliquées, comme de celui des modèles mathématiques issus des sciences de l'ingénieur et appliqués à la morphogenèse conçue comme stratégie d'optimisation de structure, pour ce qui concerne les travaux plus théoriques, l'ingéniosité mathématique va donc aussi dans le sens de ce que nous avons appelé un *déracinement des formalismes* et prend la relève des métaphores traditionnellement issues de la physique et des disciplines connexes.

Ce qui caractérise la deuxième époque, en revanche, celle qui va de l'émergence de l'ordinateur au tout début des années 1970, est plus complexe. C'est un ensemble de traits que l'on peut rappeler succinctement. Tout d'abord, la *simulation numérique* sur ordinateur y apparaît très tôt, aux côtés des modèles, mais de manière également polymorphe. En fonction des auteurs, tous mathématiciens, ce sont différentes pierres d'achoppement qui sont à chaque fois retirées du chemin de la modélisation pour la morphogenèse végétale. Alan Turing (1952) insiste sur l'apport de la discrétisation des formalismes. Murray Eden (1960) souligne la nécessité de formaliser l'aléa réel par l'aléa simulé au moyen de modèles « stochastiques » (fondés sur des lois de probabilité). Enfin, Stanislaw Ulam (1962) montre l'importance de la spatialisation des formalismes pour formaliser les phénomènes spatiaux (origine des automates cellulaires). Dans ce contexte, la simulation sur ordinateur se révèle dès le départ comme une stratégie de formalisation faible, dont le difficile traitement manuel (notamment faute de théorie mathématique) est compensé par un traitement récursif délégué à la machine. Par là, il se confirme que la simulation sur ordinateur s'appuie sur un usage sous-symbolique des axiomatiques usuelles : les modèles n'y sont pas tant *calculés* par l'ordinateur que leurs *axiomatiques y sont simulées par d'autres*. Ces autres axiomatiques sont à support parfois plus immédiatement interprétable, comme la représentation discrète de la granularité des neutrons en physique nucléaire.

Dans ces années 1960, cependant, chaque *simulation numérique du vivant*, en discrétisant de manière sélective et en spatialisant la représentation formelle, étend le pouvoir du modèle selon une ou deux dimensions jusque là inaccessibles aux mathématiques, mais guère plus. Chacune

1. F. Varenne, « Nicholas Rashevsky (1899-1972) : de la biophysique à la biotopologie », *Cahiers d'Histoire et de Philosophie des Sciences*, n° hors-série, 2006, p. 162-163.

d'entre elles reste en ce sens une *numérisation sélective*. Aucune ne peut aller jusqu'à toucher l'empirie pour promettre une calibration effective. Ces simulations numériques restent donc autant de modèles qualitatifs et seulement suggestifs, comparables aux modèles théorico-mathématiques qui leur sont contemporains et qui prétendent toujours expliquer, que ce soit ceux de la biophysique, de la biotopologie, de la biologie relationnelle, de la topologie différentielle ou de la thermodynamique des structures végétales. Dans ce cadre, l'ordinateur n'est qu'un simulateur d'allure. Il produit des graphes ou des courbes qui font penser à des formes naturelles. La ressemblance n'est que vague et purement qualitative. Du côté des formalisations théoriques ou spéculatives, qu'il s'agisse des modèles ou des simulations, la dispersion est donc la règle. C'est la dispersion de pures intentions, de spéculations et de gestes mathématiques sans guère de prise sur le monde des plantes.

Quant à la modélisation de terrain dans cette seconde période (agronomie, foresterie), celle qui a une prise sur le réel, la dispersion et la diversité formelles sont justement sa méthode, son *credo*. Fille d'un temps où les idéologies semblent devoir s'effriter, où l'on a le sentiment d'avoir appris que le monde naturel comme le monde humain est complexe voire infini, et que leurs interactions le sont de fait encore plus, la « méthode des modèles », désormais pleinement reconnue et diffusée, permet de ne pas se faire des idées et de se promettre de travailler le monde selon ce nouvel esprit de liberté, âpre, mais tellement responsabilisant, de l'après-guerre. Pour des suivis de production, pour des plans d'expériences multifactorielles, pour des améliorations de conduites culturales, pour des problématiques de gestion de fléau, les modèles biométriques et pragmatiques de plantes fonctionnent. Ils sont conçus pour cela. Et pourtant, ils achoppent sur des suivis de morphogenèse à l'échelle de la plante individuelle. Tout au moins, ils n'échouent pas tout à fait : ils font voir là plus que jamais le caractère désormais inéluctablement perspectiviste et sélectif du modèle formel. C'est que tout ne peut y être formalisé *en même temps*. Et ce qui pourrait apparaître ici comme un défaut du modèle, on décide de l'interpréter comme une qualité de la nature, comme la preuve que l'on a bien affaire à elle, à son insondabilité comme à son infinie complexité. Ces modèles pragmatiques sont sélectifs dans leur perspective. Ils sont de surcroît mutuellement exclusifs : rien de plus normal, pense-t-on, que cette dialectique, que cette contradiction féconde de la représentation et de l'action. La perspective dialectique, alors spécifiquement à l'œuvre chez les biologistes français, déplace l'infinité de cette transcendance désormais inaccessible vers l'infinité des dimensions de l'opération praxique de l'homme sur le monde, de l'homme sur lui-même, œuvrant à même le monde[1].

Quant aux modèles théoriques, quand on est de ceux qui s'y consacrent, on en déteste la diversité tout en contribuant à l'augmenter néanmoins. Ainsi cherche-t-on à les rendre non pas exclusifs mais plutôt mutuellement absorbants. Les formalismes de la biologie théorique sont également divers; mais ils cherchent à se réduire les uns aux autres dans le secret espoir qu'il n'en reste plus qu'un seul à la longue. Dans ces œuvres de résistance à la dispersion des modèles, la recherche d'une monoformalisation est le substitut de la recherche d'un enracinement.

Cette deuxième époque se caractérise donc, d'un côté, par une assomption tranquille de l'inconsistance des modèles pour peu qu'ils promettent et promeuvent l'action humaine, de l'autre par un refus inquiet de cette dispersion car elle annonce une insignifiance, une perte de sens face au monde, en particulier pour ceux que, dans les années 60-80, l'ontologie dialectique, le positivisme ou le nominalisme indisposent.

Pour tous cependant, la nature n'est plus directement écrite en langage mathématique. Mais pour tous aussi, de par sa certaine transcendance, elle est devenue un équivalent du Dieu révélé, *un équivalent à l'égard duquel un certain iconoclasme, c'est-à-dire un interdit de la représentation intégrale, devient donc la règle*. En recherche d'unité, les biologistes théoriciens appliquent encore à la science qui modélise les formes vivantes la matrice biblique et monarchique d'avant toute réforme, au risque de tomber dans l'idolâtrie. De leur côté, refusant l'hégémonie d'une représentation figée par l'institution d'un formalisme unique, les biologistes pragmatistes se croient plus habiles car émancipés de ce risque. Comme ils ne croient plus guère à l'autorité ni au privilège d'un enracinement unique des formalismes dans les choses, il s'agit pour eux de briser l'institution unique du formalisme mathématique comme on a, autrefois, relativisé ou brisé l'Eglise. En fait, sur ces phénomènes qu'ils décident de juger complexes, ils appliquent non plus la « matrice biblique », d'un seul livre, d'une seule formulation et d'un seul discours, mais ils appliquent encore ce que Robert Damien appelle la « matrice bibliothécaire »[2] : celle de tous les livres et de tous les discours possibles. Ce faisant, ils rejoignent sur le plan épistémologique la longue liste des déplacements antérieurs des régimes de représentation face aux déracinements et à la dispersion des discours

1. Or, cette exclusion mutuelle des modèles multiples n'est pas nécessaire comme le montrait déjà A. F. Schmid dans *L'âge de l'épistémologie*, Paris, Kimé, 1998.

2. R. Damien, *Bibliothèque et État*, Paris, PUF, 1995, p. 310-312.

humains portés sur la nature de ce qui, dès le départ, est supposé nous dépasser[1].

Voilà donc le tableau d'une époque qui, pour d'autres raisons également fondamentales (mutation des demandes sociales à l'égard de la science dans l'après-guerre, limitation reconnue des capacités des instruments et des formalismes, changement des objets d'étude) se construit, avec une relative cohérence, une épistémologie consensuelle de la dispersion des représentations jusqu'à son affirmation explicite au cours des années 1980, dans les colloques d'épistémologie. À certains égards, le mouvement de dispersion des modèles et des modélisations propre à cette deuxième époque est encore celui auquel on assiste de nos jours, dans une grande partie de la science contemporaine. Les épistémologies de la dispersion et de la désunion de la science ont pu naître et s'affermir à cette époque, notamment en s'autorisant de la méthode des modèles et de l'iconoclasme corrélatif.

Pourtant, dans le cas de cet objet complexe, parce que particulièrement composite, qu'est la plante, il se trouve que les modèles monoformalisés, même multipliés, même statistiques et pragmatiques, ne réussissent pas plus que les théories monoformalisées à fournir des formalisations prédictives et effectivement opérationnelles. Et, devant la demande sociale, la science a donc dû tâcher de contourner l'obstacle. C'est pourquoi, comme nous le montrerons plus particulièrement dans cet ouvrage, dès le milieu des années 1970, botanistes, agronomes, forestiers, et autres spécialistes du végétal, se sont tournés vers la *simulation informatique intégrative* fondée sur une approche centrée sur l'individu, cela dans la mesure où, grâce aux dispositifs de visualisation et aux langages informatiques à objets, elle permet la convergence de perspectives, d'échelles et donc de formalismes multiples. Nous montrerons que la *simulation informatique* occasionne ainsi deux ruptures fondamentales. Sans les déclasser totalement, elle rompt d'abord avec les modèles formels et leurs épistémologies associées. Elle rompt ensuite avec la simulation numérique née dans l'immédiate

1. C'est cette orientation *iconoclaste* (valorisant l'*action* au détriment de la *représentation*) qui inspire notamment la plupart des travaux historiques publiés dans M. Armatte, A. Dahan-Dalmedico (éd.), *Modèles et modélisations 1950-2000*, n° spécial de la *Revue d'histoire des sciences*, tome 57-2, juillet-décembre 2004. L'idée, plus générale et longtemps légitime, que la méthode des modèles reste essentiellement une affaire de *langages* et d'*actes* de langage est ancienne et encore courante : *cf.* M. Black, *op. cit.*, G. Israel, *La mathématisation du réel*, Paris, Seuil, 1996. Pour une conception qui se veut non linguistique (au sens étroit du linguisticisme de la conception axiomatique des théories) mais qui reste fondée sur une vision du modèle comme système d'objets symboliques et de nature essentiellement *relationnelle*, *cf.* B. van Fraassen, *The Scientific Image*, Oxford, Clarendon Press, 1980.

après-guerre, souvent encore dans l'ombre des modèles. La simulation informatique permet en effet la calibration précise et, dans bien des cas, la prédiction quantitative, voire, ce qui reste une hérésie pour beaucoup, une véritable « expérience sur simulation » appelée encore « expérimentation virtuelle ». Son principe essentiel, comme nous le montrerons, est ce que nous proposons d'appeler la *pluriformalisation*, c'est-à-dire une intégration informatique de formalismes de diverses natures (logiques, mathématiques) et sous divers points de vue. *Cette simulation de deuxième génération, loin de n'être qu'une discrétisation de modèles, prend une position parfois concurrente par rapport aux modèles et aux mathématiques en ce qu'elle rend informatiquement compatible ce qui ne l'est pas encore mathématiquement.* Là nous semble être son apport tout à fait décisif au cours des années 1990. Son caractère réellement empirique reste évidemment en question et nous y viendrons dans le détail au cours de l'enquête ainsi que, sous la forme d'un bilan différencié, en conclusion. Nous pouvons déjà révéler que *la formalisation à laquelle procède une telle simulation intégrative gagne une épaisseur et une profondeur du fait que plusieurs perspectives différentes et donc plusieurs approches disciplinaires (physiologique, mécanique, architecturale...), sont simultanément possibles.* Ainsi, la simulation brise avec la conception perspectiviste et purement pragmatiste des modèles : modéliser dans une perspective et pour un objectif précis. Allant parfois même au-delà d'un *pluralisme intégratif*[1] ou d'un *réalisme sélectif*[2], elle propose une *pluralité intégrée*. Elle est une pratique différente de la modélisation traditionnelle, qu'il faut donc penser différemment.

Née dans des pratiques de modélisation, la simulation n'a certes pas fait disparaître la modélisation; mais elle l'a déplacée, amplifiée, démultipliée encore, en donnant un nouveau statut aux formalismes, un statut quasi-empirique. On retrouve là le rôle clef de l'ordinateur, cet instrument mi-matériel, mi-formel, qui a contribué à établir des ponts de diverses natures entre les pratiques de réplication et les pratiques d'abstraction et de calcul. Inventée, sous la forme de la simulation dite *numérique*, pour résoudre des modèles mathématiques autrement non calculables et autorisant d'abord par là une extension considérable des méthodes de calculs par éléments finis (remontant quant à elles aux techniques de calcul de structures du milieu du XIXe siècle), à partir des années 1990, la simulation rompt avec

1. S.D. Mitchell, *Biological Complexity and Integrative Pluralism*, Cambridge University Press, 2003.

2. P. Humphreys, *Extending Ourselves: Computational Science, Empiricism and Scientific Method*, Oxford University Press, 2004.

cette seule fonction de calcul de modèle et précède parfois nettement le modèle. Si bien que, depuis une quinzaine d'années, loin de se limiter à la résolution numérique de modèles mathématiques préalablement conçus en une seule axiomatique et sous une seule perspective, de plus en plus de scientifiques recherchent des modèles sur des mondes virtuels ou sur des simulations de réplication pluriformalisées. Dans de telles simulations, ce sont non seulement des règles algorithmiques stéréotypées qui y remplacent des lois mathématiques (cas des simulations algorithmiques des années 1960), mais ces règles peuvent aller jusqu'à être fondamentalement plurielles, évolutives, hétérogènes et réparties dans les différents temps et espaces de la computation. L'ordre de priorité entre modèle et simulation est ainsi inversé : on simule avant de modéliser. La simulation informatique se distingue par là d'une simple simulation algorithmique[1]. Double complexe d'un réel désormais perçu et conçu comme complexe, la simulation informatique est venue s'immiscer aux côtés de l'expérimentation proprement dite et de la modélisation monoformalisée. Ainsi, depuis les années 1970, en devenant informatiques, les simulations ont eu tendance à se complexifier considérablement. Elles tendent désormais vers un *réalisme intégratif et figural*, certes révisable, mais où les visualisations et, plus généralement, les réplications détaillées ont pris un poids tout à fait considérable. En retour, lorsqu'elles sont particulièrement calibrées et stabilisées, ces simulations permettent de quitter la simulation proprement dite et d'entrer dans une phase que nous avons nommée *remathématisation* (*cf.* dernier chapitre). Même si cette tendance est à confirmer, il apparaît en effet de plus en plus, dans certains domaines à objets réputés complexes, dont celui des plantes, qu'une recherche de modèle effectuée directement sur des données, sans simulation préalable, a quelque chose d'arbitraire. Ainsi, une modélisation mathématique qui voudrait faire l'économie de l'étape de simulation intégrative, même si son objectif déclaré n'est que théorique, heuristique ou pragmatique, devient de plus en plus sujette à caution.

Quels choix techniques et épistémologiques particuliers ont présidé à cette innovation décisive ? De quels types précis sont les différentes convergences qui, après une période de déracinement et de dispersion, caractérisent cette nouvelle époque dans laquelle nous entrons et pour laquelle les modèles de croissance de plante ont été d'authentiques précurseurs ? En quoi ces convergences ne sont-elles pas pour autant une simple pratique de « réenracinement », c'est-à-dire un simple retour à un

1. *Cf.* glossaire.

réalisme naïf pour les formalismes scientifiques ? En quel sens peut-on dire réellement d'une simulation qu'elle est une expérience? Est-ce vrai de toute simulation? Sinon desquelles? Quelles sont donc les limites des simulations, s'il nous est donné de les apercevoir déjà? Quels enseignements épistémologiques précis peut-on déjà en tirer? Enfin, à quel niveau exactement l'épistémologie des simulations doit-elle désormais s'émanciper des anciennes épistémologies des modèles qui, au XXe siècle, furent successivement et concurremment d'inspiration syntaxique (logicisme), dialectique, sémantique et pragmatique [1] ?

L'enquête à la fois historique et interprétative que nous proposons ici suggère des réponses en choisissant de se concentrer sur certains travaux qui ont particulièrement orchestré ce récent passage du modèle à la simulation, sur leurs choix techniques, mais aussi sur les décisions méthodologiques et épistémologiques qui les ont accompagnées comme aussi, lorsque cela était nécessaire, sur les contextes administratifs et institutionnels qui les ont vus naître. Issue d'abord d'une pratique personnelle de la simulation numérique, elle s'appuie surtout sur un travail d'enquête de terrain, sur des dépouillements systématiques de publications et d'archives, sur des entretiens oraux et écrits réalisés avec une vingtaine des principaux protagonistes de cette histoire. Elle s'appuie également sur un travail d'interprétation et de mise en perspective épistémologique, en contexte, des diverses écoles et pratiques récentes de modélisation et de simulation. Fondée sur l'idée qu'une philosophie des sciences ne peut se passer d'une histoire tout à la fois très contemporaine *et* comparative des sciences, elle vise à tirer un enseignement épistémologique renouvelé et différencié au sujet de la pratique de formalisation, pratique qui n'a cessé de caractériser la science moderne dès ses débuts.

1. Pour la confirmation de cette scansion, *cf.* M. S. Morgan, M. Morrison (éd.), *Models As Mediators*, Cambridge University Press, 1999. Pour un début d'interprétation, *cf.* F. Varenne, *Les notions de métaphore et d'analogie dans les épistémologies des modèles et des simulations*, Paris, Pétra, 2006.

CHAPITRE PREMIER

SIMULATION GÉOMÉTRIQUE ET BOTANIQUE

Jusqu'au début des années 1960, les simulations numériques appliquées aux problèmes de morphogenèse se sont développées de manière inchoative et divergente à partir de questions essentiellement propres à des mathématiciens de profession. Il est donc important de restituer d'abord les facteurs qui ont permis l'évolution de ces simulations vers un plus grand réalisme biologique. Celles que nous invoquerons successivement sont d'inspiration géométrique et probabiliste pour les unes, logique pour les autres, pluriformalisée pour les troisièmes. Nous verrons en quoi leur mise en œuvre rompra avec les usages traditionnels de l'ordinateur comme calculateur de modèle mais aussi avec les épistémologies pragmatiques des modèles. Ces simulations menées à bien par des biologistes ont été les premières à s'être rapprochées du terrain. Elles ne seront pas les dernières. Après cette série de premières jonctions avec l'empirie, pourra s'ouvrir une époque de convergences aux multiples dimensions. Dans ce chapitre, en particulier, nous montrerons que certains biologistes (Dan Cohen, Jack B. Fisher) ont finalement tiré parti de la simulation à partir du moment où il pouvait accentuer sa capacité à produire une figuration dans le plan géométrique, mais cela au détriment de la prise en compte de l'hétérogénéité temporelle des règles de croissance de la plante.

La simulation probabiliste de formes biologiques ramifiées : Cohen (1966)

C'est avec le travail du biologiste israélien Dan Cohen (né en 1930) que l'on assiste à la première appropriation, par la biologie, d'un type particulier de simulation discrétisée sur ordinateur. Ce qui intéresse Cohen (Université Hébraïque de Jérusalem), c'est avant tout la possibilité de mettre en forme un argument de nature théorique sur les processus de morphogenèse. Il envisage d'améliorer les travaux de son collègue du MIT, Murray Eden (né en 1920), en s'efforçant de retrouver certains concepts propres à la morphologie botanique et à l'embryologie de l'époque, dont celle de l'embryologiste organiciste Conrad Hal Waddington (1905-1975). En 1959, Eden, ingénieur et mathématicien, avait travaillé avec le linguiste Morris Halle (né en 1923) sur une modélisation de l'écriture cursive, lettre par lettre, au moyen d'une succession de choix élémentaires probabilistes aux ramifications multiples. Et il avait montré qu'une simulation numérique de cette situation combinatoire ramenée sur un plan (ramification aléatoire sur une grille de cellules carrées) pouvait être jugée analogue, en première approximation, à une multiplication cellulaire.

En 1966, Cohen perçoit l'intérêt de cette mise en espace des calculs intriqués. Il se propose de tester théoriquement l'hypothèse waddingtonienne d'une morphogenèse conçue comme le fruit d'un « ensemble hiérarchiquement ordonné d'interactions entre des gènes, des produits de gènes et l'environnement extérieur » [1]. Il reprend la notion de « paysage épigénétique » que Waddington avait introduite en 1957 dans son *The strategy of the genes* en adaptant à l'échelle de l'ontogenèse la notion antérieure de « paysage adaptatif » (1932) du généticien américain Sewall Wright (1889-1988). Le but de Cohen est de relier ainsi ses propres questions d'écologie évolutionnaire à cette problématique morphogénétique de l'épigenèse. Sans volonté de calibrer précisément son modèle de morphogenèse sur des cas réels, il veut montrer une faisabilité à un niveau très général : la faisabilité pour les êtres vivants d'une croissance et d'un développement évolutifs et adaptatifs sans besoin de recourir à des lois d'une complexité excessive, cette complexité étant exprimée en terme d'« information ». Selon lui, si on arrivait à écrire un programme « minimal » mettant en œuvre des règles de génération « les plus simples

1. D. Cohen, « Computer Simulation of Biological Pattern Generation Processes », *Nature*, vol. 216, october 21. 1967, p. 246; notre traduction. Tous les textes cités ont été traduits par nous. Nous ne le rappellerons pas à chaque fois. Nous ne préciserons la formulation anglaise originelle que lorsqu'elle nous paraîtra digne d'intérêt.

possibles »[1] pour des formes ramifiées déjà assez réalistes globalement et qualitativement (évaluées à l'œil), on pourrait considérer qu'on a accru la plausibilité de l'hypothèse épigénétique de Waddington et donc, avec elle, les postulats analogues de l'écologie évolutionnaire.

Il s'agit donc bien de faire dessiner une structure ramifiée par un calculateur connecté à une table traçante. Cohen reprend alors l'approche probabiliste d'Eden pour la branchaison. Mais, pour bien faire apparaître l'utilité, d'un point de vue de biologie théorique, de ce qu'Eden appelait l'apparition d'une « dissymétrie » dans la multiplication cellulaire, il propose de prendre en compte ce que l'embryologie appelle un « champ de densité » morphogénétique. Là est la clé du transfert de la simulation de l'analyse combinatoire vers la morphologie biologique. Cette notion de « champ » avait précédemment été introduite en embryologie en 1932 par Julian S. Huxley (1887-1975). Prenant lui-même déjà modèle sur la notion physique de champ, Huxley avait ainsi voulu généraliser la notion de gradient (1915) due originellement à Charles Manning Child (1869-1954) en ne privilégiant plus une direction axiale précise. Elle avait été ensuite reprise par Waddington pour expliquer des phénomènes embryologiques apparentés à ce principe, déjà ancien en botanique (1868), de la pousse dans le plus grand espace libre (principe de Hofmeister). Or, si Cohen veut rendre compte de ce champ avec la technique simulatoire d'Eden, il ne peut se contenter d'une grille de cellules carrées. Il considère donc un plan *géométrique* muni d'une résolution spatiale plus fine. Il prend en compte les 36 points qui avoisinent le point initial de la croissance ou de la branchaison éventuelle et qui sont écartés chacun d'un angle de 10° (car 36x10° = 360°). Chacun de ces 36 points directionnels se voit affecté d'un « champ de densité » calculé à partir des distances de ce point aux autres éléments de l'arbre en construction. Après la forte discrétisation d'Eden, Cohen se voit donc dans l'obligation de re-géométriser l'espace de la morphogenèse biologique car il ne voit pas comment faire dessiner une plante suffisamment réaliste dans sa forme s'il s'en tient à une approche cellulaire grossière : il resserre les mailles du réseau et il retient surtout la formalisation probabiliste.

1. *Ibid.*

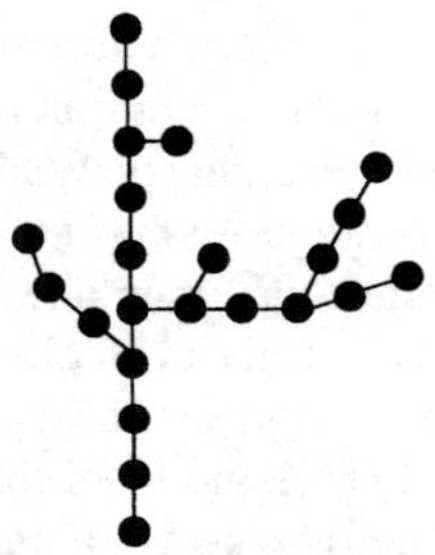

Forme d'arbre générée par la simulation de Cohen (1967) :
avec biais directionnel pour une probabilité favorisant la pousse vers le haut [1]

La longueur et l'angle de la croissance qui s'effectue à partir du point initial sont déterminés par le champ de densité. Les règles de branchaison, elles aussi, sont sensibles à ce champ de densité, mais, surtout, elles sont probabilistes. Un test est effectué à chaque point de croissance par le tirage d'un nombre au hasard (pseudo-aléatoire), afin de déterminer si l'ordinateur doit ajouter une branche ou non en cette direction. Enfin, et c'est là que Cohen peut introduire son idée d'une *épigenèse programmée* mais toutefois sensible à la contingence de l'environnement, il reprend à Eden l'idée d'une probabilité de branchaison variable en fonction des directions du plan : cela permet de simuler des champs de densité *hétérogènes* dus soit aux parties déjà présentes de l'organisme, soit à l'éventuelle préexistence d'un obstacle matériel étranger à l'organisme. Disposant de cette souplesse de programmation, il peut également simuler des zones qui, au contraire, favorisent la pousse : la forme obtenue lui paraît concluante car elle lui rappelle les expériences de croissance de moisissures sur un substrat nutritif hétérogène.

Par ailleurs, Cohen choisit de faire varier les probabilités de croissance et de branchaison en fonction du rang de la branche par rapport au tronc. Une branche fixée sur le tronc est de rang 1 ; une branche fixée sur cette branche est de rang 2, etc. C'est bien là tester l'hypothèse de la genèse hiérarchiquement organisée. Car le rang incarne une différence de statut biologique au niveau de l'organisation générale de la croissance. Comme les dessins générés sur tables traçantes lui semblent donner des allures d'arbres ou de nervures de feuilles, ou bien encore de moisissures, qualitativement réalistes, le résultat de cette simulation lui paraît très concluant. Il a suffi à relever les deux défis initiaux de sa problématique théorique de l'épigenèse : 1- prouver la crédibilité d'une croissance biologique à la

1. Notre schéma adapté et simplifié.

fois contrainte par des règles dont les formes sont fixes mais dont les paramètres sont sensibles à l'environnement; 2- prouver la crédibilité de la représentation théorique de ce processus de croissance comme hiérarchiquement organisé. C'est l'ensemble de ce travail de simulation qui est publié dans la revue *Nature* en octobre 1967.

RÔLES ÉPISTÉMIQUES DE LA PROGRAMMATION MODULAIRE, DE LA SIMULATION ET DE LA VISUALISATION

Grâce aux branchements conditionnels rendus possibles par la programmation informatique, le modèle peut donc intégrer une sensibilité à l'environnement qui s'exprime comme un effet en retour de l'environnement sur les paramètres génétiques. Ces sous-routines présentent en elles-mêmes la propriété de rechercher l'optimum spatial par auto-adaptation des règles de pousse. Cohen fait remarquer que ces règles mathématiques constantes mais à paramètres variables sont des plus simples. La brièveté de son programme en FORTRAN (environ 6. 10^4 bits) est là pour confirmer la faisabilité de ce genre de scénario pour la nature : la petite taille du programme accrédite l'idée, d'abord contre-intuitive, que la morphogenèse naturelle n'a peut-être besoin que d'un nombre limité d'« informations » élémentaires. Cohen va même jusqu'à évaluer le nombre de gènes qui seraient nécessaires pour l'insertion biologique de ces 6.10^4 bits : 30 gènes[1]. Cette propriété de brièveté du message informatif est due au caractère modulaire de la programmation qui évite la répétition d'instructions informatiques de formes identiques. Enfin, il faut noter qu'avec ce modèle, Cohen utilise la capacité qu'a l'ordinateur du MIT d'alors, le TX-2, de *visualiser* ces calculs de positions de points sur une table traçante pour évaluer la réussite de son projet : il veut donc montrer visuellement que l'hypothèse d'une croissance à la fois structurée et épigénétique peut valoir pour les phénomènes naturels. Pour Cohen, comme on le voit, la simulation sur calculateur numérique a essentiellement pour fonction de tester des hypothèses théoriques. Une telle idée avait déjà été exprimée, dès les débuts des calculateurs numériques, mais d'abord dans des travaux de physique nucléaire puis de biochimie et de physiologie.

Selon Cohen, il faut réunir cependant deux conditions précises pour considérer que l'on a affaire à une simulation permettant de rejeter une théorie biologique : 1- il faut que le programme informatique lui-même « incorpore » les hypothèses. Il a bien d'abord pour effet de matérialiser en

1. *Ibid.*, p. 248.

quelque sorte ce qui n'était jusqu'à présent que formulations verbales. En ce sens, il gagne une proximité avec l'empirie. De surcroît, la représentation informationnelle des gènes et de la « programmation génétique », courante à l'époque, aide à cette identification. Ensuite, il faut noter le pluriel d'« hypothèses » : le programme donne un support à un ensemble d'hypothèses et non à une hypothèse isolée. Comme on l'a vu, c'est la diversité des règles qui remplace l'unicité d'une loi. Dans ce programme, il y a les règles de croissance *et* les règles de branchaison : ces deux types de règles supposées sont testés ensemble, imbriqués l'un dans l'autre. 2- il faut qu'une comparaison soit possible avec les formes naturelles. Autrement dit, la simulation ne peut avoir la force de rejeter des hypothèses que si le calculateur va jusqu'à fournir des moyens de comparaison avec l'empirie : la simulation ne rejette pas d'elle-même un ensemble d'hypothèses; il faut que son pouvoir de rejet lui vienne, par transitivité, de la forte ressemblance de ses résultats avec ceux que l'on trouverait dans la nature. Or, c'est grâce au système technique de visualisation ajouté au calculateur TX-2 que la simulation communique à l'ordinateur son pouvoir de rejeter des théories morphogénétiques, pouvoir qui, jusqu'à présent était l'apanage de l'expérimentation réelle ou physiquement simulée.

Notons toutefois que cette comparaison (donc cette relation de transitivité) ne se fait ici que de manière qualitative, à l'« œil », pourrait-on dire. C'est sans doute pour cela qu'à la différence d'Eden, Cohen, sachant de quoi il parle en matière de substrat biologique, est le premier à utiliser le terme « simulation » pour désigner ce type de modélisation et de visualisation des formes vivantes sur calculateur. Le titre de son article de 1967 est bien « Computer Simulation of Biological Pattern Generation Processes ». Il doit l'application de ce terme, dans ce contexte, à sa fréquentation du cybernéticien von Foerster[1]. Mais selon lui, ce caractère ponctuellement qualitatif n'enlève rien à la non-ambiguïté du procédé global de test d'hypothèses. Car il n'évoque ici que des phénomènes de forme déjà répertoriés comme typiques, génériques, et aisément reconnaissables globalement et à l'œil nu. Dans le cas d'une approche théorique, les dessins de la table traçante suffisent, pour le spécialiste, à évoquer des formes d'organismes réels et réellement observés. Ainsi, les dessins ne prouvent pas les hypothèses, mais ils ne les rejettent pas et surtout ils les conservent comme plausibles alors qu'elles étaient *a priori* peu vraisemblables.

Comme la biologie des formes n'a pu d'abord inscrire directement en un unique langage formel la forme des vivants pour tâcher d'en restituer

1. Communication personnelle du 20 décembre 2006.

ensuite la genèse par un modèle abstrait (de par l'insuffisance des langages mathématiques classiques), on voit, chez Cohen, qu'elle a alors conçu des hypothèses locales, quant à elles formalisables informatiquement, au sujet de ce qui engendre ces formes, pour leur faire construire ce que l'on voit à une échelle intégrée : la forme globale. Ce sont ces hypothèses atomiques, car portant sur des éléments en interaction, qui bénéficient d'un traitement et d'une visualisation sur ordinateur. Le mouvement de rapprochement entre expérience et théorie n'est donc pas ici d'abstraction mais de concrétion, ou de concrétisation. *Avec la simulation, au lieu de tirer l'expérience vers le théorique en stylisant et en abstrayant, on fait le mouvement inverse (mais duquel résulte un semblable rapprochement) de tirer le théorique vers l'expérience. La simulation rapproche le théorique de l'expérience au moyen d'une concrétisation* via *un usage sous-symbolique du formel qui se traduit, notamment en biologie des formes, par une re-qualification du quantitatif: un dessin localement interprété mais aussi globalement perceptible et qualifiable à l'œil nu.*

Cependant, même si Cohen affine l'approche cellulaire d'Eden, il en reste à une prise en compte très imprécise de la morphogenèse. Même s'il regéométrise et s'il peut pour cela faire converger la simulation vers une réalité globalement reconnaissable, il ne prend en compte que des morceaux d'organes qu'il coupe les uns des autres en fonction de ce que le formalisme commande pour une simple reconnaissance décisive, mais sans souci préalable de leur signification biologique exacte ni de leur individuation ni de leur réalisme histologique ou physiologique. C'est aussi cela qui fait le caractère encore fortement spéculatif de ses simulations stochastiques, géométriques et graphiques.

Une autre approche géométrisante, moins spéculative et plus soucieuse de réalisme, va quant à elle se développer, mais dans un contexte plus spécifiquement botanique et autour de deux chercheurs, un physicien japonais et un botaniste américain. Ces derniers auront à cœur de représenter de manière bien plus photo-réaliste des essences d'arbres particulières. Analysons la motivation de leur travail ainsi que son apport propre.

PREMIÈRE SIMULATION GÉOMÉTRIQUE ET RÉALISTE DES ARBRES (HONDA-FISHER 1971-1977)

Alors que la proposition de Cohen laisse d'abord indifférents les modélisateurs agronomes, c'est un physicien de l'Université de Kyoto, du nom de Hisao Honda, qui, en 1970, la reprend explicitement. En tant que chercheur en reconnaissance de formes et dans le cadre du développement d'un matériel informatique particulièrement tourné vers les applications graphiques, il se trouve intéressé par la problématique de la détermination, par les gènes, de la genèse des formes vivantes et, en particulier, des formes arborescentes. Sa propre question initiale est la suivante : « Comment se fait-il que l'on puisse deviner l'espèce d'un arbre à partir de sa forme qui est très variable et qui ne peut être saisie facilement en des termes scientifiques ? »[1] Il se trouve que Honda peut techniquement aborder cette question en physicien à Kyoto car, étant, depuis 1969, en poste au Centre de Traitement de Données de l'Université, il dispose d'un matériel informatique particulièrement performant pour l'époque : l'ordinateur FACOM 270-30 (Fujitsu), doté d'un écran graphique de toute première qualité. Ce qui lui permet de représenter finement les arborescences calculées[2].

La problématique initiale de Honda en l'espèce est celle d'une reconnaissance *infra*-linguistique. Comme cela est alors classique pour la reconnaissance de formes automatisées, Honda préconise que l'on se propose des « modèles »[3] d'arbres, constructifs, pas à pas, à réitération et à paramètres variables. Ces modèles seront sélectionnés par un processus d'essais et erreurs. Le meilleur de ces modèles génératifs pourra être un modèle du processus implicite (non verbal et non verbalisable donc ne référant pas à des catégories linguistiques) de reconnaissance de l'arbre par un homme normalement cultivé. Or, ce problème de reconnaissance de forme que se propose de résoudre Honda dans son département de physique est, selon lui, tout à fait parallèle à cette question précise de morphogenèse biologique : « Comment décrire la forme économiquement ou comment extraire l'essence d'une information disparate au sujet de la forme ? »[4] Honda adopte une approche similaire à celle de Cohen car, des premiers travaux de simulation sur ordinateur de forme arborescente, il retient finalement la même idée que lui : des règles de génération simples peuvent donner naissance à des formes globales compliquées et très variables en fonction des paramètres des règles. En 1971, Honda veut donc être plus précis encore que Cohen et montrer que l'on peut donner naissance, sur ordinateur, à l'image d'un « corps semblable à un arbre » (« *tree-like body* ») au moyen de l'interaction entre règles élémentaires simples. Pour son modèle d'arborescence, il ne choisit pas un modèle très détaillé et

1. H. Honda, « Description of the form of trees by the parameters of the tree-like body : effects of the branching angle and the branch length on the shape of the tree-like body », *Journal of Theoretical Biology*, 31, 1971, p. 331.

2. *Ibid.*, p. 335.

3. *Ibid.*, p. 332.

4. *Ibid.*, p. 332.

complexe, sinon la praticabilité mentale d'un tel modèle pour la reconnaissance de forme serait douteuse comme la praticabilité biochimique le serait également pour le stockage informationnel dans le génotype. Il choisit d'avoir accès seulement à l'angle de branchaison et au rapport de réduction de la longueur de chaque rameau après bifurcation. Mais, à la différence de Cohen, il représente des arbres en trois dimensions et non des structures planes. Simplement le programme informatique en FORTRAN travaillera à projeter chaque état de l'arbre sur l'écran selon des règles de projection simples.

La simulation de Honda est clairement fondée sur une formalisation géométrique préalable puisqu'elle est orientée vers la production d'une figure réaliste sur un écran graphique. Dans un langage évolué comme le FORTRAN, la gestion des points ou des traits lumineux sur l'écran de l'ordinateur se fait en référence à un repère métrique orthonormé. Techniquement, dans le programme, il n'y a donc pas à traduire l'expression mathématique du modèle pour en obtenir une représentation visuelle. Il suffit simplement à Honda de traiter le problème du passage du modèle métrique à trois dimensions à une représentation en deux dimensions pour que l'on puisse la visualiser sur un écran. De plus, pour la branchaison et la croissance du rameau, contrairement à Cohen, Honda néglige les influences du voisinage. Moyennant ces hypothèses volontairement grossières car rendant les règles élémentaires simples, l'ordinateur paraît le meilleur outil non seulement pour traiter ces calculs simples et réitérés, mais aussi pour en représenter visuellement le résultat. Ce faisant, Honda produit un travail nettement interdisciplinaire puisqu'il s'appuie sur une analogie entre le gène (avec sa propriété supposée de minimalité informationnelle) et le modèle mental minimal de reconnaissance d'une forme arborescente[1].

Chez Honda, la sélection des modèles les plus vraisemblables se fait par un processus itératif d'essais et erreurs. Pour lui, si nous reconnaissons assez grossièrement sur l'écran une forme crédible d'espèce d'arbre réellement existante (ginkobiloba, érable, bouleau, azalée, ...)[2], alors les paramètres du modèle génératif, entrés dans l'ordinateur un peu au hasard au départ, sont conservés ou affinés par d'autres essais, sinon leurs valeurs numériques sont rejetées. Afin de disposer d'une faculté de reconnaissance plus sûre et plus informée, Honda se fait aider par le morphométricien

1. *Ibid.*, p. 337.
2. *Ibid.*, p. 335.

S. Oohata[1] du Département de Foresterie de la Faculté d'Agriculture de l'Université de Kyoto.

C'est un peu plus tard, en 1977 que Honda va concrétiser davantage sa collaboration avec la botanique. Il se trouve qu'au moment où il infléchit son travail vers la simulation géométrique de la mécanique des tissus, le jeune botaniste Jack B. Fisher, alors en poste au Jardin Tropical de Fairchild, à Miami, travaille sur le développement de la ramification d'un arbre tropical particulier, le *Terminalia*. Or, Fisher, en tant que botaniste, opère sur le terrain. Et il dispose d'un très grand nombre de mesures sur des arbres réels. Prenant connaissance en 1975 du premier article de Honda dans ce domaine, il perçoit très vite la possibilité d'une collaboration fructueuse : pourquoi ne pas affiner encore la simulation architecturale théorique de Honda au point de la calibrer sur des mesures réelles ? Selon Fisher, il serait très utile de disposer de la description précise de la couronne des arbres. En effet, selon la thèse alors récente du botaniste américain H. S. Horn, publiée dans son ouvrage *The adaptative geometry of trees* en 1971, la couronne des arbres constitue en grande partie le lieu où s'exprime l'adaptation des arbres, aussi bien quant à leur environnement qu'eu égard aux autres espèces d'arbres. Travailler à calibrer une simulation sur des arbres réels permettrait donc à la botanique descriptive de proposer davantage d'outils de prédiction précis dans les domaines de la foresterie, de la sylviculture et de l'arboriculture. Or, à cette époque, pour discriminer les différents plants selon leurs structures arborescentes, les botanistes disposent surtout de l'approche morphométrique et statistique qui, aux yeux de Jack B. Fisher, semble avoir atteint ses limites. Afin de comprendre ce qui va décider ce botaniste à opter pour la simulation sur ordinateur et à collaborer avec Honda aux dépens de l'analyse statistique, pourtant majoritairement employée à cette époque, il nous faut auparavant rappeler brièvement les limites alors effectivement atteintes, tant dans le domaine de la morphométrie que dans celui de la morphologie causale et physicaliste des arbres.

1. En 1971, les biologistes S. Oohata et T. Shidei publient un article sur la structure de branchaison des arbres. Mais ils y pratiquent seulement une analyse statistique (biométrique) de la taille des branches en fonction de l'ordre de branchaison.

LES LIMITES DE LA MORPHOMÉTRIE ET DE LA THERMODYNAMIQUE DES ARBRES

À partir de 1945, une des approches formalisées de la croissance des formes ramifiées était née de la géomorphologie fluviale. Un ingénieur en hydraulique, rattaché aux laboratoires de l'Université Cornell, Robert Elmer Horton (1875-1945) avait trouvé que, statistiquement, pour un « arbre » fluvial précis, il existe un rapport moyen constant (environ 3,5) entre le nombre de branches qui se situent à un ordre de ramification donné et le nombre de branches se situant à l'ordre suivant. C'est ce qu'il appela le « ratio de bifurcation ou de ramification ». De même, il trouva le « ratio de longueur » également assez constant : la longueur moyenne d'une branche fluviale est 2,3 fois plus grande que la longueur moyenne d'un de ses rameaux [1]. Dans une perspective biométrique, Horton décomposait donc l'ontogenèse de l'arbre pour en classer, en décompter et en mesurer les branches, ordre de ramification par ordre de ramification. À partir de 1953, le géophysicien A. N. Strahler affecta des numéros aux ordres de ramification en partant des branches terminales de l'arbre. Cette formalisation numérique pouvait valoir pour tout type d'arbre, de quelque nature qu'il soit (botanique, fluviale, mathématique ou de décision) et elle permettait de tester simplement si la « loi de Horton » s'appliquait également aux arbres non fluviaux dans les autres domaines empiriques considérés. Entre 1962 et 1971, enfin, le physicien et géomorphologiste américain Luna B. Leopold, alors Chef Hydrologiste au *United States Geological Survey* (USGS), s'attacha à donner une explication à la loi phénoménologique de Horton en termes de thermodynamique des systèmes ouverts et au moyen d'une approche de type optimisation de structure. De même que le réseau fluvial semble optimiser la distribution surfacique en fonction de ses contraintes physiques, de même l'arbre botanique semble optimiser son alimentation en énergie solaire et en produits de synthèse. Le travail de Leopold consistait donc à tâcher de fonder cette approche thermodynamique à prétention interdisciplinaire sur une technique apparentée à la physique statistique.

Or, au début des années 1970, il est un travail qui va à la fois confirmer en un sens mais aussi montrer nettement les limites irrémédiables de cette approche par la loi de Horton en morphologie végétale. C'est celui des biologistes et physiologistes du Département de Médecine du Queen

1. L. B. Leopold, « Trees and Streams : The Efficiency of Branching Patterns », *Journal of Theoretical Biology*, 31, 1971, p. 341-342.

Elizabeth Medical Centre de Birmingham, en Angleterre. Leopold avait testé cette loi sur un seul arbre botanique. En 1973, en reprenant la problématique de Leopold qui consistait à tester l'existence de « ratio de bifurcation » et du « ratio de longueur » (ici ce sera en fait le « ratio des diamètres » des branches) chez les arbres botaniques, Barker, Cumming et Horsfield montrent que la loi de Horton vaut aussi statistiquement pour le pommier et pour le bouleau [1]. Ils procèdent à partir de véritables données de terrain, exhaustives, et non à partir de données partiellement estimées comme le fit Leopold : ils ont choisi deux arbres réels, un pommier et un bouleau, et ils ont compté, mesuré et ordonné (selon l'ordre de ramification) chacun des rameaux de ces deux arbres [2]. Leur résultat confirme la possibilité d'un transfert de la loi de Horton à la morphologie végétale.

Mais ce qui distingue leur étude de celle de Leopold, et cela parce que, grâce à leur utilisation de l'ordinateur comme machine de stockage et de traitement de données, ils ont tenu effectivement compte de l'*intégralité d'une information mesurée sur le terrain dans sa variabilité essentielle*, c'est la réflexion que leur suggèrent les histogrammes finalement obtenus. Ils constatent qu'il y a une variabilité très importante de certains de ces paramètres géométriques pour un ordre de ramification donné. C'est notamment le cas pour le pommier. Il y a une telle variabilité de taille, parfois, que les longueurs et les diamètres des branches ne sont pas caractéristiques d'un ordre : il peut donc y avoir une erreur d'un ordre de ramification si l'on ne mène pas les mesures jusqu'au bout et dans leur intégralité. Pour disposer des ratios justes, il faut avoir conservé l'information métrique intégrale, celle qui permet justement de reconstituer l'arbre réel, dans sa structure spatiale, branche par branche. Donc l'objectif originellement visé par ce type de formalisme, la réduction de l'information en vue d'un usage théorique, ne semble pas susceptible d'être atteint pour les arbres botaniques. En 1973, il apparaît que l'approche thermodynamique et statistique des arbres botaniques ne permet pas de réduire et de condenser correctement et sans dommage les données morphométriques, surtout à destination du biologiste et du botaniste.

1. S. B. Barker, G. Cumming, K. Horsfield, « Quantitative Morphometry of the Branching Structures of Trees », *Journal of Theoretical Biology*, 1973, 40, p. 33.

2. *Ibid.*, p. 34.

LA PREMIÈRE SIMULATION GÉOMÉTRIQUE D'UN ARBRE RÉEL : LE *TERMINALIA*

Jack B. Fisher est donc fermement convaincu que, si l'on veut pouvoir prendre en compte la géométrie de la couronne, si cruciale pour l'étude théorique de la stratégie adaptative de l'arbre sur le terrain comme pour son étude énergétique, il faut conserver la possibilité de reproduire intégralement et géométriquement la forme et les structures de cette couronne, sinon on obtient des valeurs globales faussées. Cela signifie qu'avec de telles techniques morphométriques, on ne peut pas résumer quantitativement et valablement, en tout cas pour le botaniste, les caractéristiques de la couronne. Cependant, comme Honda dans le cadre de sa problématique initiale de reconnaissance de forme, Fisher recherche bien, de son côté, un moyen minimal de reproduire le dessin de la couronne sans trop perdre de sa complexité, car il cherche en fait des paramètres clés, liés directement au génome et déterminant la forme optimale de la couronne pour l'utilisation que l'arbre en fait dans sa captation de l'énergie solaire. Contrairement à ce qu'il aurait pu prévoir, ce n'est donc pas exactement un généticien qui répond à l'attente de Honda et qui franchit le pont jeté par lui en 1971 en direction de la biologie, mais c'est un biologiste qui travaille à une échelle déjà bien plus intégrée : l'échelle morphologique et développementale. À partir de 1976, Fisher et Honda collaborent, mais d'abord à distance. Honda est obligé de complexifier quelque peu son modèle génératif et géométrique de manière à pouvoir employer directement les moyennes des mesures faites par Fisher sur le terrain. Fisher, pour sa part, pense qu'il leur faudrait commencer par le *Terminalia* parce que c'est un arbre dont la couronne présente des étages foliaires nettement différenciés, ce qui lui donne une structure en pagode assez simple. Dans son livre de 1971, H. S. Horn avait déjà indiqué l'intérêt de l'étude de tels arbres si l'on voulait avoir des chances de prendre en compte quantitativement et facilement le rôle de la couronne dans la stratégie adaptative. Mais justement, selon Fisher, cette simplicité n'est pas encore suffisante si on ne lui adjoint pas l'approche par la simulation sur ordinateur. En effet, malgré cette relative simplicité, les calculs d'optimisation de paramètres ne peuvent pas plus être conduits analytiquement dès lors qu'il n'est pas possible de résumer analytiquement les caractéristiques de la structure résultant des divers paramètres géométriques choisis au départ. Il faut donc bien *simuler toute la couronne* sur ordinateur.

En 1977, Fisher et Honda publient la première simulation géométrique réaliste d'un *Terminalia* de moins de cinq ans. Honda conçoit pour cela un programme en assembleur sur un ordinateur Olivetti P652 doté d'une extension de mémoire et d'un traceur de courbes[1]. Les résultats sortent sous forme de dessins sur papier. Dans le « modèle mathématique »[2], cœur du programme, ils utilisent un ensemble de règles géométriques déterministes dont les paramètres sont d'abord calés sur les moyennes des mesures effectuées sur le terrain par Fisher. Le programme dessine donc au départ un arbre moyen, en quelque sorte, dont le port rappelle bien, intuitivement, ceux que l'on rencontre dans les parcs japonais ou dans le Jardin Tropical de Miami.

En 1978, les auteurs décident de prolonger leur collaboration de manière à tester l'usage qui pourrait être fait de la simulation dans la question de la géométrie adaptative. Or, à l'évidence, il s'agit là d'un problème de recherche d'optimum. Comme la couronne n'est pas résumable analytiquement mais seulement réplicable par une simulation, il faut donc procéder à un grand nombre de simulations réalistes à partir de diverses combinaisons possibles de paramètres autour de leurs moyennes réelles et mesurer *a posteriori*, à chaque fois, c'est-à-dire sur chaque structure dessinée, l'efficacité de la captation de la couronne obtenue en énergie solaire. Cette recherche est faite par tâtonnements et comme empiriquement : Fisher et Honda lancent un grand nombre de simulations de couronnes en faisant varier à chaque fois (dans des limites jugées réalistes et situées autour de la moyenne mesurée sur le terrain) l'angle de ramification des rameaux à l'intérieur des étages foliaires et ils font évaluer à chaque fois par l'ordinateur la surface d'insolation. Notons, en passant, que la simulation remplace ainsi un calcul par deux opérations distinctes : une réplication suivie d'une mesure. Ils trouvent ainsi un angle de ramification optimal pour l'insolation, compte-tenu des contraintes morphologiques de l'espèce considérée[3]. Le résultat est que, conformément à leurs espérances, cette valeur est trouvée très proche de la valeur moyenne réelle. Honda et Fisher montrent qu'il en est de même pour le « ratio de longueur » optimal[4]. L'arbre réel est donc passablement optimal d'un point de vue énergétique par rapport à ses règles de croissance géométriques. Ce résultat, assez

1. J. B. Fisher, H. Honda, « Computer simulation of branching pattern and geometry in *Terminalia (Combretaceae)*, a tropical tree », *Botanical Gazette*, 1977, 138 (4), p. 377.

2. Selon leur propre expression : « mathematical model », *ibid.*, p. 378.

3. *Cf.* J. B. Fisher, H. Honda, « Branch geometry and effective leaf area : a study of *Terminalia* branching pattern, 1. Theoretical Trees », *American Journal of Botany*, 1979, 66 (6), p. 633-644 et J. B. Fisher, H. Honda, « Branch geometry and effective leaf area : a study of *Terminalia* branching pattern, 2. Survey of Real Trees », *ibid.*, p. 645-655.

4. H. Honda, J. B. Fisher, « Ratio of tree branch lengths : The equitable distribution of leaf clusters on branches », *Proc. of the National Academy of Sciences of the USA*, vol. 76, n°8, August 1979, Botany, p. 3875.

remarquable, fait l'objet d'une publication dans la revue *Science* du mois de février 1978[1]. Devant ces résultats, en effet, il y a lieu de considérer que la simulation géométrique, avec ses quelques paramètres simples, a réussi à capter une variabilité structurelle essentielle qui se trouve être l'objet d'une sélection pour un optimum fonctionnel dans le *Terminalia*. Cependant, Fisher a conscience qu'il serait trop simpliste de ne relier les déterminismes des paramètres architecturaux de la couronne de l'arbre qu'à la seule optimisation de la surface foliaire. Le jeu de l'optimisation doit être au total plus complexe. Tout au plus ont-ils montré par là le rôle vraisemblablement très important de cette optimisation particulière dans les premières années de la vie *du Terminalia*, dès lors que le modèle géométrique ne vaut d'ailleurs plus pour des individus plus âgés[2].

En 1979, paraît un article qui fera grand bruit en morphologie végétale et qui contribuera à réactiver la sensibilité des botanistes au vieillissement différentiel des parties d'une plante et à la non-stationnarité de leurs règles de croissance au cours de leurs vies. Il s'agit de « The plant as a metapopulation » du démographe des plantes irlandais James White (Département de Botanique du *University College* de Dublin), paru dans *Annual Review of Ecological Systems*. Sous l'influence de ses propres problématiques de biologiste des populations, habitué à percevoir des populations dans un monde végétal où, précisément, la différence entre population et individu reste souvent problématique, James White ne prétend pas inventer la suggestion de concevoir la plante comme une colonie d'individus plus ou moins autonomes. Cette idée peut en effet être retrouvée incidemment chez plusieurs auteurs, dès le XVIIIe siècle. Mais dans cet article tout à la fois synthétique et séminal, White retrace d'abord l'histoire conceptuelle assez complète de cette conception populationnelle de la plante individuelle et montre ensuite avec force le poids évident qu'elle doit prendre désormais aux yeux du botaniste et du morphologiste des plantes en indiquant les convergences qui se font jour. Ce point de vue, déjà payant en biologie des populations, mais rendu explicite et éclatant par White contribue, à l'époque, à mettre davantage en avant la variabilité des déterminismes génétiques à l'intérieur d'un individu végétal au cours de son ontogenèse, donc au cours de sa vie. En plaidant pour un rapprochement résolu entre la démographie des plantes et la morphologie des plantes, White met ainsi

1. H. Honda, J. B. Fisher, « Tree Branch Angle : Maximizing Effective Leaf Area », *Science*, 24 February 1978, vol. 199, p. 888-889.
2. J. B. Fisher, H. Honda, 1979, art. cit., p. 639.

l'accent sur la plasticité des déterminations génétiques au cours de la morphogenèse[1].

Si donc l'arbre est aussi une population vouée à une grande plasticité génétique dans ses organes et au cours de sa vie, l'argument généticiste et informationnel de Honda, comme celui de Cohen d'ailleurs, et qui faisait le soubassement de leur approche commune par une simulation avant tout fondée sur un modèle formel stationnaire, perd beaucoup de sa pertinence. Il se pourrait bien que la recherche d'un modèle théorique minimal déterminant une morphogenèse aux résultats complexes et contre-intuitifs, dès lors qu'elle se faisait toujours sous couvert d'une détermination génétique supposée stationnaire au cours de la vie du végétal et de sa séquence de différenciations cellulaires, ne vaille pas plus que les approximations théoriques du type de la « loi de Horton ».

Fisher reconnaît donc là une limite majeure à la simulation sur ordinateur : il faudrait en fait complexifier encore et toujours le modèle mathématique sous-jacent à la simulation en y insérant l'historicité des déterminismes génétiques, sans même oublier les effets de l'environnement. Mais le problème est que cette complexification n'est justement pas souhaitable pour l'usage qu'il veut faire de la simulation. L'usage théorique de la simulation en serait alors perdu : elle ne pourrait plus servir à produire des résultats simples concernant la nature des quelques paramètres qu'on voudrait voir apparaître comme seuls décisifs dans l'élaboration de la stratégie adaptative de la plante, par exemple. Elle ne servirait plus à désigner ni éventuellement à quantifier ces quelques paramètres-clés. Si le modèle sous-jacent se complexifie, ce qui est certes toujours possible en droit si ce n'est en pratique, la simulation ne peut plus servir d'argument théorique, car elle ne peut plus immédiatement aider à une meilleure compréhension physiologique et fonctionnelle de la structure. Or, c'est cela que privilégie Fisher. Et c'est bien là que l'on peut discerner clairement le rôle épistémique implicite que Fisher donne aux simulations de croissance d'arbres sur ordinateur : une simple prolongation de l'expression théorique des concepts biologiques et un moyen de tester rigoureusement leur pertinence dans des cas ponctuels. La réplication de l'arbre n'y est pas voulue pour elle-même. Elle n'est pas non plus réellement considérée comme un substitut d'expérimentation mais plutôt comme le substitut d'une procédure aléatoire d'optimisation d'une loi mathématique complexe, comme un calcul. Chez lui, la figuration réaliste de l'arbre est donc inféodée à un projet de compréhension qui, en dernière analyse,

1. J. White, « The plant as a metapopulation », *Ann. Rev. Ecol. Syst.*, 1979, 10, p. 133-134.

puisse directement quitter son support technologique et computationnel afin de grossir le nombre des savoirs biologiques et botaniques déjà exprimables en langage naturel.

Ainsi, de façon significative, à partir de 1979, considérant que la simulation ne lui apportera plus un surcroît de compréhension biologique [1], Fisher va progressivement cesser toute collaboration réellement active avec les simulateurs de plante sur ordinateur. Selon lui, tout au plus la simulation pourra-t-elle encore faire illusion en recourant à des modèles toujours plus complexes. Mais ces derniers resteront longtemps beaucoup trop simplificateurs d'un point de vue biologique. D'ailleurs, encore faudrait-il pour cela que les ordinateurs aient une puissance de calcul suffisante. Ce qui ne lui ne semble pas non plus être vraiment le cas. Après une période de vif espoir, Fisher entre donc dans une phase de doute résolu quant à la pertinence des simulations sur ordinateur pour la biologie théorique.

BILAN SUR LA SIMULATION GÉOMÉTRIQUE

L'approche par simulation géométrique a bien été la première à converger véritablement, et de manière quantitative, vers la botanique et la biologie des plantes supérieures. Elle a contribué à rendre possibles certains calculs déductifs qui intervenaient dans le test de certaines hypothèses générales propres à la biologie du développement théorique. À cause de l'intrication et des rétroactions de multiples chaînes causales au cours des phénomènes de morphogenèse du vivant, ces suivis déductifs ne sont pas en effet aisément accessibles à la pensée humaine, qu'elle soit formalisée ou non : il n'en existe pas de modèle mathématique analytique. Et leurs résultats peuvent donc être contre-intuitifs. La seule solution est de simuler par ordinateur, pour le suivre pas à pas, l'entrelacs des rapports entre les parties comme entre les parties et le tout de l'organisme.

Mais lorsque l'on sait que la plante est une « méta-population », lorsque que l'on voit bien que ces chaînes causales elles-mêmes évoluent (vieillissement des méristèmes[2]), une complexité supplémentaire est ajoutée. Et il est permis alors de douter des apports de la simulation elle-même pour la botanique théorique. Si les règles locales changent au cours du temps, une approximation par la récursivité informatique sera-t-elle encore raisonnable ? Existe-t-il une règle du changement des règles ? Et comment la trouver ?

1. Communication personnelle avec Fisher du 28 octobre 2003.

2. *Cf.* glossaire.

CHAPITRE II

MODÈLE LOGIQUE ET SIMULATION ALGORITHMIQUE DES ALGUES

À la fin des années 1960, il est toutefois permis de penser qu'une alternative est possible du côté d'un raffinement de la représentation formelle des règles de croissance. Une approche logico-mathématique et, au départ, à prétention explicative, de la morphogenèse s'inspire des axiomatisations logiques des années 1930. Or, quand elle est mise en œuvre, elle prend aussi finalement la forme de simulations sur ordinateur, mais de simulations algorithmiques, via *la prise en charge d'automates formels par les programmes. Un autre type d'appropriation des ordinateurs par la biologie des formes va de ce fait voir le jour, notamment avec les travaux d'Aristid Lindenmayer (1925-1989). Le type de formalisation que cette approche revendique, malgré des points communs avec celui de Dan Cohen, s'appuie sur un tout autre corpus de biologie théorique et surtout sur une tout autre interprétation de ce que signifient la mathématisation, la formalisation et la théorisation en biologie. Alors que sa problématique embryologique et développementale semble proche de celle de Cohen ou de Fisher, Lindenmayer n'utilise pas du tout l'ordinateur de la même façon qu'eux : il cherche au contraire à éviter toute « simulation » au sens du réalisme stochasticiste de Cohen ou au sens du réalisme géométrique de Honda et Fisher. Il propose une modélisation par automates (appelés plus tard L-systèmes) qui démultipliera néanmoins les possibilités de simulation sur ordinateur, ce qui donnera lieu, comme nous le verrons, à une controverse décisive sur les « formalismes naturels ». En quel sens comprendre alors ce troisième type de simulation appliquée, par des biologistes, à la morphogenèse végétale (après la simulation à fondement essentiellement probabiliste de Cohen et celle à fondement essentiellement géométrique de Honda et Fisher)?*

UN BOTANISTE CONVAINCU PAR LE POSITIVISME LOGIQUE : LA « THÉORIE DES CYCLES DE VIE » D'A. LINDENMAYER (1963-1965)

Pendant l'année universitaire 1963, le botaniste Aristid Lindemayer, suédois d'origine, et rattaché à ce moment-là au Queens College de la City University de New York, se trouve à Londres, auprès de l'embryologiste et philosophe des sciences britannique Joseph Henry Woodger (1894-1981). Il a été invité à l'occasion d'une bourse universitaire délivrée par la *National Science Foundation.* Woodger a donc 69 ans lorsqu'il reçoit Lindenmayer chez lui. Woodger n'exerce plus. Et ses interventions sont depuis longtemps essentiellement d'ordre philosophique. Lindenmayer a pourtant eu vent de ses travaux. Et il veut avoir un rapport intellectuel et personnel suivi avec lui, même si ses travaux de biologie théorique étaient restés quasiment lettre morte depuis la fin des années 1930. En 1932, en effet, Woodger avait été un des co-fondateurs du Groupe de Biologie Théorique (*Theoretical Biology Club*) qui se constitua à Londres autour des idées de d'Arcy Thompson et de Whitehead sur la continuité entre biologie et physique. Woodger y rencontrait régulièrement les embryologistes Joseph N. Needham et Conrad H. Waddington. C'est dans ce cadre que s'affirma son anti-mécanisme ou anti-réductionnisme et ce qu'il appelait son « vitalisme méthodologique »[1]. Pour lui, de même que la physique quantique avait enseigné à la physique à ne plus être platement réaliste en ce qui concerne les entités ultimes de la matière, de même, la biologie théorique, sans tomber dans un pur phénoménisme ou fictionnalisme, devait s'appuyer sur différents « royaumes » de réalités en travaillant à des théories explicatives et axiomatisées qui nous montrent comment l'on passe de l'un à l'autre, sans espérer trouver jamais un royaume de réalités fondamentales. Pour lui, par ailleurs, le langage biologique avait trop pour habitude de servir des fins extra-scientifiques, émotionnelles par exemple. Un langage artificiel, formellement purifié, et que l'on pourrait soumettre au calcul neutraliserait ces velléités subjectives dommageables. C'est la raison principale qu'il invoquait dans *The Axiomatic Method in Biology*[2]

1. N. Roll-Hansen, « E. S. Russel and J. H. Woodger: The Failure of Two Twentieth-Century Opponents of Mechanistic Biology », *Journal of the History of Biology*, 1984, vol. 17, n°3, p. 420.

2. J. H. Woodger, *The Axiomatic Method in Biology*, London, Cambridge University Press, 1937.

pour justifier explicitement son ralliement au projet de reconstruction logique proposé par des logiciens et philosophes comme Carnap. Dans cet ouvrage, en particulier, il adoptait l'approche extensionnelle et logiciste des *Principia Mathematica* de Russell et Whitehead, et partait de la possibilité que nous avons de considérer tout organisme ou tout organe comme constitué de « tranches » temporelles et spatiales. À partir de ces « atomes » d'être vivant, il développait une axiomatique générale pour la biologie dans laquelle il montrait, en substance, qu'il est possible, contrairement à ce qu'affirme les vitalistes par exemple, de formaliser une relation de un-à-plusieurs ou de montée en complexité et en différenciation cellulaire d'un organisme au cours de l'ontogenèse. C'est-à-dire qu'avec un formalisme mettant en œuvre une distinction des types en même temps que leur rapport réglé (sur le modèle de la théorie des types de Russell), on pouvait, selon lui, représenter l'accroissement du degré de complexité d'un tout, donc son développement, sans en appeler à un principe vital. Il faut noter, en ce sens, que Woodger n'hérita pas de la théorie mathématique alors naissante des modèles bien qu'il connut entre-temps Tarski et qu'il lui confia un certain nombre de ses réflexions à l'époque où ce dernier mettait en forme une alternative modéliste à la conception axiomatique de la logique et de la métamathématique. C'est donc ce travail inspiré par une conception axiomatique déjà datée qui reçut d'abord bien peu d'échos et contribua surtout à la faire admettre parmi les philosophes plutôt que parmi les embryologistes, même théoriciens.

Quand il rencontre Woodger, au début des années 1960, le centre d'intérêt biologique de Lindenmayer se porte sur ce que, selon une idée qui lui était venue en discutant avec le botaniste américain Ralph O. Erickson (né en 1914) alors professeur à l'Université de Pennsylvanie, il appelle la « théorie des cycles de vie »[1]. Erickson est à cette époque un botaniste reconnu, officiant notamment aux côtés du physiologiste des plantes David Rockwell Goddard (1908-1985). Erickson avait été de ceux qui, contre l'approche statistique classique des problèmes de croissance (axée essentiellement sur les phénomènes moyens et concentrée surtout au niveau déjà élevé de l'organe), commencèrent à promouvoir l'approche théorique de la morphogenèse par le traitement du comportement individuel des cellules. De telles approches pouvaient sembler en effet plus prometteuses dans la mesure où l'on serait alors à même de suivre la génération et la filiation des

1. A. Lindenmayer, « Life Cycles as Hierarchical Relations », dans John R. Gregg et F. T. C. Harris (éd.), *Form and Strategy in Science – Studies dedicated to Joseph Henry Woodger on the Occasion of his Seventieth Birthday*, Dordrecht, D. Reidel Publishing Company, 1964, p. 417.

cellules au niveau cellulaire même, leur « cycle de vie », sans plus niveler leurs comportements localement différenciés. Mais l'outillage mathématique et formel manquait. Et, pour sa part, Erickson ne disposait pas d'une formation qui le prédisposait à une inflexion fondamentale de son approche de la morphogenèse en ce sens. C'est la raison pour laquelle, à partir de 1965, il adoptera plutôt le formalisme des équations aux dérivées partielles pour tâcher de rendre compte de ces comportements morphogénétiques localement différenciés. Or, en 1964, c'est Lindenmayer qui, le premier, suggère un formalisme alternatif, en exhumant l'approche logique antérieure de Woodger. L'orientation épistémologique comme les compétences mathématiques singulières de ce botaniste vont grandement présider à la naissance d'un nouveau formalisme qui s'avèrera, dès ses débuts, particulièrement adapté à la simulation sur ordinateur, même si l'objectif est au départ théorique.

Lindenmayer considère donc que l'histoire de toute cellule ou de tout noyau cellulaire, et par extension de tout être vivant de par son organogenèse, peut être décrite uniquement par une combinaison particulière de trois processus successifs à partir d'une cellule primitive ou d'un noyau : la mitose, la méiose et la fusion gamétique. Il est particulièrement au fait de ces questions parce qu'il est originellement un spécialiste des champignons et des algues. Or, les algues présentent l'une des plus grandes diversités de types de reproductions cellulaires. Et Lindenmayer ambitionne d'en faire une véritable théorie déductive. Plus qu'une autre, l'approche logique de Woodger séduit Lindenmayer parce qu'elle autorise le langage formel à ne pas prendre en considération les complications cytologiques et biochimiques qui interviennent lors de chacun de ces trois processus, contrairement aux approches antérieures de la croissance par Goddard ou Erickson, par exemple. Il s'agit de se concentrer seulement sur ce que Lindenmayer appelle les « événements cardinaux » [1] des cycles de vie. Or, ce qui l'incite à adopter une telle vision formaliste au sujet de la théorie en biologie vient incontestablement du fait qu'il partage aussi quelques unes des options de Woodger et de l'empirisme logique sur la notion de théorie scientifique. Pour lui, comme pour Woodger, toute théorie est un type particulier de langage formel servant à la consignation des faits observables et à la déduction syntaxique, à l'intérieur de ce langage, de la représentation symbolique de ces mêmes faits ou d'autres, dits prévisibles, à partir de notions primitives et de postulats ou règles axiomatiques. Lindenmayer reprend par ailleurs directement à Carnap, d'une part la distinction entre

1. *Ibid.*, p. 465.

syntaxe et sémantique (que Carnap hérite en fait de Tarski même si Lindenmayer ne le cite pas), d'autre part l'idée qu'en conséquence de cette distinction, la science, pour parler sensément (sémantiquement) du monde des phénomènes, doit établir également des règles de correspondances entre les observations et les symboles du formalisme, c'est-à-dire entre la sémantique ou la signification des concepts symbolisés dans le langage et les concepts théoriques intervenant dans les propositions formelles de la théorie. Ces règles sont appelées « règles sémantiques » [1] par Lindenmayer. Par contraste avec la génération de Woodger, semblant donner ainsi raison au diagnostic de Suppes [2], il semble tirer les leçons de la théorie mathématique des modèles. Pourtant Lindenmayer n'est pas toujours cohérent dans cette revendication car, héritant surtout par ailleurs du versant théorique de la biologie de la morphogenèse, il revendique également la nature théorique de ce qu'il appelle ses « modèles mathématiques » au sens où, comme nous le verrons, il espèrera toujours en tirer des théorèmes.

En 1964 donc, Lindenmayer tient ses trois notions primitives (mitose, méiose, fusion gamétique) ; et il ne lui reste plus qu'à tâcher de produire les postulats ou axiomes nécessaires pour déduire formellement les différents types de cycles de vie observés dans la nature par les biologistes. Après avoir défini ses symboles et rappelé quelques théorèmes élémentaires des *Principia Mathematica* et de la logique symbolique de Carnap, dont il se servira en effet, Lindenmayer insère dans ses axiomes spécifiques certaines des règles biologiques bien connues des biologistes, notamment des botanistes, au sujet de la succession et de la combinaison des trois processus élémentaires de génération. Certaines combinaisons sont en effet interdites. En outre, lorsqu'on fait abstraction du matériel biologique qui intervient dans chacun de ces processus, il est possible, selon Lindenmayer, de se les représenter comme autant de relations formelles multilatérales [3], c'est-à-dire comme autant de relations d'un à plusieurs ou de plusieurs à un : la relation mitotique est ainsi une relation d'un à deux, la relation méiotique est une relation d'un à quatre et la fusion gamétique est une relation de deux à un [4]. La théorie de Lindenmayer entend donc bien traiter ce que nous avons compris comme étant une des difficultés majeures de la formalisation de la vie organique et de son développement (déjà reconnue

1. *Ibid.*, p. 416.

2. *Cf.* notre introduction.

3. Nous employons ce terme bien qu'il ne figure pas en anglais de terme générique. Il s'agit de désigner par là toutes formes de relations entre individus qui ne soient pas binaires, c'est-à-dire seulement bilatérales.

4. *Ibid.*, p. 434.

en leur temps par Waddington et Rashevsky) : le fait que les relations y sont rarement binaires. À ce stade-là, on peut déjà comprendre que, du point de vue de la génération cellulaire ou même du développement organique des métazoaires, la théorie de la combinaison des cycles de vie semble avoir les moyens de donner une représentation formelle plus adéquate.

AXIOMATIQUE INUTILISABLE ET AXIOMATIQUE UTILISÉE

Lindenmayer reprend, mais en la modifiant de façon décisive, l'axiomatique des relations entre cellules de Woodger [1]. Tout d'abord, il renonce tout à fait aux concepts de « tranche » organique dans la mesure où Woodger y concevait une délimitation *à la fois* spatiale et temporelle. Cette perspective, trop générale *a priori*, s'avère jeter de la confusion en ne décidant pas de la dimension qui pourrait prendre directement un *sens biologique* dans la théorie. Pour l'axiomatique de Woodger, écrit Lindenmayer, « le zygote à partir duquel un animal se développe et les gamètes auxquelles il donne naissance, aussi bien que les cellules intermédiaires, toutes ces cellules sont des parties du même organisme entier » [2]. Partant de cette définition quelque peu surréaliste de Woodger pour la relation organique « partie de ... », il est dès lors très difficile d'insérer ensuite de façon commode, c'est-à-dire praticable sémantiquement, les nécessaires restrictions qui peuvent donner une réelle signification biologique à certains types de partitions d'un organisme réel. Woodger, en formalisant de très haut et en général l'objet biologique (d'une manière qui reste en réalité très liée à une perspective technique particulière et datée) afin, croyait-il, de ne rien laisser échapper dans ces symboles formels qui soit un jour ou l'autre susceptible d'une interprétation biologique, c'est-à-dire pour lui d'une observation (descriptivisme épistémologique), a proposé un style de découpage du réel biologique pratiquement inutilisable tel quel. C'est bien la grande leçon que Lindenmayer donne à Woodger. En réalité, une fois qu'elles sont ordonnées les unes aux autres selon une combinaison précise des trois processus élémentaires de génération, les parties organiques que le système formel de Lindenmayer considère sont *en même temps* temporellement ordonnées : il n'y a nul besoin de rajouter une formalisation du temps qui rendrait la démonstration des théorèmes impraticable. Lindenmayer parvient ainsi à prouver des théorèmes pour les « cycles de vie », car il a auparavant bien davantage contraint la forme de

1. Voir J. H. Woodger, *op. cit.*, section 4, p. 85-86.
2. A. Lindenmayer, art. cit., p. 466.

son axiomatique à cette fin. Il l'a même calibrée directement sur le type de parties organiques (et donc de partition) qui l'intéresse. La contrepartie de ce choix liminaire tient au caractère désormais non généralisable pour la biologie de la nouvelle axiomatique proposée. La perspective théorique et de surplomb de Woodger est ce faisant abandonnée.

Pour finir sur cette première théorie de Lindenmayer (1964), il faut noter que sa publication dans un chapitre de l'ouvrage collectif de philosophie des sciences en hommage à Woodger n'a pas beaucoup fait pour sa renommée ultérieure, notamment auprès des biologistes théoriciens : peu en ont été informés[1]. Elle ne sera pas relayée ni prolongée telle quelle, même par Lindenmayer. Il ne s'y réfèrera d'ailleurs jamais par la suite, sauf dans l'article séminal de 1968[2], car il considèrera plus tard que c'est seulement à partir de 1968 que ses premières véritables contributions à la biologie théorique parurent. Que se passe-t-il en effet de particulier cette année-là ?

DE LA THÉORIE LOGIQUE À LA THÉORIE DES AUTOMATES (1966-1967)

En fait, il faut remonter aux années 1966-1967 pour le savoir. Pendant cette période, Lindenmayer est toujours professeur de biologie et chercheur au Département de Biologie du Queens College de la City University de New York. Il continue ses travaux à l'aide d'une subvention du National Institute of Health lui-même rattaché au U.S. Public Health Service. Ce qui d'ailleurs fait du National Institute of Health une institution pionnière dans ce type de recherche, puisqu'il avait auparavant soutenu les travaux de Murray Eden et Dan Cohen. Le centre d'intérêt de Lindenmayer se porte toujours sur les algues et leur développement au sens des « cycles de vie » mais aussi au sens de la biologie du développement, c'est-à-dire notamment au sens morphogénétique. À ce titre, Lindenmayer, à la grande différence de Woodger, dirige un laboratoire de biologie où la pratique expérimentale a véritablement toute sa place[3]. Or, dans les trois années qui le séparent de sa proposition d'une « théorie des cycles », Lindenmayer a été informé de l'existence de la théorie des automates, notamment par John Richard Gregg, alors professeur de zoologie et de biologie théorique à la

1. Une exception notable est W. R. Stahl, « The Role of Models in Theoretical Biology », *Progress in Theoretical Biology*, vol. 1, 1967, n°1, p. 165-218.

2. A. Lindenmayer, « Mathematical models for cellular interactions in development. I. Filaments with one-sided inputs », *Journal of Theoretical Biology*, 18, 1968, p. 286 et 299.

3. Cette information nous est confirmée par une communication personnelle de Jerome C. Wakefield du 30 septembre 2003.

Duke University et fidèle collaborateur de Woodger[1]. Gregg lui donne ainsi l'idée qu'il pourrait peut-être avoir recours à ce nouveau formalisme pour la représentation du développement organique. D'autre part, en 1967, la NASA demande à Lindenmayer d'encadrer des recherches prioritaires qui doivent débuter à l'Institut de Biologie Théorique mis en place à Fort Collins (Colorado), et cela à destination des étudiants débutants ou licenciés. L'objet principal de cet Institut est en fait de promouvoir, dans l'esprit des méthodes de la cybernétique et de la théorie des automates, les recherches en exobiologie (vie extraterrestre) et d'inciter ainsi les étudiants à s'orienter assez tôt vers ce domaine[2]. Dans ce cadre-là, c'est le psychiatre britannique et pionnier de la cybernétique William Ross Ashby (1903-1972), alors Directeur du Département d'Ingénierie Electrique de l'université de l'Illinois qui a été choisi par la NASA pour faire figure de leader : il y sera chargé d'un séminaire d'introduction à la cybernétique. Lindenmayer, de son côté, doit venir avec des assistants de recherche. Il se fait alors accompagner par deux de ses élèves les plus motivés des semestres précédents : Andrew Schauer et Jerome C. Wakefield[3]. C'est là qu'il lui est demandé et qu'il s'impose lui-même, et avec scrupule, de décortiquer toute la littérature récente sur la modélisation de la vie par automates, en particulier sous l'impulsion des espoirs donnés par les livres d'Ashby dont *Design for a Brain* paru en 1952 et *Introduction to Cybernetics* paru en 1956. Avec Schauer et Wakefield, Lindenmayer lit donc cette toute récente littérature qui se trouve justement à disposition. Rappelons en effet qu'en 1966, sous la direction d'Arthur W. Burks (né en 1915), une édition posthume des travaux de von Neumann sur les automates cellulaires paraît également. Ce qui contribue à rendre ces recherches sur les automates véritablement accessibles au plus grand nombre. Lindenmayer lit donc très rapidement ces ouvrages et aperçoit ainsi les bases théoriques qui sous-tendent les automates. Pendant les années 1965-1967, avec ses étudiants du Queens College de la City University, il avait certes déjà travaillé de longs mois sur des modèles cybernétiques mais sans opter directement pour la représentation intégralement discrétisée. Mais c'est surtout un livre

1. *Cf.* John R. Gregg, F. T.C. Harris (éd.), *op. cit.*, p. 4. Dans l'esprit de Woodger, John R. Gregg avait publié en 1954 un travail qui applique la logique du premier ordre à la taxonomie et aux systèmes classificatoires. Gregg fera également des contributions en logique.

2. D'après une communication personnelle de Jerome C. Wakefield, en date du 29 septembre 2003.

3. En 1967, Jerome C. Wakefield disposait déjà d'une formation initiale en philosophie, mathématique et psychologie. Il deviendra par la suite psychologue et il se fera connaître en travaillant en intelligence artificielle, notamment aux côtés d'Hubert Dreyfus dont il partagera les vues critiques.

important, qui paraît également en 1966, qui la lui fait connaître: *Cybernetics and Development*. Ce livre de synthèse est écrit par un zoologiste et psychologue anglais, Michael J. Apter, qui avait eu un parcours mouvementé et de fait très interdisciplinaire. Il avait soutenu, à l'Université de Bristol, un PhD sur les rapports entre cybernétique et biologie du développement. Il avait d'abord travaillé dans le Laboratoire de Zoologie de l'embryologiste Lewis Wolpert, situé au King's College de l'Université de Londres, à l'époque où celui-ci étudiait de manière expérimentale, et au niveau cellulaire, la morphogenèse de l'embryon d'oursin[1]. Par la suite, Apter avait rejoint le Département de psychologie de l'Université de Bristol où l'automaticien Frank Honywill George l'initia à la cybernétique. C'est à ce moment-là que pour sa thèse, il fut réorienté vers les modèles de la biologie du développement par le professeur J. L. Kennedy du Département de psychologie de l'Université de Princeton. Le but était de tirer des leçons, pour la psychologie, des nouveaux modèles cybernétiques qui se proposaient alors, quoique timidement, à la biologie du développement. À cette époque, selon Apter, l'approche cybernétique permettait de dépasser aussi bien le physicalisme (dont les premiers travaux de biophysique mathématique de Rashevsky) que les mathématismes de Woodger ou Sommerhoff[2]. Ces approches antérieures qui ont essayé de régler de manière mathématique le problème du caractère indécomposable des phénomènes biologiques avaient, d'après lui, échoué. Pour lui, seule la cybernétique proposait une conceptualisation formelle (la rétroaction négative) qui permettait une explication générale non-vitaliste de ce qui affecte les êtres vivants à côté des machines téléonomiques. La réussite de Monod et Jacob en était un signe. Malgré leurs dires, Rashevsky, Woodger et Sommerhoff en restaient donc à la description alors que la cybernétique promettait l'explication. Pour préciser ce point,

1. *Cf.* M. J. Apter, *Cybernetics and Development, Oxford*, Pergamon Press, 1966, p. x (preface), 39 et 53. Au début des années 1960, Wolpert renouait avec la « mécanique développementale » de l'embryologiste allemand Wilhelm Roux (1850-1924). Il avait montré que des changements physiques simples provoqués sur l'embryon d'oursin pouvaient avoir des conséquences de nature physique sur l'organisme.

2. En 1950, un anatomiste du Trinity College, Gerd Sommerhoff, proposa en effet ce qu'il appelait une *Biologie Analytique*. Il s'agissait pour lui de rendre compte par des fonctions analytiques de la grande quantité des termes biologiques décrivant un comportement dirigé: la psychologie pouvait ainsi être conçue dans la continuité de la biologie. Comme Apter, il fit partie, par la suite, du groupe de cybernéticiens (majoritairement britanniques) nommé ARTORGA: *The Artificial Organisms Research Group*. Ce groupe vécut de mars 1958 à décembre 1974. Le comité scientifique était notamment constitué de Ross Ashby mais aussi de Heinz von Foerster. Il regroupait des psychologues, des physiologistes, des spécialistes des sciences sociales et du comportement.

Apter s'appuyait explicitement sur la distinction que faisaient les empiristes logiques, à la suite de Tarski, entre syntaxe et sémantique : la cybernétique proposait un principe général et formel au niveau syntaxique ; et elle était aussi un réservoir de modèles particuliers, valant au niveau sémantique donc. Pour Apter, comme pour Waddington, l'organisme en genèse est comparable à un réseau complexe de régulations représentables formellement par des automates auto-reproducteurs en interaction. La nouveauté qu'il apportait consistait en ce choix de discrétiser. Apter reprenait notamment la notion de « Pattern Formation » à Waddington pour tâcher de modéliser théoriquement la formation de structure sur un tissu cellulaire unidimensionnel proche de la géométrie d'une hydre. Mais il représentait les cellules biologiques par des automates de type Turing : les cellules mises bout à bout changeaient d'état et l'information qu'elles faisaient passer à leur voisines était fonction de leur état présent et des informations qu'elles recevaient de la gauche et de la droite. Elles portaient toutes les mêmes règles : en cela, elles disposaient d'un « génotype » commun, selon le terme d'Apter. Mais leur état changeait : c'était leur « phénotype » [1] variable. Les cellules ne donnaient donc pas naissance à d'autres cellules. Le tissu ne croissait pas : comme dans le modèle de morphogenèse de Turing, il était supposé préexister. Mais il y avait communication entre cellules et Apter montrait, en faisant les calculs à la main, qu'il y avait stabilisation d'une certaine hétérogénéité par rapport à la distribution des différents états internes des cellules. Son modèle pouvait donc être apparenté à celui de Turing bien qu'il ait fait le saut de l'approche discrétisée dès le départ. Alors que Turing, dans son travail publié de 1952, *discrétise un modèle* chimico-mathématique, Apter *discrétisait d'emblée le substrat.*

En 1967 donc, Lindenmayer perçoit bien quelque chose comme l'amorce d'un courant convergent chez des mathématiciens (Ulam et Eden), chez certains biologistes cybernéticiens ou biophysiciens (Apter) qui tendent à utiliser le calculateur numérique pour représenter mathématiquement mais de manière discrétisée la croissance de formes organiques. Comme la théorie des automates lui apparaît de son point de vue très liée à la logique mathématique et, particulièrement, à la logique symbolique, il trouve que ces représentations au moyen des automates recoupent de façon troublante sa propre façon de concevoir une représentation formelle du développement organique. Mais, comme il veut modéliser un *développement organique*, phénomène dans lequel la substance s'étend dans

1. M. J. Apter, *op.cit.*, p. 135.

l'espace, le modèle cybernétique d'Apter sur la *formation des structures* ne convient pas exactement. Les modèles d'automates déjà existants offrent en revanche une possibilité d'*extension de la structure formelle.*

D'autre part, Lindenmayer veut considérer le comportement dynamique des cellules en même temps dans leur genèse par division et dans leurs interactions au sein d'un organisme multicellulaire entier. Il lui apparaît en effet essentiel de tâcher de prendre en compte les *interactions dues à la contiguïté des cellules chez les êtres multicellulaires*. En cela, il suit le physiologiste des plantes américain John Gordon Torrey (1921-1993) pour qui la compréhension du lien qui existe entre biologie moléculaire et phénomènes de développement à l'échelle de l'organisme passera nécessairement par l'accentuation des recherches sur l'« intercellularité ». Torrey est un spécialiste de la différenciation cellulaire et de la croissance des racines des plantes sous l'effet de substances hormonales. Selon lui, les cellules des organismes multicellulaires s'échangent en permanence des forces, des pressions ou des métabolites. Ce sont ces échanges qui conditionnent en retour de façon décisive leur comportement physiologique et métabolique. Il est donc illusoire de croire que l'on peut agréger simplement et directement (ainsi que des biologistes théoriciens comme Rashevsky avaient pu le croire un moment) le comportement de plusieurs êtres unicellulaires pour se faire une idée du développement des organismes supérieurs.

Comme il va s'agir de prendre en compte les proximités spatiales, il apparaît nécessaire à Lindenmayer, et cela à la différence de ce qu'exigeait sa théorie précédente des « cycles de vie », de considérer la morphologie ou, tout au moins, la topologie de l'organisme afin de permettre au formalisme d'intégrer ces relations de voisinage entre cellules. C'est là qu'il peut distinguer explicitement son propre travail de celui de Robert Rosen (1934-1998). Alors que ce disciple et collègue de Rashevsky n'est toujours parti que de l'organisme entier ou même de la cellule isolée pour demander ensuite à la théorie des automates de l'aider à représenter très grossièrement le métabolisme et la réparation cellulaire supposée intervenir dans certaines zones localisées de l'organisme (le noyau, le cytoplasme, etc.), Lindenmayer propose, pour cette représentation formalisée, de partir au contraire du niveau des cellules individualisées, afin de les faire effectivement naître les unes des autres et de les faire interagir. À la différence du formalisme de Rosen, qui, en s'appuyant sur la théorie mathématique des catégories, se concentre sur la logique du métabolisme et sur la réparation, parce que ce qui l'intéresse au fond est de tenter une représentation mathématique de ce qui est censé être le propre ou l'essence de la vie, cela dans l'esprit de la biologie théorique de Rashevsky, le formalisme de Lindenmayer, influencé par la problématique antérieure des « cycles de vie », est donc plutôt conçu pour la prise en compte de la division cellulaire. Cependant, c'est précisément aussi dans la continuité explicite du travail de Rosen que Lindenmayer tentera de se proposer un formalisme qui permette le plus possible la démonstration *a priori* de théorèmes sans recours à l'ordinateur. Ou bien, s'il doit l'utiliser, ce sera surtout comme machine déductive, c'est-à-dire comme soutien à la conceptualisation des conséquences des axiomes et non à leur représentation graphique. Ce que nous proposons d'appeler une *simulation algorithmique*. Selon lui, il ne faut pas prioritairement attendre de l'ordinateur qu'il présente des propriétés physiques émergentes et non formulables dans le système formel mais simplement qu'il reste un calculateur logique (un énumérateur déductif) infaillible et performant. C'est pourquoi, il n'aura pas d'abord recours, contrairement à Eden ou Cohen, à la simulation du hasard dans ses modèles algorithmiques. L'ordinateur nous soutient dans le travail de déduction, travail qui en droit (si pas en fait), doit rester l'œuvre de l'esprit humain de par le caractère constamment symbolique et logique de son matériau : il faut donc maîtriser ce pouvoir générateur de la machine et ne pas croire lui insuffler d'abord des représentations géométriques de phénomènes physiques et biologiques mais plutôt des représentations logiques. L'ordinateur est ici une *machine à concevoir mais non une machine à imaginer*. Ainsi, comme la théorie de Lindenmayer doit par ailleurs beaucoup à l'axiomatisme et au logicisme de Woodger, malgré des revendications à tonalité parfois sémanticiste[1], elle est d'abord davantage redevable à la théorie proprement dite des ordinateurs, c'est-à-dire des automates, qu'à leur emploi effectif, au titre de simulateur.

LE « MODÈLE DÉVELOPPEMENTAL » ET LES RÈGLES DE RÉÉCRITURE (1968)

Pour produire un modèle formel de la croissance de tels organismes, Lindenmayer utilise donc la théorie mathématique des machines séquentielles sur le cas des organismes filamenteux (multicellulaires à structure filaire ou arborescente). Sa « machine séquentielle », *représentant* une seule cellule, est un quintuplet rassemblant :

– la fonction de transition donnant l'état suivant de la cellule
– la fonction de transition donnant la sortie suivante de la cellule
– les variables d'état

1. Comme nous l'avons vu, cette ambivalence était déjà présente dans le travail d'Apter.

– les variables d'entrée
– les variables de sortie.

Les entrées des cellules correspondent aux sorties des cellules voisines : c'est la formalisation de l'intercellularité. Mais ce qui est nouveau et décisif par rapport à la formalisation antérieure de Ulam ou de Apter, par exemple, c'est que Lindenmayer permet que l'état suivant d'une cellule soit un *dédoublement* c'est-à-dire une *division*, en terme biologique, de cette même cellule. Par là il veut formaliser une croissance pouvant se déclencher à n'importe quel endroit de l'organisme déjà formé. Ce n'est donc pas l'environnement qui fait naître spontanément les cellules, comme dans le modèle algorithmique d'Ulam, mais ce sont les cellules déjà vivantes qui choisissent ou non de se multiplier. Et ainsi l'organisme peut s'accroître. Pour exprimer ce modèle, Lindenmayer rompt aussi avec les représentations purement linéaires car préférentiellement linguistiques et anti-intuitivistes des *Principia Mathematica* et adopte une représentation mathématique de nature plus graphique. Il confirme même cette évolution en adoptant conjointement une représentation de ces mêmes fonctions par ce qu'il appelle, à la suite des ingénieurs en automatique, des « diagrammes de transitions »[1]. Les états de la cellule y sont représentés par les sommets d'un graphe et les diverses arêtes orientées de ce graphe représentent les transitions possibles entre les états en fonction des entrées de la cellule. Enfin, il n'est pas possible d'utiliser ce formalisme simple des automates à états et des fonctions de transition si l'on ne se donne pas également un procédé qui détermine la structure du temps, c'est-à-dire les instants où il faut appliquer de façon synchrone ces fonctions. C'est pourquoi un tel formalisme, en plus de la discrétisation réaliste des parties de l'organisme, les cellules[2], nécessite la *discrétisation du temps* : comme dans les simulations de Eden et Cohen, à chaque pas de temps, chaque cellule va appliquer ses deux fonctions de transition.

Il faut ensuite que Lindenmayer modifie le formalisme habituel des fonctions de transition pour pouvoir représenter la croissance du filament par division d'une cellule mère en deux cellules filles. Voici sa matrice de transition pour les états des cellules[3] :

1. A. Lindenmayer, art. cit., p. 282.
2. Cette discrétisation était déjà présente chez Woodger. Mais c'est dans la théorie des cycles de vie de Lindenmayer qu'elle est appuyée sur l'identification directe, réaliste en ce sens, entre un symbole et un individu biologique ou une partie très individualisée du point de vue du savoir biologique (la cellule). Le formalisme devient donc faiblement symbolique dans ces conditions.
3. A. Lindenmayer, art. cit., p. 285.

		Entrée de la cellule	
		0	1
État de la cellule	0	0	1
	1	11	0

Le contenu des cases de sortie du tableau indique la valeur (0 ou 1) de l'état suivant de la cellule en fonction de son entrée actuelle et de son état actuel. Dans la case du milieu, en bas, on voit apparaître deux états car il y a désormais deux cellules dont Lindenmayer spécifie les états à la naissance. Ici, chacune des cellules filles commencera donc avec l'état 1. Le premier résultat présenté n'est donc pas un dessin photo-réaliste mais un tableau de 0 et de 1 à une seule colonne, où les cellules filles s'insèrent à la place de la cellule mère. Ce qui a pour effet de donner un modèle linéaire sous la forme d'une séquence binaire. Par la suite, afin de représenter la ramification en plusieurs branches, il faut pouvoir indiquer sur le filament formel, le lieu précis où vient se brancher un rameau ainsi que le lieu où intervient la fin de la description des cellules du rameau. Lindenmayer choisit alors de recourir à des parenthèses. Ainsi, pour l'état d'une cellule, on peut ajouter à la fonction de transition de cet état l'état de cette même cellule *plus* l'état d'une nouvelle cellule, comme précédemment quand il n'y avait que la division cellulaire qui était possible, mais en inscrivant cette fois-ci *l'état interne de cette nouvelle cellule entre parenthèses*; ce qui signifie qu'elle commence un rameau latéral sur le filament. Cette cellule entre parenthèses pourra ensuite elle-même se diviser ou ramifier. Mais tout ce qu'elle produira restera donc entre parenthèses, cela pour signifier qu'elle est et reste un rameau. Les parenthèses peuvent ensuite être situées elles-mêmes entre des parenthèses car il peut, bien sûr, y avoir plusieurs ordres de ramification. Le formalisme des parenthèses, a donc pour effet de conserver encore sa linéarité au formalisme, cela alors même que le filament est ramifié. L'inconvénient de ce formalisme cependant, et Lindenmayer le concède, est que la position relative des branches, c'est-à-dire leur arrangement mutuel ou phyllotaxie, n'est pas prise en compte. La spatialité de la ramification réelle reste négligée.

Par la suite, Lindenmayer procède à la première confrontation du modèle avec une espèce vivante particulière : une algue rouge du nom de *Callithamnion roseum*. Il se révèle le fait important que le travail de calibration du modèle est d'une nature bien différente de ce qu'il est dans le cas d'un modèle différentiel. Il suffit en effet à Lindenmayer de partir de quelques unes des règles localement suivies par les parties principales de la structure développementale. Or, ces règles sont précisément celles qui sont explicitées en des termes, il est vrai, techniques, par les ouvrages de botanique et d'histologie, mais aisément traduisibles en des termes simplement graphiques et simulables par le modèle à machines séquentielles. Ainsi, dans un article de 1971, Lindenmayer pourra dire à ce sujet que « de telles descriptions développementales [produites au moyen de mathématiques finitistes] semblent être plus proches de notre compréhension intuitive d'un organisme »[1]. Ce formalisme serait donc plus proche de l'intuition directe des phénomènes naturels observés et de leur verbalisation. Il est à noter que c'est dans cette application à la représentation de l'algue rouge que Lindenmayer avoue pour la première fois se livrer lui-même véritablement à une « simulation », c'est-à-dire lorsqu'il cherche, comme ici, à calibrer son infrastructure générale de modélisation sur cette algue réellement existante, à la répliquer en quelque sorte (même si ce terme n'apparaît pas chez lui), afin de constituer un modèle discret à règles précises qui lui soit adapté. Pour l'algue rouge considérée, par exemple, les règles botaniques et histologiques sont connues et sont au nombre de quatre :

1) le filament principal doit garder à sa base de une à trois cellules qui ne portent aucune ramification,

2) après quoi, chaque cellule qui suit dans le filament doit, au contraire, donner naissance à une branche; cette branche doit être unique,

3) à chaque étape, quatre ou au moins trois cellules en dessous du sommet du filament principal doivent ne pas être porteuses de branche,

4) enfin, chaque ordre de ramification supérieur ou égal à 1 doit répéter les mêmes règles pour lui-même que les trois règles précédentes qui valaient pour l'ordre zéro, c'est-à-dire pour le filament principal[2].

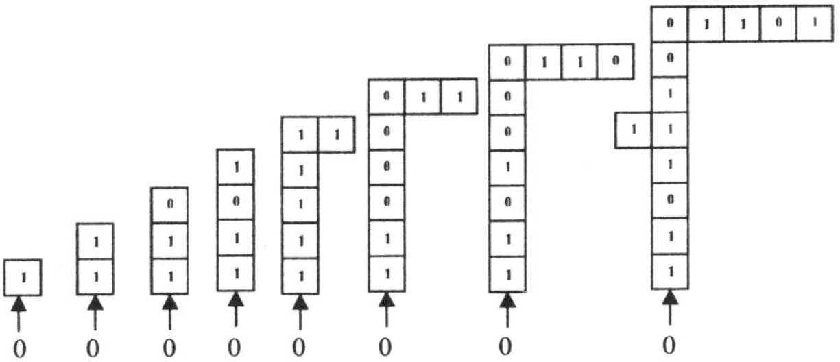

Principe du modèle logique de croissance
et de ramification de Lindenmayer[3]

1. A. Lindenmayer, « Developmental systems without cellular interactions, their languages and grammars », *Journal of Theoretical Biology*, 30, 1971, p. 455.

2. Nous synthétisons ici le propos de Lindenmayer, « Mathematical models for cellular interactions in development. II. Simple and branching filaments with two-sided inputs », *Journal of Theoretical Biology*, 18, 1968, p. 309.

3. Notre schéma adapté et simplifié.

Lindenmayer n'a alors pas de difficulté à exprimer ces règles directement par les règles de transition de ses cellules-automates : la traduction formelle est immédiate puisque la description morphologique se présente déjà comme un récit génétique et logique de la mise en place de la forme.

Pour la première fois, Lindenmayer représente alors le résultat de la computation des quelques premiers pas de ce premier modèle d'algue rouge sous une forme spatialisée, non-linéaire en ce sens. C'est-à-dire qu'il abandonne le formalisme des parenthèses et qu'il présente le résultat sous forme d'un *dessin*, à la main, arborescent et où chaque cellule est cette fois-ci réalistiquement représentée par une case dans laquelle figure le numéro de l'état de la cellule correspondante. Les ramifications sont placées alternativement (et d'autorité) à droite puis à gauche du filament porteur car le formalisme des parenthèses, rappelons-le, nous laisse indécis sur ce point. Le passage au dessin figural en ce sens exigerait un perfectionnement. Ce que Lindenmayer juge peu utile pour l'heure. Il s'impose donc cette règle supplémentaire de l'alternance simplement pour que le formalisme linéaire soit représentable graphiquement de façon plus réaliste. Même si ce ne fut pas son objectif initial, Lindenmayer finira en fait par considérer que cette possibilité de passer à une forme dessinée est un acquis de grande valeur pour la biologie[1]. Cette possibilité de traduction du formalisme en un dessin, elle-même liée au fait que le formalisme se trouve être relativement de plain-pied avec l'intuition du biologiste, est finalement comprise comme quelque chose d'essentiel.

Par ailleurs, il a conscience que la prise en compte purement formelle de telles règles de réécriture à l'échelle de la cellule entière ne peut pas directement servir à discriminer certaines hypothèses de l'embryologie chimique concernant les mécanismes de l'induction ou de la différenciation, par exemple. En particulier, dans le cas de l'algue rouge, un modèle avec flux d'information (chimique ou autre) donne le même résultat qu'un modèle qui en est dépourvu. Mais Lindenmayer ajoute que, de ce point de vue-là, l'embryologie expérimentale ne peut pas encore aider le modélisateur à sortir de l'indécision. L'avancée théorique qu'il pense proposer serait en attente d'une avancée expérimentale. Cependant, ce genre de travail théorique qui consiste non seulement à prouver la simple *possibilité* d'une calibration et d'une convergence vers l'expérience, mais qui met aussi en évidence le fait qu'un formalisme peut donner lieu à des *paramétrages concurrents* est, selon lui, indispensable pour stimuler et orienter le questionnement empirique afin de le préparer pertinemment à son rôle d'arbitre.

1. A. Lindenmayer, 1971, art. cit., p. 475.

LA CONTROVERSE AVEC BRIAN CAREY GOODWIN AU SUJET DES FORMALISMES « NATURELS »

Contrairement aux propositions antérieures en simulation de la forme des plantes (dont celles de Cohen), il se trouve que le travail de Lindenmayer va recevoir immédiatement un assez grand nombre d'échos. Il y a ainsi matière à analyser la nature de la réception de ce qui sera bientôt appelé le formalisme des L-systèmes. Cette réception contribuera au mouvement de convergence entre simulation (théorique) et biologie végétale mais sans pourtant être la véritable « graine » autour de laquelle, par la suite et sur un tout autre terrain, précipitera et cristallisera la méthode de simulation des plantes. Pour quelles raisons ? Il est possible de les déceler si l'on rend compte auparavant de la manière dont s'est déroulée cette réception de travaux de Lindenmayer. D'une part, en effet, Lindenmayer est très vite happé par la technicité fascinante du domaine formel que son axiomatique ouvre. En un sens, son approche est d'abord, et pour longtemps, majoritairement phagocytée par les techniciens des langages formels et de l'informatique théorique. D'autre part, et assez naturellement, certains biologistes théoriciens de l'école de Waddington sont parmi les premiers à se sentir concernés et donc à réagir sur cette proposition inédite d'une mathématisation de la morphogenèse végétale. Mais la confrontation avec les organicistes anglo-saxons va en réalité être l'objet d'une controverse vive et très instructive du point de vue des options techniques et épistémologiques de chacun. Sans revenir ici sur les travaux théoriques en linguistique et théorie des langages suscités par les L-systèmes, ce qui nous amènerait trop loin hors de notre champ d'étude, nous concentrerons notre attention sur le débat entre Lindenmayer et le biologiste théoricien Brian Carey Goodwin, tel qu'il a eu lieu, par publications interposées, autour des formalismes « naturels ».

Brian C. Goodwin est né en 1931 au Canada. Il étudia d'abord la biologie à l'Université McGill de Montréal puis les mathématiques à Oxford grâce à une bourse Rhodes. En 1961, il soutint son PhD en embryologie, à Edinburgh, sous la direction de Waddington. Sa thèse proposait l'esquisse d'une théorie générale du développement et de l'évolution. En substance, il y conservait l'idée de son maître selon laquelle la morphogenèse ne peut entièrement s'expliquer par le réductionnisme génétique. Et il prônait, comme lui, le recours à des modèles mathématiques susceptibles de montrer comment les formes vivantes sont contraintes bien davantage que le seul scénario historiciste et probabiliste des théoriciens de l'évolution ne permet de le penser. Comme Waddington, il tenait donc, non pas à réfuter, mais à amender le darwinisme par une perspective d'embryologie mathématique organiciste c'est-à-dire non réductionniste ni purement holistique. Par la suite, après des vacations comme chercheur à McGill et au MIT, Goodwin devint assistant en biologie à l'Université du Sussex à partir de 1965[1].

Entre-temps, en 1963, il publia un livre qui connaîtra un certain succès, *Temporal organization in cells*, dans lequel, en s'inspirant du modèle de régulation de Jacob et Monod datant de 1961, il proposait un modèle mathématique d'expression simultanée de plusieurs gènes situés en réseau. Ce modèle du « réseau de gènes » décrivait les variations simultanées en concentrations de plusieurs protéines induites par l'expression des gènes dans une cellule. Chaque protéine voyait intervenir dans l'expression de sa variation en concentration (une dérivée première par rapport au temps) des termes multiplicatifs faisant apparaître les concentrations d'autres protéines; ce qui donnait donc la possibilité aux autres gènes de réguler cette vitesse. Goodwin aboutissait alors à un système d'équations différentielles qui se retrouvaient couplées entre elles et qui étaient assez difficiles à résoudre. Dès le début des années 1960, Goodwin était donc fasciné par les modèles de régulation et, pour lui, les ensembles autocatalytiques que l'on pouvait exprimer par des systèmes d'équations différentielles couplées devaient être considérés « comme des modèles naturels de l'intégration fonctionnelle »[2].

Or, de façon compréhensible, lorsqu'il lit les travaux de Lindenmayer publiés en 1968 dans le *Journal of Theoretical Biology*, il réagit assez négativement. En 1970, il publie un article sur la stabilité biologique dans lequel, visant implicitement Lindenmayer, il critique ouvertement le choix du formalisme des automates dans la biologie du développement[3]. Son argument revient à voir, dans ce qui se présente comme une formalisation par automates, non *pas une réelle formalisation*, c'est-à-dire une représen-

1. En 1983, il deviendra professeur de biologie à l'Université Ouverte (*Open University*) en Angleterre. Il la quittera en 1996 pour devenir membre du corps professoral du *College Schumacher*, centre d'étude en écologie théorique conçu autour des idées de la *deep ecology*, de l'hypothèse Gaïa de James Lovelock et de perspectives essentiellement holistiques en écologie.

2. Stuart Kauffman cite son ami Goodwin de mémoire dans S. Kaufman, *At Home in the Universe. The Search for the Laws of Self-Organization and Complexity*, Oxford, Oxford University Press, 1995, p. 274 : « Ces ensembles autocatalytiques sont des modèles absolument naturels de l'intégration fonctionnelle ».

3. Pour ces indications, *cf.* A. Lindenmayer, « Cellular automata, formal languages and developmental systems », dans P. Suppes, L. Henkin, A. Joja, G. R. C. Moisil (eds.), *Logic, Methodology and Philosophy of Science IV*, Proc. of the 4th intern. Congress for Logic, Methodology and Philosophy of Science, Bucharest, 1971, Amsterdam, North Holland Publishing Company, 1973, p. 679.

tation formelle effective (« naturelle » au sens qu'il donne à sa qualification des « modèles naturels » différentiels) ou même une traduction approchée, mais une *simple analogie* du gène avec l'ordinateur qui, dans certains cas critiques, échoue à prendre en considération certains phénomènes biologiques essentiels. Le formalisme n'en serait donc pas réellement un : il ne serait qu'une pure « analogie formelle ». Mais voici son propos exact :

> L'implication de l'analogie du computer est que la cellule calcule [*computes*] son propre état, examine le programme ADN pour y chercher de nouvelles instructions et ensuite modifie son état en conformité avec ces instructions. En réalité, ce n'est pas ce que fait une cellule, bien que l'analogie formelle puisse être faite entre le comportement biochimique d'une cellule et l'opération d'un automate qui suit un programme. Il peut sembler élémentaire d'insister sur le fait que, lorsque l'on discute d'un processus tel que l'épigenèse, toutes les opérations de l'automate doivent être, à un certain égard, interprétées en termes biochimiques et physiologiques ; mais j'ai été quelque peu consterné par la somme de confusions qui se sont produites à cause du fait que ceux qui utilisent l'analogie du computer échouent à illustrer l'opération des instructions algorithmiques au niveau biochimique [1].

Pour Goodwin donc, le recours au formalisme des automates relève de la prise en compte de similitudes simplement grossières et superficielles entre les rapports qu'entretiennent entre eux les automates et les rapports qui interviennent entre les substances biochimiques dans les processus d'épigenèse. « Formel » veut donc dire ici « superficiel ». Or, selon Goodwin, la preuve qu'il n'y a là qu'analogie grossière peut être inférée de l'embarras dans lequel on voit les tenants de la modélisation par automates lorsqu'il s'agit pour eux d'« illustrer l'opération des instructions algorithmiques au niveau biochimique ». À son tour, cet embarras ne peut pas directement se lire, mais il se donne à voir à travers la confusion qui règne autour de cette illustration. Goodwin rappelle ainsi qu'il peut exister plusieurs illustrations biochimiques différentes pour un même ensemble de paramètres d'un modèle par automates. Autrement dit, pour lui, ce « formalisme » ne capture pas assez finement et de façon univoque les phénomènes biochimiques pour être réellement dépourvu d'ambiguïtés. D'où la confusion. Alors que pour Lindenmayer, comme on l'a vu, ce formalisme est presque *trop fin* pour être calibré de façon univoque par les données expérimentales disponibles, pour Goodwin, au contraire, il n'est *pas assez*

1. Extrait de B. C. Goodwin, « Biological Stability » dans *Towards a Theoretical Biology*, vol. 3, Edinburgh University Press, p. 1-17 ; cité par A. Lindenmayer, 1973, art. cit., p. 679.

fin pour recouvrir une signification biologique univoque. En ce sens, selon Goodwin, ce formalisme manifeste bien le défaut classique d'une analogie : celui de faire violence à la réalité sur les côtés non explicites (« neutres », pourrions-nous dire, selon l'expression de l'épistémologue américaine Mary Hesse [1]) du rapport d'analogie et de prêter à des décisions arbitraires, source de confusion, quant à ce que l'analogie représente de son corrélat réel dans ses côtés ininterprétables.

La réponse de Lindenmayer va consister à montrer qu'il ne tient en fait qu'à l'utilisateur de ce genre de modèles de lever l'ambiguïté qui pourrait se glisser dans l'interprétation puisque « le concept d'automate fini est suffisamment général pour donner l'interprétation désirée en termes de biochimie et de physiologie cellulaire » [2]. Loin d'être un obstacle, ce serait donc au contraire la généralité du formalisme qui permettrait de lever l'ambiguïté interprétative selon Lindenmayer. Ce dernier soutient que chacun des *contrôles* (ou régulations) « peut être exprimé soit par l'extinction ou l'allumage [*sic*] d'un gène soit par le fait qu'ils affectent les activités des enzymes et par-là l'apparition de leurs produits » [3]. Il entreprend alors d'interpréter en termes d'automates ces points d'accord minimaux. Voici en substance ce qu'il demande à son détracteur de reconnaître et de supposer :

– Appelons C l'ensemble rassemblant les métabolites et les composants d'une cellule, mis à part les protéines actives et les acides nucléiques (que Lindenmayer appelle les « macromolécules informationnelles » [4]).
– À chaque instant, on peut en droit définir l'*état* d'une cellule par une *combinaison* particulière d'éléments de C.
– À chaque couple « gène-enzyme », on peut associer une « *règle de transformation* » [5].
– Enfin, à chaque cellule on pourra associer une *combinaison de règles de transformations* selon que les gènes correspondants seront actifs ou non à l'instant considéré.

1. Mary B. Hesse insistait sur le rôle heuristique des modèles mécaniques par cette voie-là. *Cf.* M. B. Hesse, *Models and Analogies in Science*, Notre Dame, University of Notre Dame Press, 1966 ; 2e éd., 1970, p. 8. En ce sens, Goodwin ne croit ici qu'à l'impact négatif de la part non maîtrisée de l'analogie.

2. A. Lindenmayer, 1973, art. cit., p. 679.

3. *Ibid.*, p. 680.

4. « *informational macromolecules* », *ibid.*, p. 680.

5. *Ibid.*, p. 680.

Dans ces conditions, l'*état interne total* d'une cellule comportera à la fois la *combinaison de ses composants* et la *combinaison de ses règles de transformation*. L'*entrée* d'une cellule consistera en l'ensemble des composants, éléments de C, qui dans l'intervalle de temps (discrétisé) se seront nouvellement présentés. La *sortie* sera l'ensemble de ceux qui se seront dissipés. On voit dès lors que, en conformité avec les concepts de la biologie du développement, l'*état prochain* ne pourra dépendre que de l'état présent, des entrées et des sorties. Ainsi, il sera en droit possible de construire des fonctions de transition discrète qui détermineront la combinaison prochaine de composants dans chaque cellule comme la combinaison prochaine de règles de transformation. Et Lindenmayer conclut ce passage ainsi :

> On peut voir que les deux fonctions (état-prochain et sortie) peuvent en principe être construites pour une population donnée de cellules ; ainsi les cellules peuvent être représentées de façon valide par des automates finis. Je ne peux donc pas être d'accord avec les objections de Goodwin. Ce qu'il appelle le "programme ADN" est l'ensemble des règles de production que nous avons introduites, et en accord avec notre courte discussion précédente, on peut dire d'une manière complètement naturelle que l'état prochain d'une cellule est calculé [computed] en utilisant ces règles de productions [1].

Nous sommes là face à une évidente et suggestive confrontation entre deux interprétations différentes de ce que devrait être un modèle mathématique naturel. Pour Goodwin, la naturalité est du côté des modèles différentiels parce que le corrélat réel du formalisme demeure ambigu ; pour Lindenmayer, elle est du côté des modèles à automates parce qu'ils ont la capacité de traduire très précisément et sans ambiguïté les concepts théoriques déjà élaborés : c'est pour lui la naturalité d'une compréhension, c'est la proximité d'un signe par rapport à son sens, alors que Goodwin cherche la naturalité d'une référence et valorise ainsi la proximité du signe formel et du référent réel. En un sens, nous pouvons dire que la naturalité du modèle chez Goodwin est ontologique, alors que chez Lindenmayer, en conformité avec son logicisme qui lui vient de Woodger, elle est gnoséologique et symbolique.

On peut donc déjà voir dans la critique de Goodwin un des foyers de résistance à la modélisation et à la simulation par automates dans la biologie du développement. De manière non surprenante, elle a une de ses

1. *Ibid.*, p. 681.

sources dans l'école waddingtonienne et organiciste. Après le modèle de Turing et avant même la reprise de ces postures par certains tenants de la biologie théorique des années 1980, elle en est une première forme accomplie. Outre le fait que la connaissance de la théorie des automates se diffuse plutôt lentement dans les domaines biologiques, il faut donc dire que l'approche de Lindenmayer ne sera pas tout de suite relayée en biologie, loin de là. Il y aura cependant quelques exceptions, comme le travail théorique sur la croissance des tissus des chercheurs français Hermann et Jacqueline Lück (Laboratoire de Botanique Analytique et de Structuralisme Végétale, Faculté Saint-Jérôme à Marseille) qui abandonnèrent l'approche de biométrie statistique dès le début des années 1970, pour adopter et spatialiser les L-systèmes. Après ce tableau forcément succinct des origines de la modélisation par automates des formes arborescentes, il nous est maintenant possible de former un rapide bilan.

BILAN
L'ORDINATEUR COMME MODÈLE D'AUTOMATE ET COMME MACHINE DÉDUCTIVE

Finalement, qu'en est-il de la simulation et de l'usage épistémique de l'ordinateur dans cette forme de modélisation par automates ? Dans de tels travaux, on voit que la simulation réaliste est souvent invoquée, mais seulement à titre d'argument théorique et logique. Elle n'est que très rarement menée concrètement et jusqu'au bout. *C'est plus la possibilité de simuler les logiques de la plante ou le « langage » de la plante, que la simulation elle-même (entendue au sens de visualisation des résultats de computation) qui est mise en valeur*. Les modèles sont d'ailleurs souvent validés en amont de toute simulation. Dans ses débuts, la modélisation logique par automates (ou règles de production), susceptible, de par sa structure, de donner facilement lieu à une simulation algorithmique, est intéressante *en elle-même* en ce qu'elle permet d'exprimer parfois directement sous forme de théorèmes, c'est-à-dire sous forme théorique et abrégée en ce sens, un certain nombre de résultats *a priori*, calculables à la main, et contrôlables par l'expérience, sans nécessairement passer par la simulation du modèle sur l'ordinateur. Au départ, donc, la modélisation logique se présente surtout comme une nouvelle manière formelle d'exprimer une théorie et de procéder à la déduction de ses prédictions, même si cette technique formelle déléguée est vérifiée par des visualisations sommairement réalistes qu'on peut déjà dire des simulations (algorithmiques) en ce sens.

Rappelons qu'à la même époque, il est un autre usage théorique de l'ordinateur et des possibilités de simulation, et qui manifeste au contraire un certain souci de représentation plus fidèle du réel, en l'occurrence des arbres. C'est l'approche de H. Honda et J. B. Fisher. Or, on a vu que cette approche a été rapidement confrontée au problème de la plasticité des règles locales de morphogenèse. Et la technique des automates de Lindenmayer, même si elle le peut en droit, n'a donc pas d'abord semblé, en pratique, pouvoir formaliser aisément cette plasticité, dès lors que ses premiers promoteurs recherchaient avant tout à produire des théorèmes. La solution de Lindenmayer ne pouvait pas être reprise telle quelle par des botanistes spécialistes des arbres et, plus généralement, des végétaux supérieurs (à organes végétatifs donc). Il se trouve que c'est plutôt dans un cadre agronomique que cette question de plasticité et d'évolutivité des règles locales de morphogenèse pour les végétaux supérieurs est finalement affrontée et en partie résolue. Mais il faut pour cela que le chercheur simulateur apprenne à faire flèche de tout bois, à ne s'orienter selon aucun formalisme préférentiel *a priori*. Il faut aussi qu'il ne se sente pas empêché par des préférences théoriques (des explications génériques prématurées) ou épistémologiques trop contraignantes (la simulation réduite à une cognition théorique ou symbolique déléguée). Alors, ce sera le moment de procéder à des simulations mixtes, sans prévention. N'est-il pas possible en effet d'intégrer ces différents points de vue simulants, ces différentes perspectives, de manière à les faire se rapprocher encore plus de la réalité botanique ? Mais encore faut-il qu'il y ait un besoin, une demande, pour que cela aussi ne soit pas uniquement d'ordre spéculatif.

Pour comprendre précisément comment une telle mixité et une telle convergence agrégeante et opérationnelle a pu finalement voir le jour, cela par contraste avec ces autres conceptions et usages, plus théoriques, de la simulation, nous focaliserons plus particulièrement notre analyse historique sur la naissance et le développement de la *simulation architecturale*, simulation que l'on pourra dire aussi « universelle » parce que sa structure formelle la rendra valable pour tout type de plante. Cette focalisation peut être justifiée par au moins deux raisons : d'une part, alors que les recherches en phyllotaxie mathématique pouvaient certes se targuer de retomber sur certaines observations, seule la simulation architecturale a pu finalement formaliser la plante en sa totalité ; d'autre part, seule cette même approche a rendu cette formalisation totale de la plante à même d'être calibrée quantitativement et donc de servir sur le terrain. *C'est donc elle, et elle seule, qui a fait véritablement entrer l'histoire de la modélisation de la forme des plantes dans une nouvelle ère : celle des convergences avec les pratiques et les problématiques de terrain.* Nous n'oublierons pas pour autant de rendre compte, si nécessaire, des propositions alternatives, spéculatives ou pragmatiques, qui n'ont pas cessé de jalonner ces trois dernières décennies. Mais nous leur donnerons moins de poids que précédemment précisément parce que les propositions épistémologiques qui en ont émané n'ont pas été innovantes au regard de ce qui s'est passé à la même époque dans l'école de simulation architecturale. En particulier, elles ne permettent pas d'expliquer la relative hégémonie à laquelle est parvenue aujourd'hui cette école. Ce sera alors l'occasion de confirmer sur pièce la variété des différents usages épistémiques des modèles formels ainsi que l'évolution de ces usages depuis l'émergence de l'ordinateur, notamment dans leurs liens particuliers avec l'expérimentation réelle, avec l'expérimentation statistique (expérimentation *à travers* un modèle statistique), comme avec les concepts biologiques, dont certains en sont sortis rectifiés et affinés.

CHAPITRE III

LIMITE DES MODÈLES BIOMÉTRIQUES ET PASSAGE À LA SIMULATION EN AGRONOMIE

Cette troisième manière de simuler la morphogenèse des plantes par ordinateur (après la manière géométrique et la manière logique et algorithmique) a d'abord été élaborée et développée par un ingénieur agronome français, au début des années 1970: Philippe de Reffye. Au contraire des précédentes, elle naquit clairement d'un besoin pragmatique. Il y a donc un certain nombre de causes plus ou moins fortuites mais conjointes qui ont présidé à son émergence. Contrairement à ce qui se produisit pour les auteurs précédents, ces raisons ne sont plus uniquement personnelles, spéculatives, rhétoriques ou esthétiques. Elles sont tout à la fois techniques, institutionnelles et politiques. N'étant plus d'ordre uniquement spéculatif, ces travaux ne sont certes pas seulement l'œuvre de ce chercheur, même s'ils en partent en grande partie. Après avoir rendu compte des suggestions principales de ce pionnier, nous suivrons donc les avatars de son laboratoire. Nous verrons alors comment l'agronomie et la foresterie ont ressenti la nécessité de dépasser le stade du modèle mathématique pour entrer dans celui de la simulation informatique. Nous verrons surtout que la puissance de la simulation tient alors à trois choses : 1) la décision de procéder par ce que nous avons appelé une modélisation fragmentée, 2) la possibilité de constituer une simulation informatique intégrative calibrée sur le terrain à partir de ces fragments recomposés informatiquement, 3) la possibilité de prendre en compte l'hétérogénéité spatiale et temporelle des règles de croissance des parties de la plante et ainsi de contourner les limitations des modèles biométriques traditionnels.

LE CONTEXTE INSTITUTIONNEL ET TECHNIQUE DE L'IFCC (1966-1971)

Philippe de Reffye naît en 1947. En 1971, il est ingénieur de l'École Nationale Supérieure d'Agronomie de Toulouse (ENSAT) et titulaire d'un DEA en génétique et amélioration des plantes de la Faculté d'Orsay. Il part alors en Côte d'Ivoire pour une coopération de 5 ans à la station de Bingerville de l'Institut Français du Café, du Cacao et autres plantes stimulantes (IFCC). L'IFCC était une émanation de l'ancien service « Café-Cacao-Thé » de l'ORSTOM [1]. Dès le départ, le service avait été conçu pour favoriser le déploiement rationnel et systématique de programmes d'amélioration, notamment par les nouvelles méthodes génétiques, du rendement des plantes cultivées comme le café, le cacao ou le thé dans ce qu'on appelait alors (jusqu'en 1958) l'Union Française (AEF, AOF, Madagascar et Nouvelle Calédonie). L'amélioration du rendement des caféiers avait été longtemps délaissée. Tout au moins était-elle abandonnée à l'initiative individuelle des jardins d'essai : des améliorations ponctuelles avaient été obtenues, mais souvent inefficaces, car il ne servait à rien d'isoler une souche à fort rendement si, par ailleurs, elle était fragile face aux maladies ou à la sécheresse. Il apparaissait ainsi de plus en plus qu'il fallait pouvoir maîtriser ou contrôler en même temps de nombreux facteurs, cela de façon rigoureuse et sur de nombreuses années. Or, selon un rapport initial de René Coste, qui fut le premier directeur du service « Café-Cacao-Thé », les membres de ce tout nouveau service s'accordaient sur le fait que ce genre de pratique n'était plus guère accessible à l'initiative individuelle et irraisonnée. À la fin des années 1950, les agronomes français avaient donc plus que jamais fait valoir l'idée que, dans le cas des cultures tropicales françaises, la complexité de leur discipline exigeait une organisation uniquement dédiée à l'amélioration des plantes, avec un fort versant génétique et biométrique. Si l'on voulait intensifier la caféiculture, il fallait mettre en œuvre des programmes centralisés de suivi, de traitement et d'évaluation très stricts. L'heure n'en était plus à la sélection variétale improvisée. Ainsi, ce qui, à Bingerville, avait d'abord été un « jardin d'essai » à partir de 1900, puis une « station expérimentale », dédiée à la sélection variétale pour le caféier et le palmier à partir de 1929, cela à l'image de la fameuse station expérimentale de Rothamsted où exerça R. A. Fisher, devenait un centre de recherches particulièrement spécialisé dans l'amélioration génétique du caféier et du cacaoyer.

1. Service créé en 1955. L'ORSTOM avait lui-même été créé en 1947 pour faire suite à l'ORSC (Office de la Recherche Scientifique Coloniale) créé quant à lui par le gouvernement de Vichy en 1942.

Ainsi, lorsque de Reffye arrive à Bingerville, il a déjà à sa disposition le nouvel hybride nommé « Arabusta », mis au point et stabilisé entre 1961 et 1971 par J. Capot (d'abord ingénieur agronome puis chef de la division de génétique à l'IFCC) et son équipe grâce à cette nouvelle organisation en centre de recherches. Afin d'introduire le patrimoine héréditaire de l'Arabica dans le Robusta (plus adapté au climat ivoirien) en retirant les avantages des deux espèces, les généticiens de l'IFCC avaient hybridé les deux. Mais à l'époque, la productivité de l'Arabusta reste assez systématiquement inférieure à celle des Robusta. Le contrat des améliorateurs de café de l'IFCC n'est donc qu'à moitié rempli. Il est encore nécessaire de pratiquer une politique de sélection des géniteurs tétraploïdes intervenant dans la conception des Arabusta de sorte que l'on obtienne au final des caféiers à la fois plus adaptés et plus productifs. Mais cette politique ne paraît pas aisée à définir *a priori* dès lors qu'*aucune caractéristique morphologique simple* n'est susceptible à elle seule de servir de marqueur pour le rendement à venir. « Il ne suffisait pas de peser les récoltes pour comparer les productivités » [1], écrira de Reffye plus tard. Il faut donc considérer un ensemble de caractéristiques morphologiques et voir comment leurs diverses combinaisons sont corrélées avec le rendement.

Assez naturellement, l'approche du problème sera d'abord d'inspiration biométrique puisqu'il s'agit de prendre en compte de nombreux facteurs et leurs co-évolutions. En s'appuyant sur ses connaissances en statistiques et sur les ouvrages disponibles à l'IFCC, c'est bien en premier lieu dans cette perspective que de Reffye choisit de se placer pour aborder la question du rendement des caféiers.

TRANSFÉRER UN PEU D'ÉCONOMÉTRIE DANS LA BIOMÉTRIE : UN PROBLÈME D'OPTIMISATION (1974)

Cependant, de Reffye fait tout de suite le choix de traduire ce problème dans les termes d'une recherche d'un optimum sous contraintes. Les méthodes classiques de la biométrie, on le sait déjà autour de lui, ne sont pas toujours satisfaisantes sur le terrain ivoirien : elles échouent à expliquer certains résultats empiriques surprenants. Ainsi, pour un clone donné de caféier, l'ombrage peut donner des résultats contradictoires d'une année sur l'autre. Sa prise en compte implicite par le modèle statistique laisse donc à désirer. Pour de Reffye, il faut d'abord se donner les moyens

1. P. de Reffye *et al.*, *Document préparatoire à la revue externe de l'Unité de modélisation des plantes*, CIRAD, Montpellier, 1996, p. 3.

permettant de rechercher ce qu'il appelle l'« optimum en amélioration des plantes »[1]. Les modèles descriptifs semblent inadaptés si, comme c'est le cas ici, on ne cherche pas seulement à étudier la variabilité d'une population par analyse de données en composantes principales[2], mais à rechercher un optimum qui peut être encore non réalisé par les données. C'est que l'on veut un modèle qui permette de décider d'une orientation culturale optimale pour le rendement. Pour cette même raison, les modèles de régressions multiples, nommés « prévisionnels »[3] par de Reffye, tout en autorisant certes des extrapolations à partir des données, ne permettent pas pour leur part de désigner clairement un optimum hypothétique. De Reffye va donc utiliser une technique de programmation linéaire et d'optimisation sous contrainte inspirée des modèles de l'économétrie. La « variabilité limitée » et les « corrélations » qui existent entre les caractères morphologiques du caféier vont constituer les « contraintes » du programme linéaire de production du caféier, au sens de l'économètre. Tandis que le rendement exprimé par un « modèle linéaire »[4] fonction des caractères va constituer le « critère » à maximiser. Ce transfert de méthode de la recherche opérationnelle est possible d'une part parce que tous les caractères morphologiques que de Reffye considère sont de nature numérique (il s'agit d'une analyse en composantes principales et non d'une analyse factorielle), d'autre part parce qu'il lui semble admissible de faire l'hypothèse que le rendement de la plante peut s'exprimer comme une fonction linéaire de ses caractères. Ceux-là sont au nombre de cinq et sont répartis en deux groupes. Le premier groupe rassemble les caractères de la feuille du caféier : 1. le profil de la feuille (longueur sur largeur) ; 2. la dimension de la feuille (la

1. P. de Reffye, « La recherche de l'optimum en amélioration des plantes et son application à une descendance F1 de *Coffea arabusta* », *Café, Cacao, Thé*, vol. 18, n°3, 1974, p. 167-178.

2. Il s'agit d'une analyse de données sur des variables numériques ou tout au moins scalées (c'est-à-dire ordonnées entre elles avec des distances relatives constantes). Comme l'analyse factorielle des correspondances qui, elle, se concentre sur des variables nominales ou qualitatives, l'analyse en composantes principales consiste à rechercher les axes d'inertie du nuage de points que forment les données et à les exprimer en fonction de ces nouveaux axes ou « composantes principales ».

3. Dans les ouvrages d'analyse de données, ils sont également appelés « modèles explicatifs » par contraste avec les modèles d'analyses en composantes principales souvent dits « descriptifs », dans la mesure où ils sont un cas particulier d'analyse en composantes principales. Il s'agit du cas où il n'y a qu'une seule variable à expliquer en fonction de toutes les autres. Il est intéressant de noter que le modèle est considéré comme explicatif ou tout au moins prévisionnel à partir du moment où, comme dans une équation mathématique explicite ($y = f(x)$), une variable est manifestement privilégiée en étant exprimée comme combinaison linéaire de toutes les autres.

4. P. de Reffye, art. cit., p. 169.

racine carrée de sa longueur multipliée par sa largeur) ; 3. la densité foliaire (le poids sur la surface de la feuille). Le deuxième groupe rassemble deux caractères du rameau : 4. l'épaisseur du rameau ; 5. le nombre de nœuds portés par le rameau. La façon dont de Reffye considère le « rendement » et la productivité du caféier est donc identique à celle que les économistes adoptent lorsqu'ils sont face à des problèmes d'optimum de production des entreprises. Là aussi, il s'agit bien de chercher directement un optimum de production. Dans ce premier modèle, la plante est donc considérée comme l'analogue d'une usine. Puisque, dans une perspective agronomique et, plus précisément, d'amélioration de la plante, il s'agit là aussi de décider d'une politique (de sélectionner une variété), le modèle d'analyse et de décision qui valait d'abord pour l'artefact (l'usine ou la production humaine) semble pouvoir être transféré à l'objet « naturel » [1] qu'est la plante.

Le premier résultat numérique montre que les caractères 1, 2, 3 et 5 sont très corrélés entre eux alors que le caractère 4 (l'épaisseur du rameau) varie de façon indépendante. La croissance en épaisseur paraît donc décorrélée de la croissance architecturale (ici croissance foliaire et en nombre d'entre-nœuds [2]). Par la suite, de Reffye considère les données projetées sur les composantes principales et exprime le rendement dans ce nouveau référentiel. Mais ces chiffres indiquent également qu'il n'y a pas de corrélation entre le vecteur régression du rendement et les composantes principales : *le rendement ne s'exprime donc pas simplement*. De plus, les clones ou familles de caféiers présentent une grande variabilité intrinsèque quant au rendement. L'observation faite par ailleurs est confirmée. Donc, si les caractères rendent certes compte du rendement, ils sont, pour leur part, mal maîtrisables par le sélectionneur. Toutefois, lorsque l'on exprime le vecteur régression du rendement en fonction des variables initiales (les cinq caractères numériques du caféier), la composante la plus significative se trouve être la cinquième : *le nombre de nœuds par rameau*. Les caractères foliaires ont donc peu d'importance en ce qui concerne le rendement. Et l'épaisseur du rameau joue, par sa part, de façon modérée, même si les gros rameaux sont en général plus productifs que les rameaux fins. Pour la production en cerises du caféier (donc en grains), se confirme l'idée que des

1. Cette « naturalité » de la plante est justement contestable dès lors que, par l'amélioration génétique, on « fait » des plantes nouvelles. Devenant par là manifestement et plus que jamais un artefact humain, et perçue comme telle, la plante peut se voir plus aisément transférer les méthodes d'ingénieur auparavant appliquées à la gestion des entreprises humaines.

2. *Cf.* glossaire.

relations allométriques[1] fonctionnelles et mathématiquement simples sont exclues.

En outre, parmi les résultats, figure la constatation *a posteriori* de l'importance de la casse des rameaux trop ramifiés. Se cassant sous leur propre poids, ces rameaux et leurs rameaux fils sont alors victimes d'un appauvrissement du ravitaillement en sève ; ce qui pénalise leur production en fruits. Il apparaît ainsi que des phénomènes non-linéaires peuvent interférer dans la production en café et qu'ils viennent limiter la pertinence de l'approche par modèles linéaires, quand bien même ces derniers seraient multifactoriels. La conséquence de ces résultats, et cela apparaîtra décisif pour la suite, est que de Reffye préconise qu'à l'avenir, on prenne également en compte le « port » de l'arbre, dès lors qu'un certain nombre de « bons producteurs ont tendance à se coucher et sont inaptes à la culture industrielle »[2]. Ce premier travail montre finalement qu'il est illusoire de rechercher directement un optimum par modélisation statistique linéaire, même si l'on parvient toujours à trouver par le calcul un modèle de régression : aucune connaissance précise ni aucune prise nouvelle sur les phénomènes ne sont ce faisant réellement données au sélectionneur.

De surcroît, l'existence d'un phénomène fréquent d'avortement de la fructification appelle une meilleure connaissance des facteurs contrôlant la fertilité, au plus près de la fleur. Ce sera précisément l'objectif du second travail de modélisation de de Reffye à l'IFCC. Ce premier travail de recherche directe d'un optimum global sera donc délaissé par de Reffye. Il ne sera pratiquement jamais cité dans ses travaux ultérieurs. Cette première approche constitue une sorte d'impasse et il en tire une leçon qu'il n'oubliera pas : alors même que cela pourrait sembler une solution élégante ou même seulement pragmatique et efficace, il est illusoire de vouloir formaliser immédiatement et uniformément des phénomènes vivants complexes comme le sont des végétaux supérieurs en morphogenèse.

UNE PREMIÈRE APPLICATION DE LA SIMULATION DES PLANTES EN AGRONOMIE (1974-1975)

Le deuxième article de 1974 présentera à lui seul l'essentiel du contenu de la thèse de troisième cycle soutenue en 1975. L'approche par programme linéaire de type recherche opérationnelle y est abandonnée. De

1. Allométrie : *cf.* glossaire.

2. *Ibid.*, p. 176. Cette suggestion sera une de celles qui justifieront l'approche modélisatrice de la thèse de 1979.

Reffye renonce à l'approche globale par le rendement et décide de sérier les phénomènes successifs menant à la fructification. Il rentre cette fois-ci dans le détail des événements de la fructification en repérant les critères précis d'une bonne fructification des caféiers. Il lui apparaît qu'il faut connaître et maîtriser précisément cette fructification par une *reconstitution plus fine* du scénario qui mène aux fruits, au détriment il est vrai de la simplicité de la solution mathématique. Il se concentre donc d'abord uniquement sur la fertilité des ovules dans les phases finales de fructification, c'est-à-dire sur le développement des graines à l'intérieur de la cerise du caféier. Il suffit de remonter juste un peu en amont de ces derniers processus qui précèdent la récolte des grains et de trouver des observables permettant de prévoir cette récolte peu avant qu'elle n'intervienne. L'objet du travail de thèse de 3e cycle de de Reffye est alors de montrer qu'il est possible, premièrement, de trouver de tels observables, deuxièmement, de les faire s'accorder avec des hypothèses modélisatrices biologiquement crédibles. Or, on sait que le développement des graines de caféiers admet trois différentes issues possibles : 1. les avortements précoces, 2. les avortements tardifs, 3. les graines normales. Cela permet de définir un modèle probabiliste où des aspects aisément repérables pour le caféiculteur sont mis en avant. Pour ce faire, de Reffye définit ce qu'il appelle la fertilité d'un arbre donné : c'est son pourcentage de transformation d'ovules en graines. C'est cette fertilité qu'il serait souhaitable de prédire ou, tout au moins, d'évaluer au fur et à mesure de l'avancée de la fructification, grâce à des caractères génétiques observables. Il va donc s'agir de l'exprimer comme fonction statistique de ces caractères. Comme ces caractères sont non continus, c'est-à-dire discrets (tels ceux que Mendel avaient en son temps mis en avant), puisqu'ils peuvent se réduire à des présences ou absences de certaines propriétés (d'où l'importance de s'en tenir aussi à une approche globale et pragmatique, c'est-à-dire partiellement *top-down* ou du « haut vers le bas », afin de se placer à une échelle où l'on peut discrétiser sans dommage les caractères biologiques), il est possible de se proposer des lois probabilistes élémentaires, simples et *a priori* susceptibles de gouverner ces caractères et leurs combinaisons multiples.

C'est là que l'approche de de Reffye est également modéliste, pourrait-on dire, ou synthétique et plus seulement statistique et analytique. Car il s'agit de se proposer un scénario présidant à la constitution des observables dans la plante. Ce scénario doit permettre non pas d'expliquer immédiatement les processus physiologiques de façon causale mais seulement d'insérer ces observables dans un récit statistique sous-jacent régi, pour sa part, et au contraire des processus physiologiques soupçonnés, par certaines lois probabilistes simples, et surtout par leurs combinaisons, dont on peut en conséquence anticiper le comportement probable de façon calculatoire. Dès lors, le scénario statistique ne correspond pas à un modèle assis sur des hypothèses linéaires. Pour pouvoir recombiner mathématiquement les contributions de chacun des événements probables hétérogènes qui affectent la fleur, de Reffye choisit de supposer que la distribution statistique des caractères est l'indice de la manifestation de lois de probabilités simples et identiques, quel que soit l'arbre, comme la loi binomiale[1]. C'est cette supposition qui est d'abord traitée à titre d'hypothèse testable. Les caractères dont les taux de présence ou d'absence statistiques sont observés et mesurés sur les arbres permettent ainsi de remonter à leur probabilité d'apparition. L'approche modéliste a ainsi pour conséquence de nous obliger à adopter une interprétation quasi-objectiviste des probabilités[2] puisque ce sont ces probabilités qui serviront à leur tour à définir la fertilité globale de l'arbre. Autrement dit, on ne s'arrête pas à la mise en évidence des probabilités et à l'estimation de leurs valeurs.

1. Une loi binomiale intervient lors d'épreuves répétées sur des événements complémentaires. Ainsi, si l'univers se réduit à deux événements, lorsque l'on répète *n* fois le tirage aléatoire entre ces deux événements, les probabilités respectives de ces deux événements, *p* et *1-p*, se composent pour former celles de leurs différentes combinaisons. Les valeurs de ces probabilités composées sont alors égales aux termes successifs du binôme de Newton $((1-p) + p)^n$ (d'où le nom de loi binomiale) : la probabilité globale que l'événement dont la probabilité élémentaire est p se répète k fois sur n tirages est donc $P_k = C_n^k p^k (1-p)^{n-k}$.

2. L'interprétation objectiviste est celle qui consiste à voir dans les mesures statistiques la manifestation d'un hasard objectif intervenant dans les phénomènes eux-mêmes. Elle va souvent de pair avec une perspective modéliste selon l'historien et sociologue des sciences Ian Hacking. Cf. *The Taming Of Chance*, Cambridge, Cambridge University Press, 1990, p. 98 : « la distinction fondamentale entre "objectif" et "subjectif" en probabilité – si souvent mise en termes de fréquence *vs* croyance – est [celle qui existe] entre la modélisation et l'inférence ». L'interprétation subjectiviste attribue ces fluctuations aléatoires à l'impossibilité de notre total contrôle ou de notre totale connaissance des conditions dans lesquelles nous mesurons ces phénomènes. Or, l'approche modéliste de la fructification semble pouvoir donner raison aux deux. Tout dépend du niveau ontologique que l'on choisit de valoriser. Si l'on juge plus réel, c'est-à-dire plus ontologiquement fondé, le niveau des processus physico-chimiques, on considérera que l'échelle plus agrégée de manifestation des caractères de la fructification, en faisant intervenir des lois de probabilité, hérite de l'ignorance dans laquelle nous sommes à l'égard de ces phénomènes élémentaires. On optera alors pour une interprétation subjectiviste du modèle de fructification et on ne verra pas là de rupture majeure avec le courant dominant de la biométrie française. Mais si l'on ontologise préférentiellement le niveau de la graine et du fruit, ce qui peut aussi se justifier, par exemple dans un cadre agronomique (c'est ce que l'on appelle alors faire de la science « pragmatique » : mais cette qualification est finalement très relative comme on le voit), alors c'est ce niveau de la graine qui sera considéré comme élémentaire. Et, à ce niveau, on pourra tout aussi bien considérer qu'on a affaire à un hasard « objectif », d'où une interprétation que nous pouvons qualifier en ce cas de quasi-objectiviste. Par là, le formalisme se trouve presque ré-enraciné.

C'est cela qui impose de traiter les probabilités, que le scénario hypothétique nous a commandé d'introduire, comme des quasi-objets. Malgré le fait qu'elles ne représentent pas la mesure d'une entité physique concrète, on les traite comme des mesures d'objets biologiques car on les fait entrer dans un processus algébrique qui seul nous donnera ce que l'on cherche finalement à évaluer, en l'occurrence la fertilité de l'arbre.

Philippe de Reffye parvient ainsi à définir quatre paramètres dont les trois premiers sont estimables en champ par des échantillons représentatifs prélevés systématiquement et à des dates précises (qui sont fonction du degré de maturation des fruits) sur les caféiers : P1 ou probabilité pour un ovule de voir apparaître l'albumen (formation des "cerises" du caféier), P2 ou probabilité pour un ovule de voir mûrir l'albumen (formation des grains), r ou probabilité de maturation des jeunes fruits, U ou probabilité qu'a une fleur de donner un jeune fruit[1]. De Reffye montre alors que, tous les paramètres clés ayant été pris en compte, la fertilité totale d'un arbre s'écrit simplement comme le produit de ces quatre paramètres ou probabilités : $f = U * P1 * r * P2$. La recombinaison de ces phases probabilistes successives est donc encore algébriquement aisée. Une grande partie du travail de la thèse de 1975 a alors consisté à tester séparément les hypothèses de ce modèle mathématique combiné à l'aide des distributions fournies par les échantillons mesurés sur les arbres. De Reffye utilise pour ce faire les tests de significations notamment le test du $\chi 2$ (classique en statistique inférentielle depuis les travaux de Karl Pearson publiés en 1900[2]). Tous les ajustements qu'il trouve semblent satisfaisants. En ce qui concerne P1 et P2, il met au jour des valeurs caractéristiques pour chaque espèce et pour chaque forme hybride de caféier. Ainsi c'est telle loi binomiale, avec son paramètre ou probabilité P, qui devient, aux yeux de de Reffye, une caractéristique de l'arbre lui-même tout entier. Cela atteste selon lui d'une détermination principalement génétique de ces probabilités. L'approche modéliste n'a donc pas qu'une incidence descriptive ou purement déracinée pour l'agronome. Car elle nous offre une grille de lecture transversale qui nous apprend à voir autrement les phénomènes élémentaires sans forcément nous obliger à les considérer microscopiquement :

1. Dans notre présentation, nous simplifions le modèle de de Reffye, dans la mesure où il faudrait tenir compte, comme lui, du fait qu'il y a deux loges dans une cerise et non une seule. Mais cette considération ne ferait que compliquer le calcul sans modifier pour autant les principes généraux mis en œuvre.

2. G. Giegerenzer, Z. Swijtnik, T. Porter, L. Daston, J. Beatty, L. Krüger, *The Empire of Chance – How probability changed science and everyday life*, Cambridge, Cambridge University Press, Ideas in context, 1989, réimp., 1997, p. 79.

dans la mesure où l'on observe que des rameaux différents développent, dans un même arbre, les mêmes probabilités P1 et P2 (phénomène inappréciable sans cette grille de lecture qu'est justement le modèle), l'observation guidée par le modèle *a priori* permet de suggérer l'idée de processus causaux à échelle globale, c'est-à-dire à l'échelle de l'arbre entier, donc qui ne peuvent être commandés en dernier ressort que par la génétique. Même s'il intervient à une échelle médiane (ou méso), le modèle est donc loin d'être une fiction, même en première intention, pour de Reffye.

Ainsi, dans la rédaction de sa thèse de 1975, de Reffye tient à souligner l'idée que l'approche modéliste a mis indirectement en évidence des faits biologiques jusqu'alors non reconnus. Selon lui, la capacité de lecture nouvelle qu'offre la formulation mathématique de type modéliste légitime que l'on parle de l'« acquisition de faits expérimentaux », notamment de ce fait expérimental que « la maturation des graines suit un processus de type purement binomial basé sur l'indépendance génétique des graines à l'intérieur de la cerise »[1]. Ce qui signifie que la possibilité d'ajuster à des données un modèle *a priori* imposant une hypothèse d'indépendance[2] entre les graines serait une preuve de cette indépendance. Le fait expérimental nouveau est donc ici exprimé dès le départ dans une hypothèse de modélisation *a priori* qui s'est trouvée être *a posteriori* significativement corroborée par les données. Comme de Reffye fait du test de signification une validation effective du modèle binomial[3], dès lors que sa référence épistémologique principale reste la théorisation de la physique mathématique, il se sent en droit de donner immédiatement une origine biologique significative (ici génétique) à ce fait probabiliste qui lui paraît objectif parce que mesurable, reproductible pour un clone et inscriptible en une loi mathématique simple.

1. P. de Reffye, *Formulation mathématique des facteurs de la fertilité dans le genre* coffea, Thèse de troisième cycle, Université Paris-Sud Orsay, septembre 1975, p. 31.

2. Il s'agit de l'indépendance entre deux grains voisins pour la manifestation du même genre d'événements dans la maturation.

3. Ce qui pourrait lui être contesté. C'est donc bien une décision de sa part. Car, comme de nombreux mathématiciens le rappellent depuis la naissance des tests de signification (même si cela fait justement encore débat), il n'y pas de raison de type purement logique qui nous autorise à passer d'une fréquence analysée à une probabilité synthétisée. L'objectivité de la fréquence mesurée n'est pas de même nature que l'objectivité de la probabilité supposée à partir de la fréquence mesurée. On retrouve là une caractéristique plus générale des modèles mathématiques : si un modèle est possible, alors un autre modèle est toujours également possible. De Reffye s'appuie ici nettement sur une certitude pratique et non sur une certitude logique, c'est-à-dire qui viendrait des règles axiomatisées et internes de l'outil statistique.

La suite du travail de thèse consiste dans l'utilisation systématique de ce nouvel outil d'évaluation de paramètres pour l'étude comparative de la fertilité chez différents caféiers dans différentes conditions. C'est là que le travail plus théorique reçoit son application agronomique. Il se confirme notamment que l'on peut clairement dissocier certains paramètres conditionnés par la seule génétique de l'arbre (P1 et P2) de ceux qui le sont aussi par l'environnement et par la physiologie. Ainsi, il en ressort que « P1 et P2 sont des paramètres génétiques programmant une fréquence fixe d'avortements précoces et d'avortements tardifs de l'ovule, ce qui déterminent la valeur économique de l'arbre » [1].

Par l'effet d'un glissement dans l'objectivation, rendu possible par la modélisation probabiliste objectiviste, de Reffye choisit bien de concevoir comme caractères génétiquement programmés non pas les caractères de départ, les variables aléatoires observables (formation ou non des cerises, formation ou non des grains), mais les paramètres des lois de probabilité de ces caractères. Cette objectivation préalable des lois de probabilité lui sera ensuite d'un grand secours lorsqu'il lui faudra effectivement en venir à la modélisation intégrale du port de l'arbre.

Pourtant, lorsque de Reffye soutient sa thèse de 3e cycle, le jury est à la fois admiratif et perplexe : s'agit-il d'un travail de biologie ou de mathématiques ? Il reconnaît que le caractère inclassable de ce travail est fortement tempéré par sa redoutable efficacité sur le terrain. Cela permet en effet de sélectionner les meilleurs Arabusta pour qu'ils produisent l'équivalent en tonnage (2,6 T/ha) des meilleurs Robusta et avec une qualité supérieure. Ce qui gêne le jury en réalité est plutôt de nature épistémologique. Ce travail ne consiste pas en effet à se contenter d'une approche phénoménologique de nature informationnelle, dans l'esprit de R.A. Fisher, et culminant dans des réductions de variances ou dans des analyses en composantes principales entre des phénomènes complexes. Mais il prétend discerner *a priori* une échelle pertinente, certes peu habituelle aux physiologistes, au contraire des agronomes, et à laquelle on peut considérer que les phénomènes ont un comportement suffisamment simple pour permettre l'ajustement d'un modèle probabiliste usuel mais combiné. Et finalement, c'est cette question d'échelle, c'est plus précisément le caractère inédit du niveau biologique que de Reffye choisit de traduire mathématiquement qui explique l'indécision dans laquelle se trouvent les biologistes et statisticiens de son jury. Il ne s'agit ni d'une théorisation mathématique de phénomènes biologiques qui serait à usage purement conceptuel, ni d'une

1. P. de Reffye, 1975, *op. cit.*, p. 71.

expérimentation statistique visant à analyser des phénomènes complexes (expérimentation *à travers* un modèle statistique[1]). On ne sait pas ce que sont ces travaux, mais on sait ce qu'ils font et c'est le principal. De Reffye lui-même revendique publiquement ce caractère pragmatique, même si, pour lui, les caractères qu'il a identifiés sont déjà ce qu'il appelle des « lois de la nature », bien qu'elles ne soient valables qu'à une échelle restreinte.

Cette décision méthodologique et épistémologique en faveur d'une modélisation objectiviste graduée, et à bonne échelle, ne sera pas non plus pleinement comprise par ses collègues de l'IFCC. Au début des années 1970, en effet, l'approche par modélisation ne semble pas être entrée dans les mœurs des agronomes de l'IFCC même si, en revanche, ces derniers pratiquent assez souvent l'analyse statistique et les méthodes de la biométrie anglo-saxonne. Ils reconnaissent pourtant souvent que les schémas expérimentaux classiques à la Fisher ne sont pas en mesure d'éliminer la très forte hétérogénéité des plantations en milieu tropical (dont les cacaoyères). Mais dans ces années-là, les biométriciens de l'IFCC cherchent avant tout à homogénéiser leurs supports expérimentaux *afin que les modèles statistiques traditionnels s'appliquent* dès lors que la randomisation[2] à la Fisher exige une telle homogénéité. Les biométriciens de l'IFCC au Cameroun, spécialistes des cacaoyers, ont ainsi clairement fait le choix ou de trouver des modèles simples à manipuler (construire des abstractions) ou de « réduire au maximum les facteurs de variation autres que ceux dont on veut mesurer les effets »[3] (analyser des données) mais non pas celui de *synthétiser les données*. Or, c'est finalement cette dernière voie qu'emprunte de Reffye, comme cela va se confirmer et se préciser.

MODÉLISATION FRAGMENTÉE ET SIMULATION GÉOMÉTRIQUE : DE REFFYE (1975-1981)

Après 1975, à l'IFCC, la recherche de modèles qui visent à améliorer le contrôle et la prévision de la fructification des caféiers doit se poursuivre. Leur rendement n'est pas entièrement explicité par la fertilité de leurs fleurs. Jusque là, le projet d'observer et de modéliser le détail de la production de fruit n'a connu que son commencement avec le choix de réifier en quelque sorte la probabilité pour en faire un caractère génétique

1. Pour cette conception du modèle, *cf.* Legay (J. M.), « La méthode des modèles, état actuel de la méthode expérimentale », *Informatique et Biosphère*, 1973, p. 5-73.

2. *Cf.* glossaire : « plan d'expérience ».

3. R. Lotodé, « Possibilités d'amélioration de l'expérimentation sur cacaoyers », *Café, Cacao, Thé*, Vol. 15, n°2, avril-juin 1971, p. 91.

observable et quantifiable. Selon de Reffye, il faut désormais passer de la synthèse de la graine à la synthèse du caféier en son entier. La « fertilité » d'un arbre telle qu'il l'a définie n'est que le pourcentage de transformation de ses ovules en graines. Or, il existe un deuxième facteur qui détermine la production en grains de café d'un arbre : il s'agit de la « capacité de production » des fleurs elles-mêmes par arbre. On a ainsi : « Rendement = nombre d'arbres/ha x nombre de fruits/arbre x nombre de graines/fruit. »[1] Le nombre d'arbres par hectare est connu, stable et contrôlé. Il dépend des choix raisonnés de l'arboriculteur. Le nombre de graines par fruit, pour sa part, peut être prévu par les modèles probabilistes binomiaux propres à chaque clone, ou à chaque hybride, en vertu des travaux antérieurs de de Reffye, précisément ceux de la thèse de troisième cycle. *Mais ce qui reste très difficile à évaluer est le nombre de fruits (ou de fleurs) par arbre* : « Les nombreuses variables qui entrent dans la capacité de production rendent son analyse particulièrement complexe »[2]. Ce facteur ne semble pas pouvoir être synthétisé directement selon des scénarios élémentaires de modélisation et de simple recombinaison multiplicative comme ce fut le cas pour la fertilité. Pour évaluer la « capacité de production » de l'arbre, il faut se pencher sur ses détails morphologiques : ses ramifications, la morphologie de ses rameaux, son type de croissance, etc. Mais il faut de plus avoir un outil pour considérer ces détails tous ensemble, sinon on ne saurait décompter le nombre de fruits par arbre. Ce qu'il faut, c'est considérer l'arbre dans sa morphologie tout entière. Il faut donc nécessairement prendre en compte « à la fois toutes les caractéristiques d'architecture et de croissance de l'arbre »[3]. Dans ce cas de figure, le nombre de facteurs croisés et non contrôlés étant très grand, ce pourrait donc être un travail adapté aux méthodes de la biométrie. Mais de Reffye critique la biométrie classique : « une telle méthode nécessite de puissants moyens de calcul pour une efficacité le plus souvent douteuse »[4].

Le cœur du problème tient au fait que l'analyse multivariée, en ne faisant pas de choix *a priori*, pose des questions trop ouvertes à la nature : ainsi récolte-t-elle le pire comme le meilleur mais sans toujours savoir comment l'organiser en une connaissance directement opératoire. *C'est en ce sens précis que l'empirisme de la biométrie confine paradoxalement à la*

1. P. de Reffye, J. Snoeck, « Modèle mathématique de base pour l'étude et la simulation de la croissance et de l'architecture du *Coffea Robusta* », *Café, Cacao, Thé*, vol. 20, n° 1, 1976, p. 11.

2. *Ibid.*

3. *Ibid.*

4. *Ibid.*

*spéculation, en particulier en agronomie. La modélisation, de son côté, tout en paraissant plus théorique à certains égards parce que plus chargée d'*a priori, *pose ce faisant des questions fermées à la nature. C'est en ce sens qu'elle peut être plus opérationnelle. C'est la précision de la réponse et son caractère tranché, indépendamment du recours ou non à des lois de probabilité, qui donne une prise sur le terrain.* Ces arguments généraux sont jugés d'autant plus décisifs par de Reffye que les emplois purement inductivistes de l'analyse multivariée ne donnent en effet aucun résultat utilisable pour le problème précis qui le préoccupe. Son option épistémologique initiale (rechercher des « lois de la nature » mathématiquement exprimables) se trouve ainsi confortée par sa pratique de recherche. Ces lois, ce sont ses modèles.

Enfin, de Reffye voit encore un autre inconvénient dans le fait de recourir à l'analyse multivariée pour les questions de rendement en agronomie. Nous le verrons, cette critique est essentielle car c'est la prise en compte de cette limitation des approches multivariées qui va en dernière instance justifier la décision du passage à la simulation, c'est-à-dire du passage de l'analyse des données à la synthèse d'objets, dans le cas particulier de la croissance et de l'architecture des caféiers. Cette critique tient en une phrase simple : l'analyse multivariée est coupable de négliger un certain nombre de données. En fait, même si elle semble ne négliger *a priori* aucune donnée, les mesures qu'elle considère ne correspondent toujours chacune qu'à un instant de mesure particulier alors que l'arbre est en constante évolution. Les arbres sont donc comparés directement en faisant abstraction de leur histoire particulière. Ainsi la différence entre certains *types de croissance* n'apparaît pas. Mais le texte de de Reffye ne s'appesantit pas sur cette question de la temporalité, qui lui paraît évidente, même si elle peut sembler à un commentateur pressé la raison essentielle pour laquelle on opte en général pour une approche dynamique et donc pour une simulation. Car de Reffye critique aussi le traitement de la spatialité des phénomènes arborescents. En fait, la critique qui consiste à dire que la spatialité a été négligée est enchâssée dans celle qui porte sur la temporalité. L'une ne peut aller sans l'autre :

> En effet, les mesures faites ne sont valables qu'à l'instant où on les effectue, car l'arbre est en continuelle évolution. Ces ensembles de mesures sont le plus souvent traités selon des méthodes statistiques multivariables afin d'étudier la variabilité du matériel. Mais l'analyse multivariable ne permet pas de visualiser directement l'architecture, car celle-ci est concentrée en un point. Les différences entre deux arbres ne peuvent

s'exprimer que par une distance entre deux points, d'où une perte considérable d'information. Les résultats acquis sont donc toujours assez limités [1].

Dans l'analyse multivariée, l'arbre est en effet représenté à un instant donné par un point au milieu d'un nuage d'autres points qui représentent l'état des autres arbres. C'est ce nuage de points qui est étudié de façon analytique, notamment par des analyses de variance qui font intervenir des minimisations de distances dans cet espace multidimensionnel. Analyser et minimiser la variance revient notamment à découvrir les axes d'inertie de ce nuage de points et à exprimer ensuite les données dans ce nouveau référentiel. Selon de Reffye, c'est cette distance ponctuelle, tout à la fois instantanée et construite dans un espace abstrait qui nous fait perdre de l'information. On y compare des choses qui ne sont pas comparables. Il faudrait au contraire qu'un temps dynamisé prenne en compte un espace hétérogénéisé. La distance abstraite fait violence à la complexité du phénomène spatio-temporel en l'occultant. Dans certains cas, rester sensible à la variabilité des phénomènes vivants supposerait de renoncer à l'analyse multivariée et à son pouvoir d'abstraction et de condensation. Il faudrait donc représenter plus visuellement et moins abstraitement l'architecture et la croissance de l'arbre. C'est alors que la « visualisation » est ici directement proposée comme alternative à la « ponctualisation », c'est-à-dire à la condensation abstractive qui résulte de l'analyse statistique.

Avec les limites de l'analyse multivariée, ce qui apparaît conjointement, c'est l'essoufflement des relations d'allométrie traditionnelles. Pour confirmer ce point qui transparaissait en fait dès son premier travail de 1974, de Reffye exhume un article de 1939 de l'horticulteur et botaniste J. Herb Beaumont[2]. Il le fait pour justifier un peu plus encore la nécessaire hétérogénéisation de la représentation de la plante. Beaumont montrait en effet qu'aucune allométrie simple n'existe pour le fruit mais qu'il est possible de prévoir, dans certaines limites, la récolte par l'accroissement global de l'arbre, en tenant compte de la récolte de l'année précédente. Dans son tableau de données, il avait mis en concurrence la croissance annuelle de l'arbre (évaluée en nombre de rameaux par arbre) avec la

1. *Ibid.*

2. J. H. Beaumont remplissait la fonction d'« horticulteur principal » auprès de la *Hawaii Agricultural Experiment Station*. Il est nommé directeur de la station expérimentale d'Hawaii en 1936. Il sera ensuite reconnu à Hawaii et dans le reste des Etats-Unis pour avoir étudié en 1953 et rapporté d'Australie à Hawaii, puis au département californien de science horticole, une variété d'arbre à noix de Macadamia présentant de grandes qualités ornementales. Sur décision de la « California Macadamia Society », cette variété portera ensuite son nom à partir de 1965.

section des rameaux verticaux. Or, cette dernière se révélait non pertinente car très peu corrélée à la production annuelle en fruits. Comme pour de Reffye plus tard, cette idée de considérer *a priori* les caractères métriques (taille, dimension) des organes végétatifs lui avait été naturellement suggérée par les recherches sur l'allométrie du végétal, très fortement représentées dans les travaux d'horticulture et d'agronomie à partir des années 1925-1930, c'est-à-dire depuis les travaux de Julian Huxley et Georges Teissier[1]. C'est finalement ce résultat négatif qui sera donc retrouvé par de Reffye en 1974 alors même qu'il ignore encore le travail de Beaumont. Et, en 1976, il semble maintenant très clair qu'il est plus important, dans un premier temps, de se référer à la morphologie qu'à la physiologie du caféier, à la croissance en longueur de l'arbre (croissance primaire) et à sa structure qu'à sa croissance en épaisseur (croissance secondaire). Ainsi, on peut dans un premier temps s'en tenir à la seule estimation de l'accroissement du nombre de rameaux pour évaluer la production en cerises de l'année en cours.

C'est donc finalement pour ces deux raisons (perte d'information dans toute analyse de variance, essoufflement des modèles allométriques), que de Reffye se décide à procéder à ce que nous pourrions appeler une rupture épistémologique. Il décide de concevoir une représentation formelle dynamique qui prendra d'abord la forme d'un modèle continu de la croissance du caféier. Comme il n'y a pas de critère simple servant à prédire le comportement de l'arbre, le seul marqueur valable est bien l'arbre lui-même, tout entier, pris dans son histoire morphologique. Il faut considérer toute la vie de l'arbre, l'histoire même de sa morphogenèse. Le modèle, à partir de ce moment-là, ne devra plus reposer uniquement sur les outils abstractifs standardisés de l'analyse statistique qui se fondent sur une condensation voulue de l'information. La question est alors la suivante : à quel type de modélisation son épistémologie comme les limites techniques qu'il a reconnues le conduisent-elles ? C'est précisément à partir de là que la technique de modélisation, que nous proposerons d'appeler « fragmentée », doublée d'une technique de simulation et de visualisation (souvent photoréaliste), va progressivement s'imposer dans presque tous ses travaux.

En l'occurrence, le modèle doit être capable de prédire pour chaque instant futur le nombre de rameaux formés. C'est alors seulement qu'il sera possible d'en extraire le nombre de rameaux porteurs de fruits. Le caféier, à

1. *Cf.* J. Gayon, « History of the Concept of Allometry », *American Zoologist*, vol. 40, 2000, p. 748-758.

partir d'une tige principale poussant verticalement (elle est dite « orthotrope »), donne naissance de proche en proche à des rameaux qui, pour leur part, croissent dans une direction sensiblement horizontale (ils sont dits « plagiotropes »). Or, avant toute chose, de Reffye s'appuie sur le fait, bien connu en botanique, qu'il est possible de distinguer l'étape de formation de celle de la croissance du rameau. C'est en vertu de cette importante considération qu'il lui paraît possible de faire estimer au modèle le nombre total de nœuds plagiotropes d'un arbre à chaque instant. En effet, grâce à la prise en compte de cette dissociation entre le processus de formation des étages plagiotropes et le processus de leur croissance, la procédure de modélisation mathématique peut se simplifier puisqu'elle peut se fragmenter elle-même en deux étapes dont chacune est modélisable plus simplement. Attention à bien comprendre que ce n'est pas la modélisation elle-même qui est ici simplifiée au sens où elle serait simplificatrice. Elle est seulement plus simple à réaliser; ce qui est différent. Elle serait simplificatrice si elle faisait abstraction d'un très grand nombre de détails. En fait, quand nous disons qu'elle est simple, nous voulons dire qu'elle est plus simple à fabriquer à partir du moment où elle choisit de se conformer opportunément à la dissociation entre divers processus telle qu'elle se présente dans les phénomènes réels eux-mêmes (pour une observation commune et stabilisée). À la différence de l'approche des biométriciens classiques, ce qui est simplifié ici, c'est donc la procédure de réalisation du modèle, mais pas le modèle total résultant ni donc même la représentation de la réalité.

Voilà précisément où intervient l'ordinateur. Car en cette année 1976, il devient possible de fabriquer le modèle total, étapes par étapes, sans qu'il doive être conçu *a priori* sur le papier dans sa formulation totale résultante (comme encore le modèle mathématique de 1975), parce qu'un calculateur automatique programmable se trouve à disposition de l'agronome modélisateur. Simplifier ainsi la procédure de confection *pas à pas* du modèle conduit à un modèle résultant plus complexe mais susceptible d'être supporté par l'infrastructure informatique. La mise à disposition d'un nouvel outil de calcul, plus puissant et programmable, contribue ainsi au déploiement d'un type de modélisation axé principalement sur la morphologie spatiale (la structure), cela au rebours des approches statistiques traditionnelles axées sur la physiologie (le fonctionnement). Le calculateur peut ainsi présider à la *recombinaison pas à pas* de sous-modèles conçus par les scientifiques séparément et de façon découplée ou fragmentée. Le modèle, de mathématique qu'il était, peut devenir alors logico-mathématique.

Sur le fond, de Reffye montre ainsi qu'il est tout d'abord possible d'estimer l'intervalle de temps moyen ΔT nécessaire à la formation d'un étage plagiotrope à un instant T donné. Cet étage étant créé, il devient possible également et dans un second temps (pour le calcul et le programme), d'estimer les paramètres de la fonction de croissance du rameau standard à cet étage. Ainsi, en composant ces deux fonctions de modélisation par le calcul automatique et grâce à des branchements logiques conditionnels traités par le langage informatique (ce qui est nouveau par rapport à 1975 et qui retire donc au modèle son caractère pleinement mathématique), on peut reconstituer le nombre total de nœuds plagiotropes présents sur un arbre à un instant T donné. Dans un premier temps, de Reffye montre que l'on peut conserver une approche par les valeurs moyennes des paramètres des événements fragmentaires. Pour le sous-modèle de la formation des rameaux, de Reffye et son collègue, directeur du département de génétique, J. Snoeck, arrivent à montrer que l'on peut ajuster la courbe suivante : $F(T) = \Delta N/\Delta T = K. (T)^p. (T0-T)^q$ où $\Delta N/\Delta T$ est l'accroissement mensuel du nombre d'étages plagiotropes. Dans cette formule, K, p et q sont des coefficients inconnus mais à estimer par ajustement, c'est-à-dire par un recours aux courbes empiriques. Cela est possible par une simple régression linéaire une fois que l'on a linéarisé la formule précédente de la façon suivante (en supposant ici que $\Delta T = 1$ mois) : $\text{Log } \Delta N = \text{Log } K + p \text{ Log } T + q \text{ Log } (T0 - T)$. On peut alors exprimer explicitement le nombre total d'étages que peut former le caféier :

$$N_0 = \frac{K(T_0)^{p+q+1} * p!* q!}{(p+q+1)!}$$

Mais une telle formulation analytique est sans intérêt immédiat puisqu'il nous faut pouvoir évaluer précisément l'âge de chacun des nœuds des étages plagiotropes afin de leur appliquer leur propre fonction mathématique de croissance. Il faut donc bien aller jusqu'à un niveau plus fin et y rester si l'on veut évaluer le nombre de nœuds fructifères sur un arbre à un âge donné. Avec la formule globale, nous sommes seulement à même de déterminer le nombre d'étages créés par mois à un âge donné. Or, on cherche à connaître le nombre total d'étages plagiotropes à *un âge fixé* pour pouvoir ensuite les faire pousser un à un à partir de leur date d'apparition. Il faut donc procéder *pas à pas* et exprimer d'abord le laps de temps qui est nécessaire pour qu'un nouvel étage apparaisse à un âge donné et sommer ensuite tous ces laps de temps élémentaires valables à chaque instant T(i) jusqu'à obtenir, par sommation progressive, l'âge T du caféier : $T = \Sigma\ \Delta T(i) = \Sigma\ F^{-1}\ (T(i))$. Il faut donc prendre l'inverse de la fonction

F(T) précédente ($F^{-1}(T)$) et additionner à de nombreuses reprises les valeurs numériques qu'elle prend aux différents moments auxquels apparaît un nouvel étage. C'est aussi ce type de calcul itératif qui commence à exiger le recours au calculateur : « Le cumul des ΔT ne peut s'effectuer qu'avec un calculateur. »[1] Le calcul de la croissance orthotrope est décomposé et se fait donc pas à pas car il n'y a plus d'expression mathématique explicite et simple. L'ordinateur est ici exigé en ce qu'il permet de calculer à chaque moment le laps de temps qu'il faut pour qu'un autre événement (à savoir la formation d'un étage plagiotrope supplémentaire) intervienne, cela jusqu'à l'âge T qui nous intéresse ; et, ce faisant, son programme empile dans une variable N ($N = N + 1$ à chaque passage) le nombre de fois où il a fait ce calcul. Le nombre N obtenu au final, c'est-à-dire lorsque le programme s'arrête, correspond bien au nombre total d'étages plagiotropes du caféier à l'âge T.

Ensuite donc, pour le sous-modèle de croissance des rameaux, c'est en dessinant la courbe du nombre de nœuds qui ont cru en fonction du temps, que de Reffye et Snoeck constatent que l'on peut la modéliser de façon vraisemblable par un modèle mathématique simple de la forme suivante $g(t) = n_0 (1 - e^{-rt})$ où n_0 est le nombre maximal de nœuds que peut atteindre un plagiotrope et r un paramètre mesurant la vitesse de croissance[2]. La seule justification qu'ils apportent ici s'exprime dans l'affirmation que c'est, selon leur propre terme, la forme de la courbe observée qui leur a « suggéré »[3] ce type de modèle. De même, en linéarisant comme précédemment, c'est-à-dire par passage au logarithme, il leur est possible de trouver, par régression, un ajustement qui s'avère tout à fait « excellent » selon leurs dires. Ainsi trouvent-ils, pour le clone dit 182 de Coffea Robusta, une fonction g (t) qui exprime le nombre de nœuds émis par unité de temps sur un étage plagiotrope donné. Mais tous les nœuds formés ne sont pas fructifères. À chaque instant il faudrait donc pouvoir déterminer combien parmi les nœuds formés sont réellement fructifères.

Apparaît alors une étape au cours de laquelle les auteurs font intervenir un certain savoir botanique d'observation, comme pour l'hypothèse de dissociation des processus de formation et de croissance des étages plagiotropes. On peut en effet considérer qu'après leur formation et au cours de leur croissance, les étages plagiotropes passent successivement par trois phases distinctes : les nœuds produits portent des feuilles, ensuite ils entrent

1. P. de Reffye, J. Snoeck, 1976, art. cit., p. 15.
2. *Ibid.*, p. 18.
3. *Ibid.*, p. 18.

dans une phase pendant laquelle ils sont fructifères, enfin ils se dénudent. Sur un même rameau, il y a donc trois zones : une zone à nœuds feuillus qui se trouve au bout du rameau, une zone à nœuds dénudés située à la base du rameau et une zone à nœuds fructifères située entre les deux. Or, d'après les relevés disponibles, il est possible d'estimer la durée de vie d'une feuille ainsi que celle d'un nœud fructifère. Tout nœud qui apparaît au bout du rameau se présente d'abord comme pourvu de feuilles. Il le sera jusqu'à un certain temps t0 qui est la durée de vie moyenne d'une feuille. Donc, sur un même rameau plagiotrope, le nombre total de nœuds portant des feuilles à l'instant t est :

Si t = t0 : nfeuilles = g(t)
Si t > t0 : nfeuilles = g(t) – g(t – t0)

Par la suite, les nœuds fructifères étant « également bornés dans le temps entre un temps minimal d'apparition t1 et une durée de vie maximale t2 », « il y a trois possibilités en ce qui concerne le rameau de rang k, d'âge $T - \sum_{1}^{k} \Delta Ti = t$ »[1] :

Si t < t1	:	nfructifères = 0	(le rameau ne porte que des feuilles)
Si t2 > t > t1	:	nfructifères =	g(t – t1)
Si t > t2 > t1	:	nfructifères =	g(t – t1) – g(t – t2)

D'après les observations faites sur les arbres réels, les auteurs estiment qu'en moyenne : t0 = 10 mois, t1 = 6 mois et t2 = 19 mois[2].

Il leur est donc possible d'écrire ces équations de façon chiffrée. Les modèles mathématiques partiels sont au final tous quantitativement interprétés. Il est possible aux auteurs de proposer ce qu'ils appellent une « Synthèse globale de la croissance du caféier » sous la forme du programme déployant en 5 étapes ce modèle continu de 1976 :

1) Au début du programme, on entre l'âge final T de l'arbre.

2) Formation du rameau : avec la fonction F(t), le programme calcule le temps qu'il a fallu pour que le premier rameau ou le rameau suivant se forme. L'âge courant t de l'arbre est alors incrémenté de ce laps de temps. L'âge du rameau courant va donc être T-t.

1. *Ibid.*, p. 17. Le rappel sur les ΔT a pour fonction de nous préparer ici à intégrer les nombres de rameaux dans l'organigramme général de traitement de la croissance, c'est-à-dire dans le traitement combiné du second modèle partiel par le premier modèle partiel.

2. *Ibid.*, p. 18-19.

3) État de croissance du rameau : ensuite, deux solutions sont possibles : si $T-t<t1$, le rameau est trop jeune et ne porte que des feuilles, le programme s'arrête car tout autre rameau qui pousserait serait désormais plus jeune donc sans fruits également; sinon il y a encore deux sous-possibilités : si $T-t<t2$ alors Δnfructifères = $g(T-t-t1)$ (le rameau est trop jeune pour qu'il s'y trouve des nœuds dénudés), sinon Δnfructifères = $g(T-t-t1)-g(T-t-t2)$ [1] (ce sont des nœuds assez vieux mais aussi assez jeunes qui sont fructifères et il y a donc des nœuds dénudés),

4) ensuite le programme incrémente le nombre courant de nœuds du Δnfructifères calculé précédemment, et il incrémente le nombre courant de rameaux de 1 (Fin du test de l'état de croissance du rameau),

5) enfin si $t<T$ le programme boucle sur l'étape 2 qui verra la formation du rameau suivant (Fin du test de formation du rameau courant), sinon il s'arrête.

À la fin, le nombre courant de rameaux est le nombre total de rameaux de l'arbre à l'âge T et le nombre courant de nœuds fructifères est le nombre total de ses nœuds fructifères.

Avec cet organigramme, on voit bien que le fonctionnement du premier modèle mathématique F(t) est échantillonné ou, si l'on veut, fragmenté, de façon à laisser s'effectuer, à chacune des étapes déterminées par la fonction F(t), le fonctionnement du second modèle mathématique g (t). Sans la programmation sur ordinateur [2], il n'aurait pas été possible d'effectuer cette fragmentation et donc de conserver la complexité de chacun de ces modèles mathématiques telle quelle. Il aurait fallu trouver des modèles plus simples dont la composition aurait été calculable à la main ou bien encore un modèle mathématique global également calculable à la main comme ceux que proposaient habituellement les biométriciens de l'IFCC.

Par la suite, de Reffye ajoutera encore un module de mécanique des matériaux qui traitera pas à pas également la question de la verse [3] et de la casse de chaque rameau. Il augmentera donc encore le réalisme du modèle morphogénétique du caféier. Et il confirmera ce réalisme grâce au dessin sur tables traçantes des caféiers simulés. On aura finalement affaire à quatre modules principaux qui correspondent chacun à un sous-modèle propre à un phénomène biologique particulier : la croissance de la tige, la croissance

1. *Ibid.*, p. 23.

2. Ce sont des physiciens de la Faculté d'Abidjan qui vont lui prêter leur tout nouveau calculateur Hewlett-Packard HP 9820 A, sur le marché depuis 1972, avant que l'IFCC fasse l'acquisition d'un modèle semblable.

3. *Cf.* glossaire.

des rameaux, la verse de la tige et la flexion des rameaux. Ces quatre sous-modèles mathématiques sont enchevêtrés dans leurs usages : ils s'instrumentalisent les uns les autres successivement et mutuellement en fonction de conditions logiques déterminées par les résultats quantitatifs des sous-modèles eux-mêmes (conditions de branchement logique axées sur les dépassements des temps critiques ou des poids critiques des rameaux, etc.). La structure de l'automate, ou séquence des états logiques, d'un tel programme (pourtant très simple) dépend donc du fonctionnement de l'automate lui-même dans ses côtés mathématiques et logiques. On ne saurait donc se dispenser de son fonctionnement pas à pas pour en connaître la structure et la dynamique. Là est une des grandes ruptures avec la modélisation mathématique qu'elle soit théorique ou pragmatique. Et c'est à partir de ce moment-là que de Reffye parlera plutôt de simulation que de modélisation. La simulation et la visualisation ne sont cependant pas d'abord présentées comme des fins en soi. C'est bien la modélisation quantitative fragmentée et calibrée qui est d'abord recherchée. Simulation et visualisation doivent plutôt jouer le rôle argumentatif d'une confirmation empirique seconde en tant qu'elles donnent la possibilité d'une comparaison directe des résultats « théoriques » avec les observables en champ : par une sorte de transitivité de la confirmation, l'expérimentation confirme la simulation qui elle-même confirme le sous-modèle qui est ici ponctuellement théorique et explicatif (pour le phénomène de verse) puisque fondé sur la théorie de la résistance des matériaux. Cette comparaison du champ et de la simulation peut se faire à l'œil nu mais aussi plus rigoureusement avec des outils statistiques adaptés. En effet, grâce à la technique de la modélisation mathématique fragmentée et recombinée, la visualisation de la verse est fondée sur une formalisation théorique qui se présente clairement comme surajoutée et comme imbriquée dans la formalisation antérieure de la croissance architecturale et géométrique, quant à elle surtout descriptive et phénoménologique, mais déjà validée (au sens de calibrée ici) pour elle-même.

Au final, il s'avère que la reconstitution, à l'aide des sous-modèles de résistance des matériaux (notamment avec les formules de la « force critique », force à partir de laquelle la tige du caféier « flambe ») et d'un scénario de combinaison des caractères génétiques intervenant dans la casse, sert à désigner les marqueurs génétiques qu'il faut en dernier ressort sélectionner. La modélisation logico-mathématique que de Reffye préconise donne bien à l'expérimentateur les moyens de mesurer précisément et sans ambiguïté les caractères principaux intervenant dans les équations du sous-modèle mécanique (module de Young, longueur de l'entrenœud, diamètre des tiges). Elle donne finalement la possibilité au sélectionneur de disposer de critères précis pour ses propres décisions. Il pourra ainsi tout à la fois mesurer des critères et prédire le comportement en stabilité des clones qu'il aura sélectionnés.

Une telle modélisation logico-mathématique est peut-être une formalisation mixte, impure pourrait-on dire. Il n'en demeure pas moins que son avantage décisif est donc de désigner et d'intégrer de l'expérimentable, c'est-à-dire ici du mesurable, dans des computations prédictives. Elle n'en reste donc plus au statut épistémique d'un calcul de modèle préalable non calculable analytiquement ni à celui d'un simple test pour une vision théorique, puisque référant justement à une vision dont on a vu qu'elle était désormais fragmentée et bien loin d'être réunifiée (dès lors qu'il s'agit d'une biologie de terrain). En l'espèce, de Reffye considère que l'on a affaire à une simulation sur calculateur et non plus même à un modèle à deux conditions. D'une part, on peut dire que l'on *simule* sur calculateur à partir du moment où un *modèle mixte*, au moins logico-mathématique et *conçu de façon fragmentée* (même si ce ne sont pas les termes qu'il emploie) est le soubassement de *calculs pas à pas* faisant intervenir successivement *différents modèles* (sous-modèles) de différentes parties de l'organisme. D'autre part, il y a simulation selon lui si l'on a la capacité de visualiser ou de mesurer d'une façon ou d'une autre les résultats de ces computations.

Il y a donc bien deux phases au minimum dans une simulation : *réplication et mesure (ou observation)*. En l'occurrence, le résultat visuel que présentent la machine et sa table traçante ressemble sensiblement au phénomène perçu par nos propres moyens perceptifs et à notre échelle : à bon droit il peut être dit le feindre, le simuler. L'accent est alors mis sur la simulation et non sur le modèle global supposé la rendre possible mais qui, en tant que tel, n'existe plus hors de son implémentation[1] informatique.

Ces travaux importants sont publiés dans la revue de l'IFCC (*Café, Cacao, Thé*) mais ils ne reçoivent quasiment pas d'écho dans un premier temps hors des usages immédiats des collègues sélectionneurs de Bingerville. De manière très révélatrice, aux yeux du comité de rédaction qui classe les articles en fin d'année, l'accent n'est pas à mettre sur la méthode, sur la technique ou sur la modélisation proprement dite, mais sur le phénomène modélisé (la verse) et le problème agronomique considéré. Le potentiel de la méthode proposée est donc loin d'être perçu dans

1. Mise en place particulière d'un programme sur ordinateur, liée notamment aux contraintes spécifiques du système d'exploitation et du langage de programmation choisis.

l'immédiat. Pour finir sur cette introduction de la technique de modélisation fragmentée et de simulation, il est un autre point à noter. De Reffye a produit ces travaux dans un grand isolement. Il ne cite pas alors les travaux de Cohen ou de Honda même si ces derniers avaient déjà proposé leurs approches géométriques et graphiques de la simulation pour les formes ramifiées. Il n'est donc aucunement influencé par eux. En fait, il dispose d'un matériel informatique bien moins performant : il n'aurait pu prolonger leur travail tout à fait dans la même direction. À la différence de Cohen et Honda, de Reffye met de surcroît l'accent dès le départ sur les caractères morphologiques importants pour l'agronomie que sont les nœuds : ce n'est pas l'aspect visuel esthétique pour un argument théorique qui l'intéresse, mais ce qu'il veut, c'est arriver à une quantification précise du nombre de nœuds fructifères. Ainsi, il est obligé de mobiliser une connaissance botanique bien plus précise que celles que Cohen puis Honda et Fisher utilisèrent.

SIMULATION, MIMÉTISME ET USAGE SOUS-SYMBOLIQUE DES FORMALISMES

Dans les travaux qui vont suivre, aux deux premières conditions déterminant l'usage du terme « simulation » d'ores et déjà choisies par de Reffye (fragmentation pour réplication, visualisation graphique) vont se joindre d'autres conditions qui régulent depuis plus longtemps déjà l'usage de ce même terme dans d'autres domaines dont la physique nucléaire (elles apparaissaient chez Eden et Cohen). Dans le cadre d'une nouvelle problématique agronomique, la recherche opérationnelle va de nouveau inspirer l'agronome par une de ses autres méthodes de mathématiques descriptives : la simulation probabiliste. En effet, à la faveur d'un gros travail sur la pollinisation par différents insectes des cacaoyers (sur le détail duquel il serait inutile de revenir ici puisqu'il déborde le champ de la morphogenèse des plantes), dans les années qui suivent, de Reffye développe considérablement son approche par modélisation fragmentée et par simulation. En s'appuyant directement sur l'ouvrage fondamental de Naylor et Balintfy, il introduit de manière décisive la Méthode de Monte-Carlo[1] dans la simulation du comportement individuel des insectes pollinisateurs. C'est à ce titre que la simulation probabiliste a pu aussi lui servir comme test empirique de certains sous-modèles analytiques. Elle rejoint pour lui indubitablement l'expérience, mais par un autre aspect que ceux déjà

1. *Cf.* glossaire.

évoqués dans le cas des premières simulations de visualisation. Dans un article de 1977, il insiste en particulier sur l'intérêt qu'il y a à disposer de la capacité à régénérer intégralement les distributions des événements aléatoires et pas seulement leurs moyennes ou leurs variances. La simulation permet selon lui de « vérifier la justesse de l'analyse mathématique »[1]. C'est à ce titre qu'elle passe pour une expérience : elle a le pouvoir de corroborer une vision théorique mais dans la mesure même où elle est une reconstitution *pas à pas* du phénomène réel, reconstitution pourtant elle-même sous-tendue par l'hypothèse théorique. En effet, à partir de la représentation logico-mathématique, il est possible de comparer les résultats simulés avec les résultats théoriques, c'est-à-dire comparer deux produits de la même représentation logico-mathématique initiale mais n'émanant pas de la même interprétation de cette représentation (lois probabilistes condensées et modélisées *Vs.* lois probabilistes génératrices d'événements et simulées en ce sens). Pour les « résultats théoriques », il s'agit en effet d'une interprétation prioritairement abstractive, condensante, car centrée sur les moyennes des phénomènes et sur les paramètres des modèles mathématiques (faisant abstraction du temps mais aussi de la diversité effective des types d'événements), alors que pour les « résultats simulés », il s'agit d'une interprétation constructive doublée d'un usage régénératif au niveau des événements temporels et ponctuels des mêmes modèles. La restitution simulée est ici moins abstraite que le modèle mathématique abstractif puisqu'elle conserve et utilise au moins une des dimensions dites concrètes du phénomène initial comme support de sa manifestation : le temps ; d'où ce que l'on peut appeler un affaiblissement de la propriété de condensation symbolique du formalisme. La représentation rencontre le phénomène et le touche pour ainsi dire au moins en cette dimension. Par là, la simulation procède d'une captation plus que d'une condensation de l'empirie. La ressemblance d'aspect (si l'on veut bien considérer la temporalité d'un phénomène comme étant un de ses aspects) est donc plus grande dans la simulation stochastique que dans l'interprétation abstractive d'une modélisation mathématique faisant notamment abstraction du temps : la transfiguration abstractive de l'empirique y est moindre. Ce dualisme dans l'interprétation des modèles logico-mathématiques du programme autorise donc qu'une conséquence interprétative calculée du modèle en « vérifie » une autre.

1. J. P. Parvais, P. de Reffye, P. Lucas, « Observations sur la pollinisation libre chez *Theobroma Cacao* : analyse mathématique des données et modélisation », *Café, Cacao, Thé*, vol. 21, n°4, oct.-déc. 1977, p. 261.

Cependant cette ressemblance d'aspect particulière qu'est la ressemblance dynamique n'est pas nécessaire pour qu'on ait affaire à une simulation. Si beaucoup d'auteurs [1], à la suite d'argumentations similaires mais généralisées, ont considéré que la ressemblance dynamique (ce qu'on peut aussi appeler un mimétisme de trajectoire) est centrale et caractérise effectivement toute simulation, nous avons en fait déjà montré la possibilité de relativiser ce point de vue dont on voit qu'il s'applique surtout à la simulation par processus stochastiques (ou plus largement par calculs dépendants du chemin) et que le travail de de Reffye introduit clairement, à côté d'elle, bien d'autres types de simulations déjà existants. D'une part, beaucoup de lois mathématisées possèdent cette propriété dynamique de ressemblance temporelle ou « au cours du temps ». D'autre part, nous avons vu qu'il est des raisons de nommer déjà simulation une construction de modèles qui donne lieu à des ressemblances non essentiellement dynamiques, mais visuelles. La ressemblance *par* dynamique est à distinguer d'une ressemblance *des* dynamiques. Cette dernière est plus contraignante et n'est pas nécessaire à toute simulation. La ressemblance par dynamique elle-même peut-elle d'ailleurs se définir ou se construire sans s'appuyer sur un autre type de ressemblance ou au moins de correspondance terme à terme (ne serait-ce que pour définir un ordre de computation), et qui en ce sens la précède? On verra plus tard que l'équipe de de Reffye pourra faire simuler à l'ordinateur des architectures d'arbres au moyen d'étapes de simulation non temporellement ressemblantes pas à pas (logiciel AMAPsim) mais dont le résultat sera néanmoins visuellement ressemblant. Un des enjeux sera justement ensuite de chercher à capter cet aspect manquant de la ressemblance : un arbre botaniquement, c'est-à-dire spatialement réaliste à chaque moment du temps de computation, lui-même réalistiquement ordonné. En ce sens, il peut donc y avoir ressemblance spatiale au sens large (réplication partielle) sans ressemblance temporelle, c'est-à-dire sans similitude d'ordonnancement. L'inverse semble plus sujet à caution. Ce qui suggère en tous les cas qu'avec la notion de plongée d'un modèle dans le temps, on ne tient pas encore les véritables caractères de ce qui pourrait donner une unité au concept de simulation tel que la science contemporaine le met en œuvre, le déploie voire le démultiplie. Même si cela reste à vérifier, il est probable que les *notions de dilatation ou de représentation dilatée*, prenant à un niveau plus transversal le contre-

1. C'est notamment l'opinion de Stephan Hartmann et Paul Humphreys. *Cf.* P. Humphreys, *Extending Ourselves : Computational Science, Empiricism and Scientific Method*, Oxford University Press, 2004, p. 108.

pied explicite de la classique condensation symbolique, mathématique et logique, et celle de *désymbolisation sélective* pourraient, en l'état, être d'une application plus générale[1].

Toujours est-il que, si l'on analyse rétrospectivement sa manière de procéder, c'est bien la précision et l'urgence de questions à visée pragmatique qui ont fait que de Reffye a d'abord eu une approche de type ingénieur, au contraire de Hisao Honda par exemple. L'idée qu'il se faisait par ailleurs de la science expérimentale et du rôle que devaient y jouer les formalismes l'a incité à avoir également une approche cependant très en amont de la sélection variétale brutale (sélection qui se ferait au vu des seules performances globales). Il a donc été poussé à produire, à l'occasion de problèmes au départ très ciblés, des solutions de modélisation opérationnelles qui se trouvaient dépasser aussi de fait le cas par cas. Comme nous allons le voir, c'est surtout à l'occasion de sa thèse d'État, puis en interagissant avec des botanistes plus aguerris, que de Reffye va réellement prendre conscience du potentiel que recèle son approche pour une science biologique plus fondamentale, parce que plus universaliste, principalement en ce qui concerne la représentation des plantes, en général, et leur dynamique de croissance.

La question nouvelle qui sera à même de légitimer ces travaux de thèse lui vient à la suite d'une insatisfaction qu'il ressent face à son modèle de croissance fragmenté mais cinétique et déterministe de 1976, alors même que ce dernier répond déjà à plusieurs des attentes de ses collègues comme de son chef direct, J. Snoeck. Dans les caféiers réels, en effet, on observe une assez forte irrégularité, plus précisément une variabilité dans les durées de vie des nœuds, quel que soit leur type. C'est même une des plantes qui se trouve manifester le mieux ce genre d'irrégularité. D'où la suggestion de prendre en considération cette variabilité pour faire produire à l'ordinateur une représentation plus fidèle architecturalement aux cas individuels réels rencontrés en champ. De Reffye n'oublie pas que, même s'il a simulé leur croissance de façon chronologique (donc de façon réaliste au sens d'« ordonnée » dans cette dimension temporelle), il n'a considéré en fait que les durées de vie moyennes des événements affectant tour à tour les nœuds de l'arbre. Ainsi le mimétisme de trajectoire de cette première simulation ne vaut qu'en moyenne, à chaque pas de temps. Il se trouve que, par chance, cette première approche par la moyenne suffisait et convenait quand même très bien dans le cas étudié parce que, eu égard à la stabilité du

1. *Cf.* « simulation sur ordinateur » et « sous-symbolique » dans le glossaire. Nous renvoyons à la conclusion pour la reprise systématique de ces points.

climat subtropical de la Côte-d'Ivoire, le caféier ivoirien manifeste globalement une grande continuité dans sa croissance moyenne, malgré sa forte tendance à la dispersion autour des moyennes. Mais, comme de Reffye se familiarise en même temps et par ailleurs avec les processus stochastiques, notamment avec ses travaux sur la pollinisation du cacaoyer, il lui paraît naturel et tentant de tâcher de complexifier la représentation architecturale de la croissance du caféier en usant de ces mêmes processus afin de la rendre plus réaliste encore d'un point de vue botanique. En 1978, ces nouveaux travaux sur une modélisation stochastique de l'architecture du caféier sont bien avancés quand de Reffye s'en ouvre finalement à Yves Demarly, professeur de génétique appliquée et d'amélioration des plantes à l'université d'Orsay (né en 1927), qui, comme pour la thèse de 3ᵉ cycle, accepte d'en être le directeur. De Reffye trouve là un chercheur doté d'une exceptionnelle ouverture d'esprit et qui se révèle particulièrement susceptible de ne pas brider un esprit aventureux comme le sien.

Cependant, en 1978, un événement particulier va donner une assise encore plus générale au contenu initial de ce projet de thèse. C'est une rencontre avec le botaniste Francis Hallé (né en 1938) qui va finalement l'orienter de façon décisive vers une extension opportune de la simulation initiale de la seule croissance architecturale du caféier à la simulation de la croissance de la quasi-totalité des plantes répertoriées, cela au regard du nouveau concept proposé alors par Francis Hallé lui-même et par Roelof Arent Albert Oldeman (né en 1937), son collègue néerlandais : le concept de « modèle architectural ». Il faut comprendre qu'en se promettant de travailler dans le sens d'une plus grande fidélité à la botanique, les recherches de de Reffye allaient logiquement se trouver en confrontation avec de tout autres traditions scientifiques que celles de l'agronomie quantitative. Comme nous le verrons par la suite, en prenant ce tournant décisif vers la modélisation réaliste mais non immédiatement pragmatique, ses recherches allaient devoir en effet se situer par rapport à d'autres travaux, plus anciens, enracinés dans d'autres problématiques, que ce soit des travaux de botanique, de biologie mathématique ou de morphologie quantitative bien sûr, mais aussi de synthèse d'images végétales par ordinateur en informatique graphique. Alors même que de Reffye n'aura pas en fait bénéficié de la connaissance approfondie de ces autres traditions plutôt théoriques, loin de là, son travail, peut-être par chance, mais aussi et surtout parce que sa problématique initiale (agronomique et opérationnelle) n'avait pas été la même que chacune de celles qui caractérisaient les autres traditions, ne sera pas complètement assimilable à d'autres. Comme nous avons déjà insisté plus particulièrement sur le statut qu'elles ont chacune conféré à l'ordinateur, mises à part les approches de l'informatique graphique sur lesquelles nous reviendrons au moment opportun et qui se sont développées en parallèle et en concurrence directe avec celle de de Reffye avant qu'elle ne converge vers elles, nous serons mieux à même de concevoir ce que l'approche de de Reffye aura de commun avec elles ou ce qu'elle présentera, au contraire, de spécifique. Il faudra ainsi comprendre ce qui confèrera à la simulation la capacité inédite de faire le pont entre les disciplines empiriques-pragmatiques et les disciplines théoriques-descriptives. La simulation abandonnera le seul usage calculatoire et théorique qui avait été prioritairement le sien jusqu'alors dans le domaine des plantes. Elle entrera ainsi définitivement sur le terrain. En se mesurant à lui et à sa complexité, en captant ses singularités, elle pourra même passer pour ce que nous pourrions appeler une expérience du second genre, le premier genre renvoyant à l'expérience classique[1].

Mais revenons d'abord sur le sens de cette révolution botanique qui a vu l'introduction du concept de « modèle architectural ». Car c'est bien elle qui allait faire persévérer de Reffye dans la simulation de la croissance bourgeons par bourgeons et qui allait continuer à le mettre directement en porte-à-faux tant à l'égard du discours épistémologique entendu dans les écoles de biologie théorique (modéliser = abstraire pour universaliser et expliquer) qu'à l'égard de celui des praticiens des modèles de terrain (modéliser = sélectionner une représentation perspective mono-formalisée pour une utilisation singulière).

1. *Cf.* F. Varenne, 2003a : « La simulation conçue comme expérience concrète », *Le statut épistémologique de la simulation*, J. P. Müller éd., Paris, Éditions de l'École Nationale Supérieure de Télécommunications de Paris (ENST), 2003, p. 299-313. Pour une reprise des arguments principaux de cet article, voir ici notre conclusion.

CHAPITRE IV

UNE SIMULATION ARCHITECTURALE, ALÉATOIRE ET UNIVERSELLE

Dans ce chapitre, nous allons montrer comment le procédé de modélisation fragmentée et de simulation informatique intégrative, originellement mis au point pour simuler la croissance du caféier, va pouvoir mener à une simulation architecturale des plantes que l'on pourra dire universelle, *cela de par sa capacité à simuler, par simple extension, l'ensemble des architectures de plantes observées dans la nature. Par contraste, nous exposerons les limites techniques des modèles formels plus classiques, de type théorique ou biométrique, en particulier lorsqu'il s'agit d'appréhender un objet fortement composite comme la plante. Les modèles théoriques font en effet bon marché soit de la complexité du substrat vivant lui-même (réductionnismes) soit du caractère évolutif et intriqué de la fonction d'optimisation qu'est censée suivre la genèse d'une plante (réduction à des principes d'optimisation qui ont pour effet d'homogénéiser et déshistoriciser le scénario pourtant si intriqué de différenciation cellulaire et de croissance). La biométrie statistique, quant à elle, cherche des modèles simples pour un usage précis sans s'apercevoir qu'elle contraint trop son langage alors qu'elle pourrait être encore plus généreuse à l'égard des données sans toujours les résumer par des moyennes, des variances, etc. La simulation informatique permet en revanche cette* générosité. *Si, comme la biométrie, elle présente l'avantage de ne pas prendre la plante comme un objet théorique, elle en permet néanmoins une sorte de* theoria *seconde en construisant quelque chose comme un* géométral *par opposition aux perspectives que lui sont les modèles. Nous verrons pourtant comment cette recherche du réalisme ne sera pas toujours comprise ni bien reçue des modélisateurs du vivant au point d'être menacée de disparaître et de tomber dans l'oubli au début des années 1980.*

En 1978, lorsque de Reffye rencontre Francis Hallé, cela fait déjà au moins huit ans que ce dernier et son collègue Oldeman ont proposé une avancée conceptuelle considérable en botanique. À la fin des années 1940, la théorie synthétique avait en effet imposé le retour à une appréhension de la plante à l'échelle globale. La sélection opérant en grande partie sur l'architecture totale de l'individu et sur les peuplements, il s'agissait donc, pour la botanique, de trouver un niveau biologique intermédiaire qui permette une intégration et une articulation des problématiques aussi bien physiologiques et morphologiques qu'écologiques et évolutionnaires. À la fin des années 1960, c'est en partie dans cet esprit que les travaux du botaniste de l'ORSTOM Francis Hallé et de son collègue néerlandais, Roelof A. A. Oldeman, les mènent au concept de « modèle architectural ». Mais revenons quelques temps sur ce concept où le terme de « modèle » intervient sans toutefois référer à un construit formel.

UNE AVANCÉE EN BOTANIQUE : LA NOTION DE « MODÈLE ARCHITECTURAL » (1966-1978)

Francis Hallé est au départ un élève du botaniste Georges Mangenot. Ce dernier fut professeur à la Sorbonne puis à la faculté d'Orsay. Dans les années 1930, Mangenot avait été lui-même un collègue et un collaborateur de Lucien Plantefol[1]. Après la guerre, Mangenot fut nommé directeur du centre de l'ORSTOM d'Adiopodoumé. Il se spécialisa en botanique tropicale et s'orienta vers cette approche récente issue notamment des écologues américains et que l'on nommait l'écologie dynamique. C'est par son intermédiaire qu'Hallé est envoyé à Adiopodoumé à partir de 1963. Il y sera d'abord chargé de recherche auprès de l'ORSTOM puis directeur de l'Institut de Botanique d'Abidjan. Dans l'approche de ses maîtres, la partie végétative n'était alors pas considérée comme importante. La ramification des plantes était vue comme quelque chose d'inessentiel. Une sorte d'anarchie semblait y régner. Or, placé sur le terrain équatorial, Hallé constate que l'on y est rarement conduit à observer des fleurs (mode de reconnaissance traditionnel depuis Linné) : elles sont le plus souvent inaccessibles à

1. À la fin des années 1920, Plantefol (1891-1983) avait été ouvertement hostile à l'approche mathématisée de la phyllotaxie des plantes. Il avait proposé une importante et influente théorie des hélices foliaires permettant de se dispenser de formulations mathématiques.

l'observateur. En revanche, il remarque que la forme végétative des plantes est d'une grande clarté et d'une grande simplicité : il suffit de les dessiner tant il est vrai qu'elles apparaissent d'emblée comme des schémas [1]. Les ivoiriens eux-mêmes reconnaissent les plantes à leur seule forme végétative. Hallé se consacre alors quasi-exclusivement à l'observation architecturale et à une réflexion sur les formes végétales. L'expression d'« architecture végétative » est proposée par lui dès 1964. Cette proposition terminologique se fixe au cours de discussions avec le botaniste d'Orsay René Nozeran. Cette même année, Oldeman arrive à l'ORSTOM et est conduit à collaborer avec Hallé. Ce travail commun sera fondateur. Il est publié en 1970 dans la monographie *Essai sur l'architecture et la dynamique de croissance des arbres tropicaux*. Cet ouvrage présente d'une part une observation et une expérimentation systématique des différents types d'architecture, d'autre part une synthèse de travaux dispersés et déjà publiés. En même temps, il propose une clarification et une stabilisation terminologique. Au terme goethéen de « morphologie », les auteurs choisissent de préférer définitivement le terme d'« architecture » car il s'agit de désigner par là les caractères morphologiques structuraux des plantes et non les caractères morphologiques comme la présence de latex, la pilosité ou la consistance des limbes, par exemple. Il s'agit de se pencher préférentiellement sur la configuration extérieure, sur la forme et la dynamique de croissance des arbres qui semblent déterminées de manière étroite par la génétique. Leur méthode consiste ensuite à observer directement sur le terrain ou à faire pousser certains arbres de manière à en observer la morphogenèse alors qu'ils sont encore de jeunes individus, de moins de 15 mètres. C'est là que le « jeune arbre exprime librement, à l'abri des traumatismes écologiques, la *forme idéale* qui lui est dictée par sa constitution génétique » [2]. Après cette phase, on assiste en effet à une « altération de l'organisme spécifique sous l'influence du macroclimat » [3]. L'arbre a subi de nombreux traumatismes qui font que son « port statistique » ne ressemble plus à son port phénotypique des débuts. Oldeman a montré en effet que le traumatisme ou le simple vieillissement donne lieu à ce qu'il appelle des « réitérations » du « modèle architectural » à l'intérieur de la plante traumatisée ou âgée. Ces « réitérations » sont comme des rejets ou des troncs surnuméraires. Hallé explique ce phénomène par le fait que,

1. Selon les termes mêmes de Hallé (communication personnelle du 3 juillet 2004).

2. F. Hallé, R. A. A. Oldeman, *Essai sur l'architecture et la dynamique de croissance des arbres tropicaux*, Paris, Masson, 1970, p. 3. C'est nous qui soulignons.

3. *Ibid.*, p. 4.

lors du vieillissement ou lors d'un traumatisme, on assiste à un affaiblissement du « réseau de tensions morphogénétiques »[1].

C'est bien l'expression de « forme idéale » qui caractérise le mieux l'esprit dans lequel Hallé et Oldeman proposeront, tout de suite après, le terme de « modèle » : il s'agit de désigner par-là un paradigme, quelque chose comme une idée platonicienne qu'ils héritent explicitement des spéculations goethéennes antérieures sur la plante primitive (*Urpflanze*). Cela n'a donc rien à voir avec un modèle mathématique au sens positiviste du plaquage d'un formalisme sur une réalité naturelle. C'est une modélisation avant tout graphique. Mais il ne s'agit pas pour autant d'en revenir à une proposition qui resterait spéculative et qui ne pourrait s'appliquer dans l'observation directe de la nature : son rôle est d'abord de permettre l'identification aisée des arbres sur le terrain en l'absence de fleurs et de feuilles. Il faut que cette notion permette de distinguer les différentes « stratégies de croissance »[2] à l'œuvre dans différentes espèces. En invoquant la notion de « forme idéale », leur but, à la différence de celui de Goethe, n'est plus prioritairement de rechercher à exprimer par un seul modèle une unité sous-jacente de la nature vivante, c'est-à-dire une origine commune hypothétique, mais plutôt de tâcher d'exprimer et de concevoir comment, dans les associations biologiques complexes auxquelles donne lieu une forêt tropicale, différentes « formes idéales » se manifestent de façon très stable et prédictible mais ensuite dérivent par rapport à leurs idéaux intrinsèques du fait d'interactions au niveau écologique.

Tout en étant rigide et assez formel, chaque « modèle architectural » se fonde donc sur quatre caractéristiques purement hétérogènes entre elles (d'où leur impossible quantification en première intention) mais botaniquement significatives et diversement exprimables par des « symboles graphiques »[3] divers : 1) le type de croissance (rythmique ou continue); 2) la structure de ramification (présence ou absence de ramification végétative, ramification sympodiale ou monopodiale, ramification rythmique, continue ou diffuse); 3) la différenciation morphologique des axes (orthotropie ou plagiotropie); 4) la position de la sexualité (terminale ou

1. F. Hallé, « Modèles architecturaux chez les arbres tropicaux », dans P. Delattre, M. Thellier (éd.), *Elaboration et justification des modèles*, Paris, Maloine, 1979, p. 546.

2. Le recours à la notion de « stratégie de croissance » pour désigner le modèle architectural est dû au botaniste et élève d'Hallé, Claude Edelin. On la trouve dans sa thèse soutenue à Montpellier en 1977 : « Images de l'architecture des conifères ». *Cf.* P. de Reffye, *Modélisation de l'architecture des arbres par des processus stochastiques. Simulation spatiale des modèles tropicaux sous l'effet de la pesanteur. Application au* Coffea Robusta, Th. Doct. État, Université Paris-Sud, Orsay, 1979, p. 7.

3. Selon l'expression de F. Hallé, 1979, art. cit., p. 538.

latérale). Un « modèle architectural » au sens de Hallé et Oldeman est donc entièrement défini lorsque l'on dispose d'une combinaison particulière de ces caractéristiques morphologiques et de leurs symboles graphiques afférents. Chaque combinaison rencontrée dans la nature (certaines ne le sont pas) a reçu le nom d'un botaniste connu. Ces 24 combinaisons sont déterminées par observation sur le terrain et par le suivi de l'activité des méristèmes[1]. C'est volontairement que le concept de « modèle » est choisi par Hallé et Oldeman : il est plus lâche que celui de « type » employé en taxonomie. Il est uniquement « fondé sur l'étude des structures et des fonctionnements méristématiques » et il est donc indépendant du type biologique des plantes[2]. Or c'est précisément cette relative systématicité, cette prise en compte de la forme globale dans sa genèse, dans son historicité, et enfin cette faculté de réduire la variété architecturale à des combinaisons d'un petit nombre de règles élémentaires qui va rendre possible la convergence entre ce nouveau concept de la botanique et la méthode de modélisation fragmentée adoptée jusque là par de Reffye. C'est une modélisation qui enchaîne des séquences de choix et qui, à ce titre au moins, prête *a priori* à une *simulation informatique* même si elle ne prête pas d'emblée à une *simulation algorithmique*.

LA RECHERCHE DU RÉALISME BOTANIQUE (1978-1979)

Lorsque, de son côté, en 1978, de Reffye décide de mettre en forme son travail de thèse, il n'a qu'à reprendre la méthode qu'il a développée lui-même auparavant, de manière il est vrai opportuniste et quelque peu bricolée, dans le contexte agronomique qui a été jusqu'alors le sien : 1. modélisation fragmentée ; 2. simulation spatiale ; 3. simulation aléatoire. Très vite, de Reffye sait qu'il peut ainsi atteindre le but qu'il s'est fixé : procéder à une simulation la plus réaliste possible visuellement et du point de vue de la botanique, au moins pour le caféier.

Dans un premier temps, il propose une formulation mathématique qui permette de remonter des mesures statistiques de terrain aux processus stochastiques qui donnent naissance aux premiers entrenœuds d'une plante. Pour ce faire, le matériel choisi au départ sera constitué de jeunes boutures non encore affectées par la mortalité méristématique. Cela permet de formuler et de calibrer la probabilité de l'*activité* de croissance des

1. Par « enregistrement des étapes successives de la morphogenèse sous forme de croquis et de documents photographiques », F. Hallé, R. A. A. Oldeman, 1970, *op. cit.*, p. 5.

2. *Ibid.*, p. 9-10.

bourgeons, c'est-à-dire la probabilité pour un méristème de faire ou non un entrenœud. Par la suite, le travail de de Reffye consiste à complexifier cette loi probabiliste de l'activité de croissance élémentaire du méristème pour que sa modélisation ne vaille pas uniquement pour les très jeunes plantes et les boutures. Il s'agit notamment de prendre en compte la non stationnarité de cette activité de croissance en fonction de l'ordre de ramification. Souvenons-nous ici que c'est précisément la non prise en compte de cette source de variabilité par les modèles purement géométriques de Hisao Honda qui avait conduit Jack B. Fisher à se détourner finalement des simulations graphiques sur ordinateur. Or, de ce point de vue là, de Reffye va une fois de plus à l'école de la recherche opérationnelle. De façon décisive, il s'installe résolument dans le formalisme des processus stochastiques. Il lui est alors possible de prendre en compte cette non stationnarité, qu'il décide d'interpréter pour sa part comme un simple *amortissement* de la probabilité de croissance en fonction de l'ordre du méristème sur l'axe considéré : la variabilité des paramètres de la loi de probabilité est ainsi prise en charge et formalisée par le concept bien défini de « processus stochastique »[1].

De façon significative, pour chaque étape fragmentaire, de Reffye pratique des confrontations entre les simulations des événements de cette étape et le sous-modèle mathématique correspondant. Il pratique ainsi non seulement une *validation empirique* de la simulation par confrontation avec un échantillon de données de terrain qui a été jugé simple *d'un point de vue empirique* (les boutures), ce que l'on peut appeler une capture ou captation de l'empirie par la simulation avec vérification de la conformité de la simulation au terrain, mais aussi une *validation théorique* de la simulation par confrontation avec les formules analytiques condensantes (vérification de la consistance mathématique des résultats simulés) dans un cas qui a été jugé simple *d'un point de vue théorique* (c'est-à-dire avec des phénomènes élémentaires standardisés et désintriqués).

Dans un deuxième temps, il s'agit de définir plus finement l'architecture de l'arbre. Pour la prise en compte de ce nouveau phénomène biologique qui lui-même explique, au niveau du méristème, les phénomènes observables d'avortement ou d'élagage naturel de certains rameaux dans l'architecture, de Reffye procède de la même manière que précédemment. Il recourt à des processus stochastiques en définissant une mortalité et une viabilité pour les méristèmes. Comme la viabilité ne coïncide pas avec l'activité, il lui faut procéder à des calculs algébriques de composition

1. P. de Reffye, 1979, *op. cit.*, p. 18.

de probabilités assez longs pour arriver à exprimer analytiquement l'espérance de la taille d'une tige et sa variance. À ce stade-là, de Reffye réitère sa méthode de *validation théorique* de la simulation puisqu'il dispose des formules analytiques.

Il livre enfin l'organigramme du sous-programme de simulation de la croissance d'un méristème d'activité et de viabilité données. Le programme procède toujours méristème par méristème. Il est conçu pour faire d'abord le test probabiliste (par une méthode de Monte-Carlo) de la viabilité pour le méristème en question ; et si ce test est positif, il fait alors le test probabiliste de l'activité de croissance. C'est ainsi que les deux phénomènes sont aisément intriqués dans le nouveau sous-programme, sans les complications mathématiques des formules analytiques : le traitement de leur intrication peut être séquentiel car le programme simule l'historicité du phénomène complexe au niveau du destin individuel d'un méristème. Il simule un passage du temps pas à pas à cette échelle où précisément l'*intrication* de ces phénomènes biologiques peut être traitée comme une *succession* élémentaire. De Reffye nous présente alors les valeurs simulées par ce nouveau sous-programme en regard des valeurs qui ont été calculées selon les formules « théoriques » de manière à confirmer la bonne aptitude du sous-programme à simuler numériquement l'avortement ou l'élagage naturel. Il effectue ensuite le *calibrage* de ce modèle de simulation numérique sur des clones de caféier particulièrement bien mesurés et suivis ; ce qui n'est pas le cas pour tous. Le nombre des mesures nécessaires, ou plutôt le nombre de tiges qu'il faut décompter sur différents arbres d'un même clone s'élève en effet parfois à près de 2000[1]. D'après ses tableaux de mesure et ses valeurs simulées, de Reffye en conclut qu'« on obtient alors des "caféiers aléatoires" qui ont le même comportement que celui observé en champ »[2].

Il reste cependant encore un phénomène biologique qui n'est pas pris en compte et qui peut affecter l'architecture de l'arbre à un moment donné de son histoire. Il s'agit de l'éventuelle *dormance* affectant les bourgeons axillaires, autrement dit les bourgeons donnant naissance aux axes latéraux. Un bourgeon axillaire formé lors de la création d'un entrenœud de la tige peut ne fonctionner que quelque temps plus tard, avec un certain retard. De Reffye introduit alors la notion de « probabilité de fonctionnement ». Dans l'organigramme du nouveau sous-programme valant plus spécifiquement pour les bourgeons axillaires, un test de dormance est donc inséré. Il est fait

1. *Ibid.*, p. 71.
2. *Ibid.*, p. 74.

préalablement au test d'activité. Là encore, on peut comparer valeurs simulées et valeurs théoriques pour une population de rameaux. Tous les sous-programmes correspondant aux sous-modèles sont ensuite informatiquement intégrés.

Il est essentiel de noter que, dès cette époque, de Reffye manifeste une certaine méfiance à l'égard des résultats d'une simulation intégrée. C'est pour cela qu'il prend soin de procéder autant que possible à des validations théoriques, étape par étape, dans la construction progressive de son modèle intégrateur. Cette méfiance de principe se manifeste clairement dans un passage de la thèse dans lequel il revient sur l'approche qui a été initialement la sienne. Il y exprime sa conviction qu'il faut toujours pouvoir disposer d'un « arbre élémentaire » qui présente la particularité d'être entièrement calculable à la main et d'être ainsi susceptible de servir de contrôle à toute la simulation. Ce passage a le mérite de nous faire mieux comprendre le sens de la distinction entre ce que nous avions d'abord appelé validation empirique et validation théorique :

> La vérification du bon fonctionnement des programmes de simulation d'architecture exige de savoir résoudre théoriquement au moins un arbre particulier. Cet arbre sera l'"Arbre élémentaire". Bien que relégué dans un sous chapitre du présent travail, il en est à l'origine. Ce n'est que lorsqu'il a été bien connu et résolu que nous avons tenté l'approche des arbres réels. L'Arbre élémentaire et tous ceux qui en dérivent simplement ont la propriété d'avoir toutes leurs caractéristiques architecturales calculables [...] On peut alors facilement rendre compte du bon fonctionnement des simulations en observant la convergence entre les caractéristiques simulées et leurs valeurs théoriques [1].

Ce que nous avions appelé la « validation théorique » s'apparente donc en fait à la *vérification* du programme : il s'agit de savoir si le programme de simulation fait bien ce que l'on prévoit qu'il fasse d'un point de vue formel. Le modèle, dans les cas où il est uniformément formulable et calculable, peut servir à vérifier la simulation. De fait, ce sont essentiellement la qualité et l'innocuité de l'implémentation informatique de la simulation qui sont testées [2]. Alors que dans le cas de la « validation empirique », il s'agit d'une *validation* proprement dite, à savoir une comparaison entre ce que donne le modèle et la réalité observable. De Reffye ne fait pas cette distinction aussi nettement que le feront plus tard les informaticiens dédiés à la modé-

1. *Ibid.*, p. 114.
2. Mais d'autres techniques existent et se développeront dans les années 1980-1990, comme la mesure des qualités statistiques des simulations, par exemple.

lisation[1]. Mais il a conscience de l'importance de la vérification du programme au moyen de calculs analytiques poussés le plus loin possible, en parallèle des simulations.

La dernière étape du travail de 1979 consiste dans un premier temps à faire compléter par l'ordinateur les profils d'architecture en 2D par des symboles alphanumériques assez grossiers représentant les feuilles (deux parenthèses accolées) et les fruits (deux astérisques superposées)[2]. Le passage à la simulation intégrale et effective (en 3 D) impose, dans un second temps, d'ajouter les deux modules de prise en charge des aspects géométriques et mécaniques de l'arbre. Pour la géométrie, il faut notamment prendre en compte la phyllotaxie réelle des rameaux. Elle peut être spiralée ou plane. De Reffye rappelle que tout problème de cet ordre peut être géré comme la rotation dans l'espace d'un vecteur autour de l'axe qui porte le rameau. Il reprend donc explicitement la vieille notion d'« angle de divergence » de Schimper et Braun. Et il écrit la formule analytique permettant d'exprimer le nouveau vecteur en fonction du précédent. Il est à noter que cette formule ne pose en elle-même aucun problème. Elle se suffit d'être récursive puisque le traitement des axes, dans la simulation, est exhaustif et pas à pas. Elle peut même être complexifiée à volonté, par la suite. Elle est de toute façon aisément supportée par l'infrastructure logicielle. De Reffye peut alors faire représenter à l'ordinateur un arbre subissant son propre poids, sous n'importe quel angle de vue et avec une prise en compte de la perspective.

À ce stade-là, il ne parle plus de modélisation, mais bien de *reconstitution* du caféier. Qu'entend-il par là? En fait, il conçoit la reconstitution essentiellement à l'image d'une réplication visuelle. Pour de Reffye, la simulation intégrale permet une sorte de validation qualitative, c'est-à-dire à l'œil, et valable en ce sens à l'échelle globale. D'où la multiplication, dans son travail, des termes qui renvoient à la vision. Le rendu visuel des premiers profils intégraux permet déjà, selon lui, une sorte de légitimation de son travail quant à sa valeur biologique. Rappelons en effet

1. *Cf.* par exemple P. Coquillard et D. R. C. Hill, *Modélisations et simulations d'écosystèmes*, Paris, Masson, 1997.

2. C'est là qu'apparaît criante la différence entre les simulations de Cohen (1967), de Honda (1971) et celle de P. de Reffye (1979). Cohen et Honda bénéficiaient des meilleurs écrans graphiques de leur époque. En 1979, de Reffye est encore loin de pouvoir leur faire concurrence du point de vue du rendu graphique. Et pourtant, ses simulations sont davantage fidèles à la botanique.

ici que la biologie donne traditionnellement un fort poids à l'observation [1]. C'est d'autant plus vrai de la botanique. De Reffye attend l'assentiment des botanistes. Cette interprétation se confirme lorsqu'on lit la phrase suivante : « Il convient de souligner que l'aspect visuel du caféier est bien restitué et que les experts de l'IFCC le reconnaissent comme valable » [2]. De Reffye recourt ici à une sorte d'argument d'autorité. Mais les autorités dont il se réclame sont elles-mêmes reconnues, semble-t-il. Donc l'argument peut, selon lui, être jugé bon. En fait, il fait référence ici au savoir enfoui de l'expert. Son programme simule le sens du réel qu'a patiemment acquis l'expert au contact du terrain : en répliquant le réel, il simule la compétence de l'expert, à savoir l'expertise elle-même. Et il lui semble pour cela rompre en partie la barrière traditionnelle entre le savoir qualitatif non transférable et le savoir quantitatif seul transférable. Il est également à noter que, là non plus, le modèle qui sous-tend la simulation ne peut plus être dit mathématique. C'est un modèle mixte, pluriformalisé. Comme dans les travaux précédents, c'est bien une infrastructure informatique qui permet ici la compatibilité et l'interopérabilité des sous-modèles mathématiques. En 1981, de Reffye s'avancera un peu plus encore et dévoilera la raison profonde, d'inspiration plus théorique (voir les idées similaires d'Eden ou Cohen), qui lui fait penser qu'il touche cependant là à quelque chose d'universel et de fortement déterminant. Il considérera en effet que le programme informatique « n'est autre que la traduction du programme génétique du modèle [architectural] » [3].

Critiques des modèles théoriques

On le sait, les critiques que de Reffye formule de manière circonstanciée, au début de son mémoire de thèse d'État, à l'encontre des modélisations antérieures de l'architecture et de la croissance des plantes, ne peuvent rendre compte des idées motrices qui l'ont effectivement mené à la réalisation qui a été la sienne dans son travail de recherche. Ce ne sont clairement pas elles qui l'ont conduit vers la solution informatique. Nous les donnerons donc à lire comme des critiques faites essentiellement *a*

1. Pour ce constat, nous sommes en accord avec E. F. Keller, *Making Sense of Life. Explaining Biological Development with Models, Metaphors and Machines*, Cambridge Mass., Harvard University Press, 2002, 2e éd., 2003, chapter 7.

2. P. de Reffye, 1979, *op. cit.*, p. 111.

3. P. de Reffye, « Modèle mathématique aléatoire et simulation de la croissance et de l'architecture du caféier *Robusta*. 1re partie. Études du fonctionnement des méristèmes et de la croissance des axes végétatifs », *Café, Cacao, Thé*, vol. 25, n°2, 1981, p. 83.

posteriori. Ce qu'il faut en effet souligner fortement, c'est le fait que de Reffye n'appartient ni au milieu de la biologie théorique officielle qui commence à se structurer à l'époque en France, notamment sous l'impulsion de Pierre Delattre (1926-1985), ni au milieu des écologues ou biologistes modélisateurs qui, à l'INRA ou à l'ORSTOM, et sous l'impulsion de fortes personnalités comme Jean-Marie Legay (né en 1925), se sont entre-temps regroupés, principalement autour des actions concertées de la DGRST. Mais ces critiques *a posteriori* sont très précieuses pour notre problématique. Car, pour la première fois, elles vont nous permettre de mettre systématiquement en perspective certains auteurs antérieurs, assez isolés, dont nous avons parfois précisé les pratiques et les épistémologies sans les voir véritablement converger les uns vers les autres ni aucun en particulier vers une méthode de modélisation à la fois universelle et opérationnelle.

Il y a une idée commune qui sous-tend tout le propos critique de de Reffye : les modèles mathématiques théoriques de la première époque des modèles n'ont pu prospérer et ils n'ont pu séduire qu'à la faveur d'une ignorance propre à notre perception occidentale des plantes. Il s'agit de cette ignorance dans laquelle nous sommes ordinairement à l'égard de la richesse et de la diversité des architectures végétales réellement observables dans la nature. Un habitant des pays tempérés rencontre régulièrement tout au plus 3 modèles architecturaux alors qu'en sillonnant la forêt tropicale, on peut en observer près de 24. Ainsi, d'ordinaire, on insiste sur les processus de ramification alors que les processus de mortalité des méristèmes sont tout aussi importants pour la constitution de l'architecture végétale. De Reffye attribue également l'intérêt que ses prédécesseurs ont manifesté pour l'analogie entre les arbres biologiques et les réseaux hydrographiques (Horton-1944, Leopold-1971) à cette surestimation du rôle de la ramification et au fait qu'ils sont partis un peu trop vite du principe que l'on pouvait généraliser ce qui ne s'observe couramment que chez les arbres de milieu tempéré : l'identité morphologique des axes aériens[1]. C'était encore supposer trop d'homogénéité interne dans les arbres. Horton et ses successeurs n'ont testé leur hypothèse théorique d'inspiration thermodynamique que sur des arbres bien connus, comme le pommier ou le cyprès. Ils ont cru pouvoir donner ainsi la règle générale pour la détermination du nombre et de la longueur des branches d'un arbre quelconque. Contrairement à ce qu'affirme Leopold, ils n'ont en fait aucunement démontré la généralité, même grossière, de leur proposition

1. P. de Reffye, 1979, *op. cit.*, p. 7.

théorique. De Reffye suggère que la convergence entre l'architecture des arbres des milieux tempérés et celle des réseaux hydrographiques ne soit ainsi que fortuite. Cette convergence, si elle existe, ne repose pas en effet sur une authentique prise en considération du fonctionnement biologique optimal des bourgeons : « Les réseaux hydrographiques ont des branchements aléatoires diffus, alors qu'une ramification d'arbre ne peut s'opérer qu'à partir d'un bourgeon localisé. » [1] De plus, il est des modèles architecturaux, comme le modèle de Roux (qui décrit justement l'architecture du caféier dont de Reffye était parti) où l'identité morphologique des axes peut être mixte : à la fois orthotrope et plagiotrope. Le tronc y est orthotrope mais les branches y sont plagiotropes.

Après cette critique de l'approche thermodynamique par la « loi de Horton, de Reffye en vient à cette méthode, plus ancienne encore, de détermination des angles de ramification et de la section des rameaux à partir d'une théorisation physico-physiologique des phénomènes de vascularisation dans les êtres vivants. Cette approche partait du principe qu'on pouvait homogénéiser et donc traiter ensemble dans *une seule équation d'optimisation* l'énergie hydraulique du flux, comme la force de freinage dans les vaisseaux, et l'énergie métabolique qui est consommée par l'organisme pour maintenir constant le volume de sang dans les vaisseaux : il s'agissait de la « loi de Murray », du nom du biologiste britannique Cecil D. Murray (1897-1935) qui la formula en 1926 alors qu'il était en poste au Département de physiologie de l'Université de Columbia, à New York. Une telle formalisation reposait également comme on peut le comprendre, sur l'hypothèse d'une relative simplicité de formulation des *fonctions mathématiques d'optimisation* supposées exprimer *l'optimalité des fonctions biologiques* en jeu dans la morphogenèse du vivant. Cette loi, qui fut plus tard appelée « modèle » mathématique (à partir des années 1980), était certes assez bien vérifiée expérimentalement. Mais elle reposait sur un principe d'optimisation en réalité très aventureux. L'hypothèse d'homogénéité et de recherche d'optimum sur laquelle elle s'appuyait fut en effet très rapidement et fortement contestée par le physicien Paul S. Bauer, du *Fatigue Laboratory* d'Harvard[2]. Mais elle avait l'avantage d'aboutir, par

1. *Ibid.*, p. 8.

2. Dans son court article de 1930, entièrement à charge, Bauer répute nul et non avenu le recours de Murray à un « principe physiologique d'optimalité » au motif que l'on n'a pas là affaire à un système physique conservatif (non-ouvert du point de vue énergétique) et qu'en conséquence *aucun principe de moindre action* ne peut être *a priori* appliqué sous cette forme à un phénomène morphogénétique de type biologique. *Cf.* P. S. Bauer, « The validity of minimal principles in physiology », *The Journal of General Physiology*, July 1930, vol. 13, p. 617.

exemple dans le cas des rayons des vaisseaux, à une expression simple pour le rapport entre les 3 rayons en présence dans une bifurcation : $a_0^3 = a_1^3 + a_2^3$. Cette méthode reste notable pour de Reffye, en 1979, car la loi à laquelle elle parvient également pour les angles est bien observée dans des contextes de vascularisation. Il fait toutefois remarquer que Murray ne prend aucunement en compte la courbure naturelle des branches, dans le cas des arborescences végétales : le principe selon lequel l'angle de ramification minimise le travail mécanique lors du passage de la sève ne vaut donc pas si, de toute façon, la branche est courbée *immédiatement après* son insertion, soit par la gravité, soir par une tendance génétique à l'orthotropie. Pour insister sur le caractère notoire de ce fait botanique, de Reffye rappelle que Léonard de Vinci l'avait déjà remarqué [1]. Il serait donc nécessaire de dissocier ce qui détermine intrinsèquement (c'est-à-dire pour lui génétiquement) la plante à tel angle de ramification de ce qui la détermine mécaniquement à telle courbure (donc dépasser l'opposition stérile entre la vision mécaniste de d'Arcy-Thompson et Murray et celle de la génétique évolutionnaire), d'où l'importance que de Reffye donne, dans ce cadre plus général, à son module informatique de prise en compte des problèmes mécaniques de verse et de casse. Ce module est certes conçu séparément mais il fonctionne de manière à être étroitement intriqué avec les autres sous-modèles. De plus, les botanistes distinguent clairement une pousse immédiate du rameau (ramification sylleptique) d'une pousse retardée (ramification proleptique). Comme l'hypothèse de Murray implique aussi une déviation de l'axe principal par rapport à son orientation initiale au niveau de la jonction de l'axillaire, on voit mal comment un rameau proleptique pourrait *après coup* modifier la direction déjà fixée de l'axe principal pour se conformer à cette règle. Il ne semble pas, là non plus, que les principes suivis par la morphogenèse botanique se satisfassent du schéma inspiré de l'analogie vasculaire. Un simple « principe d'optimalité physiologique » comme celui de Murray, conçu lui-même sur le modèle des principes physiques d'optimalité, néglige les effets de retard dans les ramifications végétales.

Selon nous, ce que de Reffye découvre ici, c'est le fait que l'optimalité, si elle existe peut-être bien dans les phénomènes vivants, y est *essentiellement déstructurée* et *délocalisée* tant d'un point de vue strictement spatial (cela, les néo-mathématismes contemporains prétendirent déjà s'en

1. L. de Vinci, *Les carnets* , tome I : *Carnets de 1508-1518*, édition anglaise de 1906, trad. fr., Paris, Gallimard, 1942; réimp. Paris, Tel-Gallimard, 1987, p. 323 : « Les branches des plantes forment une courbe à la naissance de chaque petit rameau, et elles bifurquent quand se produit cet autre rameau ».

charger dès la fin des années 1960[1]), mais aussi *temporel*, au cours de l'ontogenèse. *C'est cette déstructuration à la fois spatiale et temporelle qu'il faut donc d'abord affronter prudemment avec des formalismes multiples et des simulations associées.* Enfin, de même que pour la loi de Horton, la loi de Murray ne peut valoir pour des axes mixtes pas plus qu'elle ne peut valoir dans le cas de réitérations où l'angle que le rejet forme avec l'axe principal peut être considérable. La « loi mathématique » de Rashevsky (formulée en 1944 et rebaptisée « modèle » à partir des années 1960) présente les mêmes insuffisances pour de Reffye. C'est un modèle reposant également sur l'hypothèse que les contraintes métaboliques sont déterminantes dans la genèse d'une ramification végétale. Elle consiste à admettre que le flux métabolique F dans un rameau de rayon r est simplement proportionnel à la section de ce rameau : $F = K. r^2$. Par là Rashevsky, formalisait une autre observation de Léonard de Vinci qui suggérait que la surface totale des sections de rameaux d'ordre K est égale à celle des rameaux d'ordre K+1.

Pour de Reffye, toutes ces modélisations mathématiques inspirées par des analogies physiques ou par des réductions aux propriétés mécaniques du métabolisme échouent donc dans la mesure précise où elles croient à tort avoir saisi grossièrement ce qui fait *l'essentiel* du moteur morphogénétique de l'architecture d'une plante alors qu'en fait elles ne s'avèrent être, *a posteriori*, que des plaquages *ad hoc* et superficiels sur un phénomène végétal autrement plus compliqué et donc jusque là très partiellement connu. Mais le problème réside bien dans le fait que l'on ignorait jusqu'à présent cette ignorance. Et l'illusion a pu régner longtemps à cause de cette ignorance de second degré. De Reffye, n'étant pas lui-même botaniste, mais connaissant et modélisant déjà la flore tropicale, en particulier le caféier, comprend que c'est de la botanique tropicale, c'est-à-dire de la science prospective et descriptive de la réalité végétale dans sa complète diversité, que l'on peut attendre les rectifications qui s'imposent. En cela, il s'accorde pleinement avec Francis Hallé. Du point de vue de la botanique, dont il se réclame dans l'introduction de son mémoire de thèse, tous ces travaux *mono-formalisés* méritent finalement la même critique en ce qu'ils ont toujours considéré la plante comme un « objet théorique »[2], c'est-à-dire comme un objet dont on pouvait abstraire les détails, les homogénéiser ou les ramener à des auto-similarités formelles (fractales), sans grande perte,

1. Les mathématismes inspirés de la théorie des catastrophes ou d'une théorie généralisée de l'information.

2. P. de Reffye, 1979, p. 9.

dans les représentations et dans les divers scénarios que l'on se proposait pour en expliquer la genèse. C'est, pourrait-on dire, cette hypothèse d'immédiate abstractabilité vis-à-vis de l'objet plante que conteste de Reffye. Le but, sans doute louable par ailleurs, de ces « modèles théoriques »[1] est bien d'« expliquer »[2] la ramification. Mais, pourrait-on ajouter, avec les progrès de la science descriptive afférente, il est clair pour de Reffye que ces modèles que le théoricien pouvait faire accepter par l'homme de terrain (agronome, botaniste) au moins dans un rôle d'analogies grossières mais inspirantes, sont désormais clairement réfutés dans leur prétention à dire ne serait-ce que la généralité des processus architecturaux. De Reffye rappelle ainsi qu'avant de chercher à expliquer, il faut apprendre à connaître un peu mieux ce que l'on cherchera à expliquer. Cette leçon d'empirisme pourrait nous paraître bien naïve et éculée si elle ne venait à une époque où la facilité de la recherche théorique et spéculative a été considérablement amplifiée, notamment par l'apparition et la multiplication de physicalismes nouveaux (énergie, entropie, théorie de l'information, systémique, ...) et de mathématismes inédits et toujours plus absorbants (catastrophes, fractales, catégories, ...). La « méthode des modèles » elle-même, on le comprend maintenant, sert parfois de paravent à ce genre de pratiques où la modestie d'une épistémologie modéliste déclarée cache mal un néo-mathématisme spéculatif bien souvent outré et stérile, car oubliant la diversité axiomatique qui pourtant le fonde et le borde désormais.

Après cette critique à la fois ciblée et générale des modèles théoriques physicalistes et des modèles théoriques mathématiques, de Reffye évoque avec plus d'intérêt ce qu'il appelle l'« école de Lindenmayer ». Selon lui, cette école « essaie de comprendre d'une façon générale la morphogenèse des êtres biologiques à partir d'une logique interne ou langage de développement »[3]. Alors que le modèle purement mathématique décrit, alors que le modèle théorique physicaliste promet une « explication », c'est-à-dire un dépliage, un déploiement du déroulement du phénomène en son processus physique, une explicitation de sa manière de procéder, le modèle théorique logique promet, pour sa part, une « compréhension », c'est-à-dire le déploiement et l'explicitation des raisons du phénomène en ses choix, en ses décisions et ses « contrôles »[4], ces raisons étant directement et uniquement formalisables en des règles linguistiques c'est-à-dire logiques ou « cybernétiques » pour employer le terme de de Reffye lui-même. Dans ce

1. *Ibid.*
2. *Ibid.*
3. *Ibid.*
4. *Ibid.*, p. 10.

troisième type de modélisation, il est ainsi fait abstraction des propriétés physiques du substrat pour ne se concentrer que sur les propriétés logiques qui en résultent. C'est donc bien une modélisation théorique à interpréter en un sens non physicaliste et plutôt à l'image d'une série de décisions prises par l'esprit humain. Cependant, dans ces modélisations logiques d'inspiration passablement anthropomorphe, il s'agit encore et toujours de théorie. Cela signifie que l'on ne part pas du phénomène observé mais que l'on part plutôt d'un « modèle logique » élaboré *a priori* et confronté seulement par la suite à des « réalisations biologiques censées fonctionner selon des processus analogues » [1]. Qu'elle vise une compréhension ou une explication par des finalités non intentionnelles, cette approche cybernétique et logique se penche toujours par principe sur un cas général d'emblée conceptualisable et, de ce fait, elle abstrait. Finalement, ce que de Reffye voit de réellement novateur dans l'approche de l'école de Lindenmayer est plutôt cette qualité dont nous avons montré que Lindenmayer lui-même le considérait au départ comme secondaire : la capacité de ce formalisme à se prêter facilement à des représentations graphiques réalistes sur ordinateurs [2]. La comparaison avec la réalité en est facilitée. Il présente également l'avantage de pouvoir prendre en compte les délais variables dans la croissance des rameaux. Il est donc plus souple qu'une modélisation physicaliste, platement causaliste. En tant que modélisation de la mise en place de la morphologie par la morphogenèse, il s'agit d'une modélisation dynamique qui est également capable de rendre compte de manière temporelle d'une séquence d'événements différenciés, séquence de modélisation qui se manifeste elle aussi comme temporelle dans la réalité. Cette *simulation algorithmique* supporte en partie ce que nous appelons le *mimétisme de trajectoire*. C'est bien en quoi on peut dire que ces modèles logiques simulent : ils rendent compte historiquement de l'historicité effective du phénomène. Cependant, et c'est là un problème majeur, les premiers systèmes proposés par l'école de Lindenmayer sont « certains » : du fait que l'on s'impose de les fonder sur une axiomatique récursive rigoureuse, ils modélisent les processus de ramification comme s'ils étaient déterministes. Ce qui n'est manifestement pas le cas au vu des observations de terrain, en ce qui concerne l'organogenèse. Il n'y a donc pas de possibilité de rendre compte facilement de la variabilité phénotypique de l'architecture. De Reffye rappelle en revanche la grande pertinence de la

1. *Ibid.*
2. « L'implication graphique de cette formule [de Frijters et Lindenmayer] est réalisée par un ordinateur. Ils aboutissent à des formes assez évocatrices de branchements », *ibid.*, p. 9.

notion de « phénotype statistique »[1] au sens des botanistes comme Hallé et Oldeman. Or, c'est précisément de cette variabilité dont de Reffye a voulu prioritairement rendre compte, cela d'abord afin d'affiner encore les prévisions de récolte et ensuite (pour la thèse d'Etat) afin de tendre vers un plus grand réalisme botanique.

Critiques des modèles biométriques

Finalement, attentif à la complexité des données de terrain, de Reffye se sent plus proche de l'esprit des biométriciens. Pourtant, il ne se réclame pas non plus directement de leur approche. Certes, l'avantage indéniable de la modélisation biométrique et statistique est qu'elle ne traite plus la plante comme un « objet théorique ». Elle la traite comme un objet « individualisé et étudié dans sa morphologie propre »[2]. En phase avec les observations de terrain dans leur richesse, elle permet une conservation de la variabilité du matériau mesuré. De Reffye se réclame alors de l'article de Legay de 1971 qui porte sur l'architecture du gui. Dans ce travail, Legay discute de la valeur du modèle du flux de sève de Rashevsky[3]. Legay essaie de généraliser ce modèle en l'appliquant à tous les axes ramifiés des ordres 1 à n. Pour le valider, il a recours à de nombreuses mesures expérimentales, parmi lesquelles figurent la longueur, le diamètre et le nombre de ramification des rameaux de gui. Il pratique donc une approche de type biométrique. Quand il lit de près ces tableaux, il lui apparaît que, davantage que la section des rameaux, c'est leur volume qui se maintient approximativement constant. Legay termine alors son article par une discussion générale sur l'enseignement de ce type d'étude. Il y relativise le rôle du modèle en un sens clairement *instrumentaliste*. Quels qu'ils soient, *les modèles ne sont que des outils*, en l'espèce des instruments finalisés. Ils sont *a priori* orientés vers la détection et l'expression d'un seul aspect de la réalité : dans notre cas, soit une lecture métabolique au niveau organique (loi de Rashevsky), soit une lecture physiologique et cellulaire de la morphogenèse végétale (modèle de Legay). Il faudrait ainsi renoncer au projet de concevoir un modèle général de la ramification.

Or, il est très instructif de mettre en évidence l'interprétation que de Reffye fait de ce travail précis. Elle révèle une grande distorsion, très

1. *Ibid.*
2. *Ibid.*
3. J. M. Legay, « Contribution à l'étude de la forme des plantes : discussion d'un modèle de ramification », *Bulletin of Mathematical Biophysics*, vol. 33, 1971, p. 387-401.

symptomatique, en ce qui concerne l'enseignement épistémologique que l'on doit en tirer. Dans un premier temps, il loue le travail de Legay pour cette approche empirique et inductive qui vise à recueillir sur la plante elle-même une architecture distincte. Le gui a de plus une forme architecturale peu répandue qui impose la conception d'une approche sans *a priori* réducteur. De Reffye admet ainsi que l'espèce végétale étudiée a la vertu d'orienter le modélisateur vers une approche plutôt que vers une autre. Il conçoit par là le fait que le caféier ait joué le même rôle à son égard. Mais, dans un deuxième temps, de Reffye ne fait pas sienne cette idée que les modèles ne seraient que des « instruments finalisés ». Il interprète en un tout autre sens que son auteur les résultats de l'article. Il ne retient des derniers mots de l'auteur que la critique qu'il fait des *modèles proposés* et non la critique de la *notion de modèle en général*. Avec Legay, de Reffye admet sans réserve que les modèles inspirés de Rashevsky sont insuffisants pour décrire la complexité du réel. Mais c'est la *trop grande simplicité du modèle de Rashevsky* qui est à incriminer pour de Reffye, alors que, pour Legay, c'est *l'approche par modèle mathématique global* qui est de toute façon sujette à caution, parce qu'elle est toujours par elle-même simplifiante. Devant les mêmes résultats, les conclusions sont donc diamétralement opposées. De Reffye tire de cet article une conclusion épistémologique inverse de celle que tirait Legay. Au regard de l'histoire des idées, il faut bien sûr considérer cette contradiction avec prudence : elle n'est pas le fruit d'une lucidité précoce et programmatique, qui se révèlerait en fait fort peu commune pour l'époque, car de Reffye dispose déjà d'un modèle universel fragmenté et calibré, quand il écrit cette introduction. Mais, malgré sa formulation après coup, et de par son caractère conscient et approfondi, elle a le mérite de nous révéler clairement la nature des débats théoriques et méthodologiques sur le statut des modèles de croissance. C'est en fait parce que de Reffye développe ses simulations *sur le terrain*, aux côtés des expérimentations agronomiques, donc en compétition directe avec elles, qu'il a le souci constant de la réplication. Contrairement à Legay, il relègue donc au second plan l'explication physiologique ou biologique, fût-elle partielle. L'horizon dans lequel les simulations de de Reffye prennent sens est avant tout de nature opératoire et non immédiatement cognitif (là apparaît clairement, par contraste, le redoutable moteur de prématurités conceptuelles que peut parfois devenir l'épistémologie instrumentaliste du modèle-outil malgré ses dénégations à ce sujet) : son usage de l'ordinateur est étroitement associé au développement de *simulations sur le terrain* et qui viennent d'abord en complément des apports empiriques du terrain. Du fait de sa décision épistémologique antérieure, de

Reffye voit dans les distributions statistiques le moyen de remonter aux lois probabilistes qui les conditionnent puis de les simuler en synthétisant des données. C'est parce qu'il vise avant tout à développer un outil rapidement efficace de sélection de plantes, dans leurs singularités et sur le terrain, qu'il oriente son modèle mathématique vers la simulation de la croissance et non vers l'explication condensante et à échelle physiologique des processus en cause[1].

Du point de vue botanique la réussite principale de ce travail de simulation universelle de de Reffye tient dans sa capacité à simuler la totalité des différents modèles architecturaux de Hallé et Oldemann. Avec l'approche centrée sur l'individu qu'est le bourgeon (approche dite également du bas vers le haut ou *bottom-up*), de Reffye a montré qu'il est possible de reconstituer, avec le même programme, l'ensemble des stratégies de croissance différenciées présentes dans les 24 modèles architecturaux. Du point de vue agronomique, la réussite de cette simulation universelle tient non seulement dans sa capacité à mettre en avant et à permettre d'extraire les caractères précoces des performances en fructification des clones, ainsi que les variabilités inter-clonale et intra-clonale associées, mais aussi dans sa capacité à prédire très précisément la production annuelle moyenne d'un clone de caféier donné : de Reffye trouve une corrélation de 98% entre ce qui est observé et ce qui est simulé. Néanmoins, si ce travail de modélisation et de simulation montre que l'architecture est bien définie à un âge donné, elle montre aussi que, pour une individu, la floraison, et donc la production, reste fortement dépendante du climat. Certaines anomalies des essais agronomiques trouvent là leur explication. L'optimisation à partir du rapport architecture/rendement reste possible si on la conçoit au niveau de l'espérance mathématique. Donc, même si elle s'est montrée capable d'expliquer et de contourner ponctuellement les insuffisances de la méthode des plans d'expériences, la solution de modélisation de de Reffye ne paraît pas susceptible de la remplacer toutes affaires cessantes et sans condition. Il faudrait encore améliorer la prise en compte des interactions avec l'environnement au cours de la croissance. D'autre part, ce qui est lié, la simulation de peuplements d'arbres (les plantes ne poussent pas isolées) et non plus seulement d'individus, se révèle au-delà des capacités des HP 9825, même dotés d'extensions de mémoire. C'est un des premiers échecs que rencontre de Reffye : sa

1. P. de Reffye, 1979, *op. cit.*, p. 15 : « L'objet du présent travail est d'aborder l'architecture sur un plan numérique en tenant compte au maximum des données botaniques de la répartition et du fonctionnement des bourgeons d'une plante donnée ».

méthode de simulation, si elle est calibrée sur le terrain et devient botaniquement très réaliste, semble ne pas permettre le passage à l'échelle des peuplements ou des plantations, c'est-à-dire à l'échelle réellement agronomique.

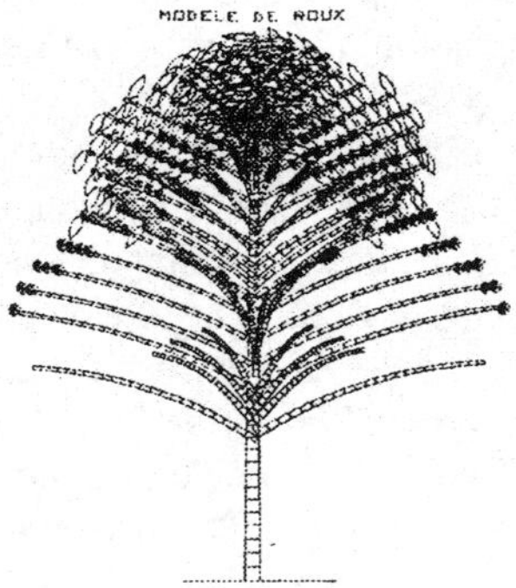

CAFÉIER DESSINÉ SUR TABLE TRAÇANTE (MODÈLE ARCHITECTURAL DE ROUX). On y distingue nœuds feuillés et nœuds fructifères. La flexion des axes est également calculée de manière réaliste. Tiré de la thèse de P. de Reffye, 1979, p. 166.
Reproduction aimablement autorisée par l'auteur.

RÉCEPTION MITIGÉE (1979-1981)

Ce programme de simulation universelle de l'architecture en croissance obtient rapidement un certain succès du côté des botanistes qui sont pourtant peu habitués aux équations mathématiques. De fait, les simulations graphiques font beaucoup pour la persuasion de certains de ses collègues encore très réfractaires à toute formalisation en botanique : de Reffye découvre ainsi le formidable pouvoir de communication et de persuasion que lui permettent ces mises en images de la modélisation fragmentée. Le trouble et l'admiration que ces images causent se transmettent également aux supérieurs hiérarchiques de de Reffye. Ces derniers commencent à considérer qu'ils ont là un chercheur de premier plan, même si, dans les deux années qui suivent, ils ne trouvent pas à l'employer ailleurs que dans un même contexte de science appliquée. D'autant plus que l'approche de de Reffye ne fait tout de même pas l'unanimité dans la mesure où il rencontre inévitablement les critiques des écophysiologistes. Ces derniers lui reprochent de faire de la science spectacle, de ne se livrer qu'à une modélisation platement descriptive alors qu'il faudrait s'intéresser aux véritables mécanismes et facteurs en jeu dans la croissance : température, humidité, nutrition, mécanismes de fonctionnement des bourgeons… Il ne les convainc pas du tout lorsqu'il invoque le fait que sa modélisation probabiliste rend indirectement compte des « causes » génétiques et qu'en cela elle serait supérieure à l'approche phénoménologique des modèles statistiques classiques.

À cette même époque, de Reffye subit également un échec qui l'affecte assez profondément : son refus au concours d'entrée à l'INRA comme chargé de recherche. Il avait décidé de miser sur son travail antérieur de modélisation stochastique et fragmentée de la pollinisation du cacaoyer par les insectes. Le fait que l'application en agronomie soit, pour ce travail, d'ores et déjà incontestable est un facteur important. Il rédige donc un document de synthèse à l'attention du jury : comme à son habitude, il présente un travail de modélisation fragmentée en deux parties, celle des moments favorables de la plante, puis celle du comportement des insectes, la *combinaison informatique des deux modélisations* permettant une prévision de la pollinisation et donc de la fructification. Mais le jury, constitué essentiellement de biologistes et d'agronomes, semble totalement désorienté par cette approche très inhabituelle : la modélisation stochastique par la théorie des files d'attente lui est notamment très peu familière. Le document lui paraît d'ailleurs mal présenté et assez abscons. La grande majorité du jury n'est donc pas convaincue. De Reffye n'est pratiquement soutenu que par deux chercheurs rattachés au « secteur végétal », dont Jean Bouchon, et Alain Coléno, alors directeur du « département de pathologie végétale » de l'INRA. Coléno, biométricien et statisticien, reconnaît en particulier une valeur indéniable au raisonnement général du candidat, même s'il avoue ne pas pouvoir suivre dans le détail l'approche informatique.

Cet épisode révèle assez combien la modélisation fragmentée doublée d'une simulation visuellement réaliste sur ordinateur peut, à l'époque, recevoir un écho mitigé : l'intérêt scientifique apparaît très peu évident aux yeux de l'INRA. De Reffye restera longtemps assez dépité de la décision prise. Sur le moment, il ressent durement ce refus de l'INRA. Il en conçoit une certaine amertume par rapport à sa vocation de chercheur dont il doute régulièrement. Bientôt cependant, une opportunité de rentrer en France, tout en restant dans son institution d'accueil, mais en tant que directeur de l'informatique, s'offre à lui. Et il choisit d'accepter ce qu'on lui propose. Ce qui risque bien de l'éloigner à tout jamais de la recherche. Malgré des débuts donc peu prometteurs voire très alarmants, du point de vue du développement de la simulation informatique, cette période de l'histoire de la modélisation des plantes va pourtant se conclure sur une formidable reconnaissance et une considérable diffusion de ses pratiques dans de nombreux secteurs de la recherche. Née sur le terrain agronomique, la simulation va devenir en elle-même un *véritable terrain d'expérimentation* pour de nombreux autres domaines. Avec le retour de de Reffye en France et la création de son laboratoire propre, on peut ainsi dire à bon droit que l'on passera de « la simulation sur le terrain » au « terrain de la simulation ». La simulation deviendra en effet un terrain en deux sens : elle sera une technique de modélisation qui deviendra le terrain, le lieu de jonctions et de convergences tout à fait nouvelles et privilégiées entre des approches de la plante jusque là éloignées entre elles, comme celles de l'informatique graphique, du paysagisme, de la botanique, de la foresterie, de la sylviculture, de l'écophysiologie ou de l'arboriculture. Au cours des années 1990, nombre de ces pratiques au départ hétérogènes vont se sentir tour à tour dans l'obligation de s'appuyer opportunément sur l'approche de de Reffye : elles vont se joindre les unes aux autres sur ce lieu commun, sur ce « sens commun » du second genre, sur ce nouveau *terrain commun* qu'est la simulation réaliste de la plante individuelle. Cette convergence technique et institutionnelle est rendue possible parce que la simulation est devenue, entre-temps et plus profondément, un terrain en un autre sens : elle est *le terrain d'expérimentations virtuelles*. Elle est le double d'une réalité empirique complexe qu'elle peut parfois remplacer avantageusement pour ces diverses disciplines ou pratiques qui se rendent compte, à peu près au même moment, qu'elles doivent prendre en considération la plante au niveau individuel et que, pour collaborer, elles ne peuvent décidément pas se contenter de partager un créole commun mais qu'elles doivent partager jusqu'à un *objet substitutif commun*. Certes, cette idée d'une *expérimentation virtuelle* peut choquer et sembler excessive. Pourtant les artisans de cette convergence et de cette consolidation de la simulation des plantes en France vont la revendiquer, malgré de fortes réticences épistémologiques souvent relayées par les épistémologies philosophiques elles-mêmes, et lui donner une forme de crédibilité bien particulière qu'il nous faut pour cela explorer dans son établissement. Il sera ainsi hautement instructif pour nous de retracer les événements et les conditions institutionnelles, conceptuelles et techniques qui ont permis ce revirement, cette *convergence décisive* et cette consolidation assez inattendues *a priori* : ce sont eux seuls qui expliquent comment la simulation informatique des plantes sortira définitivement du stade des spéculations théoriques en se substituant aux anciens modèles, en particulier en France, au cours des années 1990, malgré les résistances (dont un *iconoclasme épistémologique* bien ancré) que, sous cette nouvelle forme, elle va encore rencontrer.

CHAPITRE V

CONVERGENCE ENTRE SIMULATION INTÉGRATIVE ET INFORMATIQUE GRAPHIQUE

A partir de 1985, malgré un temps d'arrêt et de latence de presque cinq ans, la rencontre avec l'informatique graphique, en la personne de Jean Françon de l'Université Louis Pasteur (Strasbourg), contribue à faire redémarrer de manière éclatante la recherche en simulation architecturale universelle dans cette institution qui se nomme désormais le CIRAD. Au delà des produits logiciels qui seront rapidement dérivés de cette convergence finalement précoce, le CIRAD comprend assez vite les différents avantages qu'il y a à maintenir et valoriser une recherche moins directement appliquée en son sein. Comme nous le verrons, le souci de voir la simulation se conformer au réel botanique ne fléchit pourtant pas dans ce contexte et, c'est même le réalisme physiologique qui, à son tour, est demandé et stimule de nouveaux développements informatiques et botaniques (logiciel avec traitement parallèle des bourgeons). Dans ce contexte, la question de la validation d'une simulation qui commence à se complexifier considérablement devient alors un enjeu technique et épistémologique majeur.

C'est en 1980 qu'est décidée la création du GERDAT, le *Groupement d'Enseignement et de Recherche pour l'Agronomie Tropicale*. L'ingénieur agronome Henry-Hervé Bichat est nommé directeur de ce nouvel EPIC (Établissement Public à caractère Industrielle et Commercial) qui rassemble la dizaine des instituts de recherche tropicale, dont l'IFCC (appelé IRCC à partir de 1983), dédiés à diverses filières de production : végétale, animale, forestière, caféière... Pendant trois ans Bichat va travailler à faire du GERDAT ce qui sera nommé à partir de 1984 le

CIRAD : *Centre de Coopération Internationale et Recherche Agronomique pour le Développement.* Il perçoit rapidement la nécessité et l'intérêt d'une informatisation précoce de son institution. Les compétences annexes de de Reffye vont être mises à contribution. Il sera directeur de l'informatique au GERDAT puis au CIRAD. Ce qui, pendant un temps, va avoir pour effet de donner un coup d'arrêt à ses recherches en modélisation des plantes, tout en lui donnant une place privilégiée au sein de son institution.

Pendant cette période d'arrêt de ses recherches, de Reffye s'astreint tout de même à publier sa thèse. Il le fait dans quatre numéros successifs de la revue *Café, Cacao, Thé*, entre juin 1981 et mars 1983. Mais, comme pour ses premiers articles de modélisation publiés dans la même revue technique, l'écho qu'il en reçoit est, dans un premier temps, assez faible. Les articles de cette revue sont pourtant répertoriés dans le système international des *Current Contents*. Mais les articles de de Reffye sont en français et restent donc peu accessibles aux chercheurs étrangers. À ses heures perdues, avec l'aide de l'informaticien Joël Sor, qu'il avait lui-même recruté au CIRAD, il traduit le programme de 1979 en FORTRAN de manière à ce qu'il soit portable sur d'autres machines.

LE REDÉMARRAGE DE LA RECHERCHE EN SIMULATION ARCHITECTURALE (1985-1991)

À l'automne 1985, les choses en sont là lorsqu'un informaticien de l'Université Louis-Pasteur de Strasbourg, Jean Françon (né en 1936), entre directement en contact, par téléphone, avec de Reffye. C'est ce contact tout à fait décisif qui va, par la suite, le replonger dans la recherche à temps plein. Revenons un moment sur le parcours de Françon et sur ses propres motivations. Après une formation universitaire en mathématiques et un DEA de physique au début des années 1960, Françon était devenu ingénieur au centre de calcul de Strasbourg (rattaché au Centre de Recherche Nucléaire de Strasbourg qui fera ensuite partie de l'IN2P3). En 1979, il avait soutenu une thèse d'État en combinatoire énumérative, en particulier sur des problèmes d'algorithmique liés à des questions de tri. L'informatique est alors pour lui une science à part entière et qui, en tant que telle, a certes besoin des mathématiques mais ne se confond pas avec elles. Dans son rapport avec les mathématiques, l'informatique possède pour lui un statut comparable à celui des sciences de la nature comme la physique. À l'époque, le point de vue de Françon sur ce sujet se trouve très marginal en France. Il sera pourtant nommé professeur d'informatique en 1980 à l'Université de Haute-Alsace, à Mulhouse, puis en 1985, à l'Université

Louis Pasteur de Strasbourg, mais essentiellement pour y enseigner l'informatique graphique. C'est alors dans un souci constant de lier des réflexions d'informatique théorique avec des solutions existant dans la nature ou dans les théories des sciences de la nature, que Françon lit de près Horton, Léopold, Strahler et les combinatoriciens qui ont développé la théorie des nombres de Strahler, théorie des arborescences qu'il trouve très étroitement apparentée aux problèmes informatiques de tri. L'algorithmique doit donc aller à l'école des sciences de la nature : le fait qu'elle le puisse déjà pour certains problèmes de tri ou de recherche de données est une preuve suffisante pour Françon qu'elle n'est pas réductible à un sous-secteur des mathématiques.

En 1983 et 1984, Françon est informé des divers travaux d'informatique graphique qui commencent à se fonder sur des systèmes de Lindenmayer. Et il suggère que la combinatoire énumérative, science des arbres formels, peut faire bien mieux que les L-systèmes ou que les simples rapports d'auto-similarité géométrique des fractales[1]. Il sent qu'il peut apporter quelque chose de nouveau. À cette époque, il se lance, avec ses doctorants, dans des travaux sur ce qu'il appelle alors la « modélisation combinatoire » de plantes figuratives. Comme il existe des théorèmes ou des algorithmes de combinatoire énumérative puissants qui permettent de tirer directement un arbre binaire de taille donnée dans l'ensemble de tous les arbres binaires de cette taille, le caractère génératif et pas à pas des L-systèmes peut sembler être, sur ce point, avantageusement court-circuité. Et l'on revient déjà ainsi de la simulation au modèle. Françon oriente un de ses doctorants sur cette piste, Georges Eyrolles qui soutient en 1986 sa thèse de troisième cycle intitulée *Synthèse d'images figuratives d'arbres par des méthodes combinatoires*. Il s'agit bien d'une modélisation combinatoire : la conformité à la réalité botanique n'y est pas recherchée. C'est encore là aussi la commodité algorithmique et la rapidité qui restent le but avoué. Dans ce contexte, la notion d'« image figurative » sert à désigner les images de synthèse qui « figurent » une plante, qui font illusion pour le non connaisseur, c'est-à-dire qui ressemblent qualitativement et très globalement à une plante réelle mais qui se distinguent encore fortement des images fidèles au détail botanique.

1. *Cf.* J. Françon, « Sur la modélisation informatique de l'architecture et du développement des végétaux, dans *Naturalia Monspeliensa*, IIe Colloque international sur l'arbre, 10-15 sept. 1990, C. Edelin (éd.), n° hors série A7, Montpellier, p. 239 : « Je pense que la notion de système de production ou de récursivité dans la topologie d'une ramification est plus pertinente, pour la botanique aujourd'hui, que la seule auto-similarité géométrique ».

Or, en mai 1984, il se trouve que, dans la revue *Computer Graphics and Applications* de l'IEEE (Institute of Electrical and Electronics Engineers), paraît un article important de deux japonais, Masaki Aono et Tosiyasu L. Kunii[1], respectivement ingénieur auprès de l'Institut de Recherche Scientifique d'IBM-Japon et enseignant-chercheur en poste au Département d'Informatique de la Faculté des Sciences de Tokyo. Ce travail approfondi et impressionnant par les images qu'il produit fait la synthèse des approches de modélisation mathématique *a priori*, qu'elles soient de type combinatoire, logique (Lindenmayer) ou encore géométrique (Honda et Fisher). Le but affiché par les infographistes japonais est de produire des images d'arbres très réalistes du point de vue de la botanique. Ayant montré la trop grande rigidité des L-systèmes, ils recourent au formalisme des arbres binaires et ternaires en l'associant à des règles géométriques (angles de ramification, rapports d'élongation) proches de celles de Hisao Honda. Ils assurent le caractère très réaliste de leurs simulations géométriques par des comparaisons effectuées avec des photographies de plantes réelles, comparaisons évaluées au moyen de techniques statistiques. Ils calibrent ainsi leurs modèles géométriques *a posteriori*. C'est donc *par le haut*, pourrait-on dire, qu'ils assouplissent les modèles mathématiques alors que de Reffye était parti d'emblée d'une adaptation optimale *par le bas*, c'est-à-dire à partir des méristèmes. En tous les cas, ce que démontre cet article de manière remarquable, c'est que, quand bien même on voudrait conserver une approche par modélisation théorique, la solution purement combinatoire paraît déjà dépassée.

En fait, Françon a toujours la réalité botanique en vue : il souhaiterait du répondant de la part de véritables botanistes. Or, les informaticiens Aono et Kunii travaillent encore uniquement pour l'infographie. Ils pratiquent des « trucs » de programmeurs, avec une technique certes très avancée et surtout dramatiquement inaccessible à l'Université française, d'un point de vue financier. Mais, au regard de l'approche scientifique, on peut tout au moins leur reprocher d'ignorer la réalité botanique. Toujours est-il qu'à ce moment-là, Françon ne voit pas comment sortir du sentiment d'insatisfaction qu'il éprouve face aux modèles mathématiques *a priori* qu'utilisent massivement ses collègues. Ce sont finalement des collègues botanistes qui, à sa demande insistante, lui feront connaître les seules publications alors disponibles de de Reffye : celles de la revue *Café, Cacao, Thé*.

1. M. Aono, T. L. Kunii, « Botanical Tree Image Generation », *IEEE CG&A*, may 1984, p. 10-34.

C'est un choc pour Françon. Pour lui de Reffye propose mieux qu'un modèle puisqu'*il réplique le détail*. À partir de ce moment-là, contre l'avis même du principal intéressé qui, pour sa part, pense être loin d'avoir accompli sa tâche, Françon soutiendra constamment, et avec un certain esprit polémique, l'idée que de Reffye est le « Newton du brin d'herbe » [1]. En 1991, dans son intervention au colloque sur *L'Arbre* de Montpellier, après avoir rapidement présenté les approches de modélisation des plantes au moyen de L-systèmes, voici comment il s'exprimera :

> [L'objectif de de Reffye] requiert que la modélisation soit validée dans tous ses détails par des observations et des mesures (métriques mais surtout de durées d'élongation) précises sur le terrain, ce qu'aucune autre méthode n'a fait. Cette méthodologie est celle des sciences physiques. C'est pourquoi je considère que la modélisation de Philippe de Reffye est à mettre au rang d'une théorie validée expérimentalement. [2]

Donc en 1985, Françon fait valoir à de Reffye l'idée que l'infographie est dans l'impasse et qu'elle a besoin de son approche d'ingénieur pour faire pièce à tous les trucs que les programmeurs emploient pour faire « vrai » et qu'il juge de peu valeur théorique. De son côté, de Reffye répond que son logiciel de visualisation n'avait pas été spécialement conçu pour faire concurrence aux solutions des infographistes et que la simulation visuelle sert surtout à *prouver*, aux yeux des botanistes et agronomes, la validité du modèle informatique sous-jacent. Mais, dans ce rapprochement que lui propose Françon, il voit une forte convergence d'intérêts, même s'ils sont différents pour l'un et l'autre : accepter une collaboration serait pour lui une manière de poursuivre la modernisation et l'extension de son logiciel initial afin de voir s'il ne serait pas ainsi plus performant et donc mieux accueilli, en agronomie notamment. Cette rencontre décisive va se concrétiser très vite : d'abord par la venue de deux doctorants en informatique, puis par le redémarrage de la recherche en simulation

1. Communication personnelle du 4 mai 2001. C'est une allusion à la célèbre phrase de Kant. Voici le passage de Kant : « Il est, en effet, bien certain, que nous ne pouvons même pas connaître suffisamment les êtres organisés et leur possibilité interne d'après de simples principes mécaniques de la nature, encore bien moins nous les expliquer ; et cela est si certain, que l'on peut dire hardiment qu'il est absurde pour les hommes de former un tel dessein ou d'espérer, qu'il surgira un jour quelque Newton qui pourrait faire comprendre ne serait-ce que la production d'un brin d'herbe d'après des lois naturelles qu'aucune intention n'a ordonnées ; il faut au contraire absolument refuser ce savoir aux hommes », E. Kant, *Critique de la Faculté de Juger*, 1790, trad. fr., A. Philonenko, Paris, Vrin, 1989, § 75, p. 214-215.

2. Françon (J.), 1991, art. cit., p. 242.

architecturale et enfin par la création d'un laboratoire dédié à ces travaux au sein du CIRAD.

THÈSE DE JAEGER : MODÈLE EN PRÉFIXÉ ET SYNTHÈSE D'IMAGES BOTANIQUES (1987)

Marc Jaeger (né en 1962) sera le premier doctorant de Françon en ce domaine. Mais il travaillera surtout sur place, au CIRAD de Montpellier. Le laboratoire universitaire de Strasbourg est en effet dépassé pour des raisons financières. Dès 1985, le CIRAD peut en revanche lui fournir un mini-ordinateur Data-General et un écran Tektronix. Jaeger a pour directives de reprendre les algorithmes de la thèse de de Reffye, de les programmer en FORTRAN et de fournir le plus tôt possible des images qui puissent être montrées dans un prochain colloque SIGGRAPH, en concurrence avec celles déjà obtenues par les japonais Aono et Kunii, notamment. Il faut montrer au plus vite la valeur de cette solution. Or, voir une publication acceptée au SIGGRAPH est quelque chose d'exceptionnel pour des Français : la plupart des propositions sont rejetées, tant la concurrence est féroce. L'enjeu de cette première thèse bi-disciplinaire est donc de prouver la valeur de la solution et de la médiatiser. C'est une des raisons pour lesquelles la théorie botanique ne sera pas affinée par rapport à la thèse de de Reffye. En 1985, afin de formaliser cette activité de recherche, le CIRAD crée, au sein du « Centre Informatique » du CIRAD nouvellement renommé GERDAT[1], le « laboratoire de modélisation des plantes ». Françon, connaissant les us et coutumes du monde de l'informatique et de l'infographie, conseille tout de suite au CIRAD de donner un nom accrocheur au laboratoire. Il pourra servir également d'emblème au produit logiciel qui devra en sortir. De Reffye propose qu'on le baptise AMAP : Atelier de Modélisation de l'Architecture des Plantes. Au départ, l'AMAP n'est donc constitué que de de Reffye, Marc Jaeger, René Lecoustre, un agronome qui avait travaillé sur la pollinisation avec lui et était rentré en même temps que lui de Côte-d'Ivoire, et Evelyne Costes, une jeune botaniste effectuant son doctorat sur l'analyse architecturale et la modélisation du litchi à l'Université des Sciences et Techniques du Languedoc (USTL), à Montpellier. Cette dernière y travaille avec Francis Hallé, devenu entre-temps directeur du Laboratoire de Botanique. Elle est aux côtés du botaniste Claude Edelin qui vient de soutenir ses deux thèses à la même

1. GERDAT signifiera cette fois-ci Gestion de la Recherche Documentaire et Appui Technique.

université sur l'architecture des conifères (thèse de 3e cycle : 1977) puis sur l'architecture monopodiale et les formes réitérées automatiquement (thèse d'Etat : 1984). Ayant été récemment recruté à l'USTL, il peut lui aussi suivre de près le travail d'AMAP. Le rôle des botanistes de l'école de Hallé va consister d'abord à préciser et consolider les concepts de la simulation et à les étendre à de nouvelles plantes. AMAP naît donc autour d'une collaboration entre le CIRAD, l'Institut de Botanique de Montpellier, l'ULP mais aussi le Laboratoire de Recherches Informatique (CNRS) de Paris-Sud dirigé par Claude Puech, collègue de Françon. Puech sera ainsi un des rapporteurs de la thèse de Jaeger.

Dans ce premier travail de Jaeger, c'est au titre de méthode constructive, *bottom-up* ou « de bas en haut », que l'approche procédurale, au sens informatique du terme [1], est choisie au détriment d'une programmation orientée objets [2] fondée sur des classes d'objets hiérarchiquement ordonnées et qui aurait pu déjà lui être opposée. Cette approche procédurale reprend la construction de la plante à partir de la modélisation stochastique des méristèmes, donc par le détail et non à partir de définitions préalables d'objets botaniques de niveaux intermédiaires.

Un des apports conceptuels majeurs de la thèse de Jaeger consiste surtout en la séparation nette et explicite entre la *topologie* de la plante, gérée par le moteur de croissance, et sa *géométrie*, gérée par un module autonome compatible avec une chaîne de visualisation infographique standard. Ainsi, il approfondit, tout en l'acclimatant à des données botaniques réelles, la distinction qu'un ingénieur du *Computer Graphics Lab*, Alvy Ray Smith, avait préalablement introduite, mais seulement alors pour tenter de résoudre informatiquement le vieux problème d'interprétation géométrique des L-systèmes [3]. Avec ce travail, ce sont donc les langages évolués et structurés, le FORTRAN puis le C, qui, petit à petit, commencent à prendre en charge la communication jusque là houleuse ou impossible entre les différents formalismes (topologique stricte, probabiliste et géométrique). Jaeger, en suivant les pas de de Reffye, découvre que la traduction d'un algorithme en un langage différemment structuré oblige à penser et à faire construire autrement le modèle par l'ordinateur. Les structures informatiques servent alors de lieux formels de médiation, de schèmes médiateurs entre des axiomatiques hétérogènes. Le modèle n'est pas

1. Programmable par ordinateur au moyen d'une série d'actions définies par des procédures élémentaires.

2. *Cf.* glossaire : « programmation orientée objets ».

3. A. R. Smith, « Plants, Fractals, and Formal Languages », Computer Graphics, vol. 18 (3), July 1984, p. 2.

seulement traduit en un langage informatique. Il est clarifié, complexifié, rendu communiquant et, même ici, rendu possible, dans la mixité de sa conception même, par la programmation. Ce que montre d'ailleurs très vite l'informatisation structurée dans le cas de l'AMAP, c'est que la classification très qualitative de Hallé et Oldeman serait peut-être même à réorganiser, comme le suggère Claude Edelin à l'époque [1].

Dans cette première version commerciale du logiciel, on n'a pas encore affaire à une simulation à mimétisme de trajectoire. À chaque pas de temps, la dynamique de la simulation ne peut pas être mise en correspondance avec la dynamique de croissance de la plante [2]. Car il faudrait pour cela traiter tous les nœuds en parallèle comme c'est le cas dans la réalité. Les méristèmes d'une plante réelle appartenant à différents rameaux évoluent de manière corrélée et non séquentielle. Le temps passe pour eux, « en même temps », si l'on peut dire. Or, la solution qui est d'abord retenue par Jaeger consiste à générer le végétal nœud par nœud à un âge préfixé (fixé à l'avance). C'est seulement lorsque tous les nœuds d'un même axe et ses rameaux sont morts ou ont atteint l'âge limite que ce que les chercheurs de l'AMAP appellent le « moteur de croissance » informatico-mathématique passe à l'axe voisin. La solution d'une récursivité véritable n'est donc pas choisie malgré le projet déjà ancien de de Reffye en ce sens. Cette solution est simple à manipuler et requiert peu de ressources en mémoire. Mais pendant le calcul, la forme transitoire obtenue ne doit pas être affichée car elle ne ressemble pas à un arbre réel. Il demeure impossible de simuler la gêne entre axes puisque chaque axe est « calculé » jusqu'au bout avant que le suivant ne le soit. Et donc tout méristème « ignore » tout de son environnement. Cette simulation n'est donc pas encore botaniquement réaliste dans son *processus* dynamique même, bien que dans ses divers *résultats figés*, à chaque âge final fixé, elle le soit assez rigoureusement.

Avec ce travail, selon l'expression d'un article collectif des membres de l'AMAP, dès le milieu des années 1980, le laboratoire tient à disposition des chercheurs de véritables « maquettes informatiques » [3] visualisables en

1. Pour Edelin, certains modèles architecturaux de Hallé seraient plus proches que d'autres et seraient ainsi à regrouper sous quelques « super-modèles ». Le modèle dit « informatique » nous permettrait de les spécifier plus pertinemment du point de vue botanique. *Cf.* M. Jaeger, *Représentation et simulation de croissance des végétaux*, Thèse d'informatique, Université Louis Pasteur, Strasbourg, p. 133.

2. Ce qui montre qu'une simulation *par* dynamique n'est pas toujours une simulation *de* dynamique.

3. D. Barthélémy, F. Blaise, T. Fourcaud, E. Nicolini, « Modélisation et simulation de l'architecture des arbres : bilan et perspectives », *Revue Forestière Française*, n°spécial de 1995, vol. 47, p. 71.

trois dimensions. Elles sont intégrées dans des scènes où peuvent figurer des bâtiments, des villes... Elles peuvent présenter de véritables jardins botaniques virtuels. Pour la première fois, et à la différence des précédentes tentatives (comme celle de Aono et Kunii), des simulations de l'architecture des végétaux ont de plus une véritable assise botanique. Certains spécialistes comme Hallé lui font confiance alors qu'ils étaient restés sceptiques face aux essais purement théoriques et *a priori* fondés sur les fractales ou les L-systèmes. Hallé n'était pourtant pas resté réfractaire aux approches informatiques. Il avait même rencontré Lindenmayer entre 1975 et 1978, lors de certaines visites à son collègue Oldeman qui était alors en poste aux Pays-Bas. Mais les deux chercheurs ne s'étaient pas entendus sur les termes d'une éventuelle collaboration, en partie à cause de l'approche trop formaliste de Lindenmayer. Au contraire, Jaeger et de Reffye convainquent d'autant plus Hallé et ses élèves botanistes que leurs simulations bénéficient d'une visualisation encore nettement améliorée grâce aux nouveaux écrans. Le principe de la validation par « l'œil de l'expert » invoqué par de Reffye vaut plus que jamais.

Mais, en dehors de l'école de Hallé, l'engouement des botanistes reste mitigé, à l'époque. Les agronomes et les écophysiologistes sont encore moins séduits. Pour tout dire, le premier intérêt du logiciel de Jaeger vient surtout du fait qu'il se prête à des applications qui ne sont pas d'abord agronomiques ni même botaniques : elles sont médiatiques. Ses créateurs en sont très conscients : la valorisation en sera facilitée d'autant. Très rapidement, la médiatisation du travail de de Reffye et Jaeger est considérable. Le logiciel, résultat de cette thèse, a été vendu sur la base de contrats passés avec des sociétés spécialisées en imagerie de synthèse, dont la SESA et ce, sous le nom d'AMAP, avec la licence du CIRAD. Il constitue ainsi une aide à la décision pour le professionnel en urbanisme paysager. Certains logiciels de Dessin Assisté par Ordinateur (DAO) proposent les fonctionnalités d'AMAP pour la synthèse d'images. Ce travail attire une grande attention au Forum des Nouvelles Images de Monte-Carlo de février 1987. De nombreuses images créées avec AMAP sont publiées dans les revues grand public. Les résultats graphiques de cette nouvelle approche font beaucoup pour sa popularité et surtout pour la renommée mondiale du CIRAD. Les préoccupations agronomiques semblent alors très lointaines... Beaucoup de clients japonais se servent des simulations de l'AMAP dans des problématiques paysagères, de conception de jardins botaniques ou d'animation. Même si, comme on l'a vu, la simulation géométrique des plantes a eu sa source au Japon, ce qui manque en effet aux japonais en cette fin des années 1980, c'est une plus grande fidélité à la botanique. C'est précisément ce que propose AMAP avec son module topologique intégrant l'approche par processus stochastiques. AMAP va donc bénéficier très vite de ce fort engouement. De par cette capacité à valoriser un produit de la recherche, le CIRAD réussit une belle opération qui ne lui attirera pas que des sympathies. Enfin, en 1988, Puech et Françon réussissent à faire accepter un premier article de l'AMAP au colloque SIGGRAPH[1]. L'année 1988 voit donc une sorte de consécration de l'AMAP dans le domaine de l'infographie.

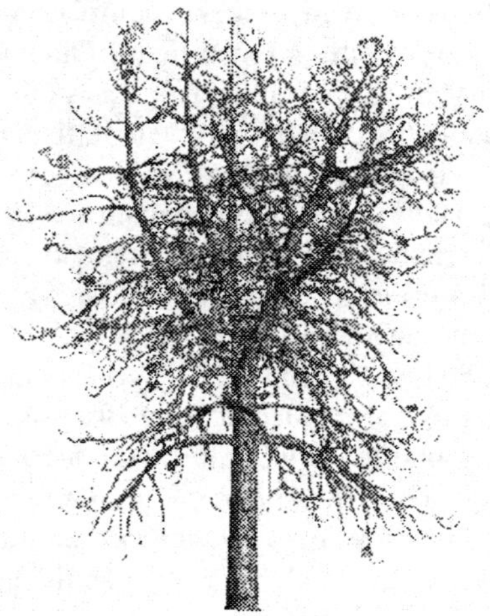

Simulation d'un marronnier en hiver
De Reffye, logiciel AMAP-CIRAD, 1992

Après cette première réussite dans la valorisation, il paraît urgent de rétablir les liens avec les agronomes. Et cela ne paraît possible que si l'on poursuit le projet initial de Françon et de de Reffye de rendre la simulation informatique toujours plus réaliste du point de vue botanique, en particulier quant à son processus de génération : il faut intégrer le réel parallélisme du fonctionnement des bourgeons. Cela peut sembler pour l'heure la seule voie pour une réconciliation avec les agronomes puisque l'on pourrait ensuite envisager de faire paraître les processus physiologiques d'allocation de matière pas à pas grâce à la prise en compte de la photosynthèse. La maquette, étant plus réaliste du point de vue de l'histoire de la croissance, pourra devenir plus fonctionnelle aussi et moins descriptive.

1. P. de Reffye, C. Edelin, J. Françon, M. Jaeger, C. Puech, « Plants models faithful to botanical structure and development », *Computer Graphics*, vol. 22, n°4, p. 151-158.

THÈSE DE BLAISE : SIMULATION DU PARALLÉLISME DES BOURGEONS (1991)

C'est le second étudiant de Jean Françon, Frédéric Blaise, qui va être chargé du passage à la simulation du parallélisme, entre 1988 et 1991. La réorientation du laboratoire du CIRAD favorise l'approfondissement d'une approche de la simulation qui serait utilisable par le botaniste comme par l'agronome, quelle que soit l'esthétique des images. Avec l'approche en préfixé (sans mimétisme de trajectoire), il apparaît finalement qu'on n'a pas encore assez discriminé, dans les probabilités des méristèmes, ce qui est dû au génotype et ce qui est dû aux conditions du milieu. On ne peut donc affirmer que l'on ait de bonnes valeurs pour ces probabilités intrinsèques (ou jugées telles), même si le rendu est réaliste. Les probabilités locales ne formalisent pas un phénomène biologique élémentaire. Le réalisme doit devenir davantage botanique encore et ne pas rester de surface. Les parties de l'arbre s'entr'empêchent en effet à toutes les étapes de la croissance. Si on prend en compte cet empêchement, on ouvre la voie à la modélisation d'une épigenèse mais aussi des peuplements (donc des plantations et des forêts...) et non plus seulement à celles des plantes individuelles. Par là, de Reffye retrouve l'objectif qui avait été le sien juste après sa thèse.

Cette fois-ci, à la différence de Jaeger, Blaise fait le choix de représenter les entités dans des structures hiérarchisées, cela afin d'éviter la redondance informative dans la définition des entités; ce qui est nécessaire pour un programme qu'il prévoit plus lourd. Il y introduit six niveaux : entrenœud, unité de croissance, axe, réitération, structure, plante. Les entités sont des *structures*, leurs liens sont des *pointeurs* au sens du langage C. Précisons qu'en informatique, les pointeurs sont des cases de mémoire de l'entité qui désignent les adresses des entités suivante et précédente. Ils permettent d'organiser des allocations, des classements ou des rangements de manière dynamique. L'entité de plus bas niveau est ici l'entrenœud et l'entité de plus haut niveau est la plante. Par rapport à la simulation de Jaeger, la rigueur botanique doit être sacrifiée quelque peu pour que la structuration des données puissent être effectivement hiérarchisée. Pour une raison de faisabilité informatique (implémentation en langage hiérarchisé), il faut systématiser certains rapports entre certains organes en sacrifiant les points de détail. Toutefois, un bon réalisme peut tout de même être maintenu désormais grâce à la suggestion d'introduire la notion, déjà ancienne en botanique, d'« unité de croissance »[1]. En effet, à la suite des travaux de Claude Edelin, la pertinence de cette notion pour la modélisation a entre-temps été mise en évidence par Evelyne Costes dans son travail de thèse sur le litchi. Elle a montré que le premier logiciel de 1987, encore très influencé par la croissance du caféier, avait confondu entrenœud et unité de croissance : le litchi ne pouvait pas être correctement simulé par le premier logiciel.

Pour accompagner cette fragmentation en entités à significations désormais clairement biologiques, Blaise choisit de recourir non seulement à une programmation orientée objets mais aussi à une technique de simulation adaptée, éprouvée par ailleurs, notamment en recherche opérationnelle. Il s'agit de la technique de *simulation à événements discrets*. Les variables numériques décrivant le système y sont discrètes et en nombre fini. Il en résulte trois conséquences essentielles pour la conduite de la programmation : tout d'abord, l'ensemble des combinaisons de valeurs qu'elles peuvent prendre, et qui constitue l'espace d'état de la simulation, est *a priori* fini ou encore dénombrable. La deuxième conséquence est que l'évolution du système modélisé est elle-même discrétisée, puisqu'on ne peut passer continûment d'une valeur discrète à une autre. Il y a donc des *instants de changement* appelés « temps d'occurrence d'événement » ou dates d'événement où l'on admet que le système fait un saut. Le temps se trouve donc aussi discrétisé[2]. La troisième conséquence de ce traitement discret des variables peut s'exprimer par la notion d'ordre de traitement des événements simultanés. Cet ordre renvoie à la décision désormais possible pour le programmeur de faire traiter dans un ordre séquentiel des événements qui ont lieu en fait simultanément. Il peut donc être parfaitement ignoré de l'utilisateur du logiciel. Cette discrétisation informatique du temps a pour essentielle qualité de permettre au programme d'« arrêter » le temps afin de traiter toutes les tâches simultanées, les unes après les autres. Le temps de la simulation est donc un temps virtuel qui se sépare du temps réel non seulement parce qu'il possède un rapport de rythme différent mais parce qu'on se permet de l'« arrêter » pour réaliser des tâches parallèles.

1. Puisque remontant à un article de 1935 de J. H. Priestley, L. I. Scott et E. C. Gillett. Une unité de croissance peut comporter plusieurs entrenœuds. Blaise rappelle que : « La croissance en longueur d'un axe feuillé se décompose en deux phases : dans un premier temps, des entrenœuds sont fabriqués dans le méristème, puis un certain nombre de ces entrenœuds s'allongent dans un temps court [...] cette croissance peut s'effectuer de façon continue ou rythmique [...] la portion de tige mise en place durant une période d'élongation s'appelle une *unité de croissance* », F. Blaise, *Simulation du parallélisme dans la croissance des plantes et application*, Thèse d'informatique, Strasbourg, Université Louis Pasteur, p. 27.

2. *Ibid.*, p. 75.

Ainsi, une machine séquentielle peut, moyennant cette technique, procéder de façon quasi-parallèle.

La gestion du temps peut, dans ces conditions, être de deux types : par horloge ou par événements. Dans la gestion d'une simulation par horloge, à chaque top, la liste des événements est explorée et tous les événements qui peuvent se manifester à cette date sont activés. Mais Blaise rejette cette solution car le choix du pas de temps élémentaire est problématique pour une plante. Le phénomène biologique se distingue par là nettement du phénomène mécanique ou industriel tel qu'il peut être conçu à l'avance ou reconstitué par CAO. Si ce phénomène n'est pas artificiel, si donc il est biologique (au contraire de ce qui a lieu dans le dessin technique de l'ingénieur mécanicien ou de l'architecte où l'on peut faire d'autorité apparaître un module), il n'y pas d'unité simple de mesure temporelle de l'évolution puisqu'on n'a pas eu le loisir d'en choisir une. Il n'est donc pas facile d'assigner un événement minimal, c'est-à-dire de durée minimale, qui constituerait une mesure temporelle de base pour tous les autres événements [1]. Cela est dû au fait qu'on ne maîtrise justement pas la connaissance d'une hypothétique échelle minimale des phénomènes naturels jusqu'à ce point où l'on pourrait les quantifier et les ramener aux règles simples de l'arithmétique et de la logique.

Pourtant la notion d'*horloge interne* ne perd pas du tout de sa pertinence même si elle n'est pas réellement implémentée en tant que telle dans le programme. En fait, c'est la notion d'*échéancier* qui va identifier le fonctionnement du programme au battement d'une horloge interne. Dans un échéancier, on peut faire paraître des tops d'horloge réels. C'est la *simulation dirigée par événements* qui permet cela. Le temps de la simulation est alors géré par une « liste linéaire d'événements », selon l'expression de

1. Ces réflexions d'ordre épistémologique sur l'existence d'un « module », c'est-à-dire sur la capacité d'une séquence élémentaire d'un processus naturel à rythmer toutes les autres qui y participent fait l'objet d'une remarque importante de P. Coquillard et D. R. C. Hill, 1997, *op. cit.*, p. 136 : « Lorsque le rapport entre l'échelle de temps des occurrences d'événements et le pas de temps sélectionné est très variable, il est intéressant d'opter pour une gestion du temps dirigée par les événements. » Autrement dit, il faut renoncer à la simulation dirigée par horloge. Cela semble être une limitation conceptuelle pour la production de modèles globaux à changements d'échelles. Voici comment ces auteurs définissent l'approche par événements : « Avec une gestion du temps dirigée par les événements, le temps virtuel va progresser d'une date d'occurrence d'événements à une autre. Il n'y a plus de recherche des événements à traiter entre l'instant t et t + (pas de temps), mais au contraire, il faut gérer un échéancier qui stocke les événements ordonnés chronologiquement. Avec cette approche, lorsque le modèle connaît une longue période d'inactivité, la simulation passe directement au prochain événement significatif », *ibid.*, p. 136. Pour résumer, nous dirions que, dans une simulation guidée par les événements, c'est l'ordre qui crée le temps et non le temps qui crée l'ordre.

Blaise[1]. Lorsque plusieurs événements peuvent avoir lieu en même temps, ils s'appellent et se succèdent dans l'échéancier, sans modification de leur champ « date » dans la liste des définitions de leurs attributs. Leur ordre d'apparition, invisible à l'utilisateur, dépend donc de la manière dont on balaie l'échéancier.

Après cette nouvelle gestion du temps et les choix qu'elle impose, la deuxième génération de logiciels AMAP nécessite aussi une nouvelle prise en compte de l'occupation de l'espace. La solution préconisée est de poursuivre la tendance à discrétiser la nature. L'espace lui-même sera donc traité comme un amas de cubes élémentaires de côté fixe et les coordonnées géométriques des éléments de la plante seront arrondies pour tomber dans un de ces cubes : il faut logiciser le géométrique pour que logique et géométrie soient compatibles pas à pas, mais aussi pour que les calculs soient exécutables en un temps limité. En effet, les solutions de géométrie analytique, même si elles peuvent paraître élégantes et plus fidèles à la réalité des formes élémentaires (entrenœud, feuille, rameau, tige), exigent la mise en œuvre de calculs prohibitifs, étant donné le nombre d'éléments qu'il y aurait à considérer. Aussi, Blaise reprend-il aux techniques d'imagerie médicale la notion d'espace voxel. Le voxel est l'analogue, pour les volumes, du pixel. C'est l'unité de volume minimale visible à l'écran et traitée comme telle par l'ordinateur[2]. Au fond, l'enjeu de cette discrétisation est de remplacer des relations métriques par des relations logiques de type présence/absence. Elles sont plus faciles et plus rapides à gérer pour les algorithmes qui s'occupent de la croissance ramifiée et stochastique. Il est donc utile de discrétiser très en amont et pas seulement dans la dernière phase de l'affichage sur écran à pixels. Ainsi le parallélisme du traitement (le passage incessant du topologique au métrique) est lui-même facilité. Mais il s'agit aussi de maintenir, moyennant ces conditions de modélisation, la performance de l'outil informatique disponible. On a donc affaire à une solution de compromis.

Pour montrer que le choix du pas de discrétisation spatiale ne crée pas d'artefact par rapport au modèle qu'on voudrait lui voir simuler, Blaise procède à des calculs réitérés de simulation en ne faisant varier que ce pas. C'est par ces *expériences de simulation* réitérées et en constatant la *stabilité* du point de vue statistique des simulations obtenues qu'il en conclut que la discrétisation de l'espace est correctement adaptée aux objectifs. Blaise

1. F. Blaise, *op. cit.*, p. 76.
2. *Cf.* glossaire : pixel, voxel.

parle bien alors d'« expériences »[1]. Il teste les propriétés statistiques des simulations en utilisant un logiciel d'analyse statistique d'usage courant, SAS, comme on le ferait pour un plan d'expériences réelles. Ce travail fait bien partie du stade de *vérification* (innocuité de l'implémentation par rapport au modèle).

VALIDER UNE SIMULATION INTÉGRATIVE ?

Au final, la méthode de validation qui semble satisfaire l'équipe de l'AMAP revient à faire simuler un grand nombre de modèles architecturaux différents et à montrer les images qui en résultent. C'est une démonstration qui repose ainsi sur le caractère réaliste de certaines images de plantes. Blaise s'autorise à parler là aussi d'« expérimentations » pour désigner cette validation par le réalisme du résultat final. Mais il faut prendre garde à ne plus prendre ici le mot « réalisme » seulement au sens de ressemblance ponctuelle d'images fixes avec une réalité instantanée. C'est en fait tout le rendu du dynamisme de la plante, sa croissance, ses collisions, ses stratégies adaptatives lors de la présence d'obstacles, son histoire, qui font l'objet d'une évaluation par le réalisme. Comme on l'a montré, ce logiciel s'astreint à donner une dynamique de croissance réaliste et pas seulement des instantanés. C'est donc le moteur de croissance lui-même qui peut être ainsi évalué et non telle ou telle image de plante.

Finalement, en conformité avec l'objectif visé, cette génération de logiciel, qui sera dite AMAPpara (pour "parallélisme"), permet de simuler la croissance secondaire, donc en épaisseur, du tronc et des branches par diffusion et dépôt des assimilats. Elle permet également de tenir compte des interactions arbres/milieu[2]. De plus, elle a également pour qualité d'être évolutive. Cela lui vient de la structuration relativement complexe de ses données, par rapport à la version primitive. Cette complexité est un signe positif pour les chercheurs botanistes et agronomes de l'AMAP car elle est censée refléter la complexité de la plante réelle[3]. Avec la simulation réaliste sur ordinateur, la complexité du modèle ne signifie donc plus forcément fausseté ou inutilité. L'épistémologie minimaliste du modèle (le

1. *Cf.* F. Blaise, 1991, *op. cit.*, p. 138 et 146.

2. D. Barthélémy, F. Blaise, T. Fourcaud, E. Nicolini, 1995, art. cit., p. 71-93.

3. *Cf.* F. Blaise, 1991, *op. cit.*, p. 175 : « La richesse et la souplesse de cette structuration (qui vont d'ailleurs de pair avec sa complexité) laissent toute liberté à de nouvelles applications. Enfin, n'oublions pas qu'elle n'est qu'une représentation d'une réalité botanique elle-même complexe. »

modèle doit être minimal, donc abstractif, pour être utile) semble bien contrecarrée par de tels travaux.

Les limites de cette simulation existent toutefois. Elles tiennent d'une part aux fréquentes approximations auxquelles elle a recours. D'autre part et surtout, elles proviennent du fait qu'on n'a pas encore exactement un parallélisme pur en simulation. Ainsi, le fait d'avoir à balayer un échéancier toujours dans le même sens au même temps risque d'introduire dans l'architecture certaines régularités qui seraient des artefacts de simulation [1]. Il a fallu, pour contrer cette fâcheuse conséquence, introduire un aléa dans le parcours de l'échéancier. Il est enfin à noter que la discrétisation de l'espace en voxels donne lieu à la recherche d'un compromis entre un coût de mémoire prohibitif et la finesse du pas. Quoi qu'il en soit, Frédéric Blaise soutient sa thèse avec ce travail en 1991 et est, par la suite, recruté comme chargé de recherche à l'AMAP.

Lors de la préparation de la thèse de Blaise, de Reffye a été incité à améliorer encore les distinctions entre les concepts botaniques. De cette époque date sa proposition de réemployer un vieux concept, proposé en 1965 par son ancien professeur de l'ENSAT, P. Rivals : l'âge physiologique du méristème. Dit de façon simplifiée, les probabilités des différentes activités du méristème dépendent en effet de sa situation dans la topologie de l'arbre (de son ordre) : il a moins de vigueur si son ordre est élevé. Donc on peut considérer qu'il naît avec un certain âge, son âge physiologique. De Reffye revient progressivement à cette idée car il dispose des réflexions d'un jeune ingénieur de recherche, docteur en statistiques, qui vient d'être recruté à l'AMAP : Eric Elguero. Derrière le fonctionnement des méristèmes, Elguero [2] reconnaît tout de suite un type particulier de processus ponctuel : un processus de Poisson que l'on peut formuler comme un processus de renouvellement [3]. Comme le rapprochement avec ce genre de

1. Ce problème de gestion de priorité des événements contemporains, ou jugés tels, et ainsi de la propriété de robustesse (ou non) par rapport au choix de la séquence de traitement de ces événements est fréquent et conduit à des artefacts dans les simulations sur « systèmes multi-agents » notamment (*cf.* glossaire). Cela crée des problèmes de portabilité et donc de vérifiabilité de ces simulations.

2. Elguero poursuivra sa carrière comme ingénieur de recherche à l'Institut de Recherche pour le Développement (IRD, ex-ORSTOM) où il travaillera sur des modèles épidémiologiques.

3. Le processus de Poisson repose sur la notion intuitive de hasard déstructuré. Cela revient à faire deux hypothèses : 1. les événements ont un taux constant d'occurrence (stationnarité ou homogénéité dans le temps), 2. les nombres d'événements intervenant pendant deux périodes de temps disjointes sont indépendants. Un processus de Poisson peut alors être exprimé selon le formalisme des processus de renouvellement. Ce processus de renouvellement exprime la loi qui régit l'intervalle de temps qui sépare deux événements consécutifs.

processus permet d'unifier les différents processus de Poisson sous une même formulation, la notion d'âge physiologique est donc réintroduite en 1991. Cet événement pour la botanique intervient un peu après que la notion d'« axe de référence » ait été également proposée par de Reffye et le botaniste Daniel Barthélémy à partir d'un travail de simulation architecturale de l'orme du Japon. Barthélémy avait entre-temps soutenu sa thèse de botanique[1] à l'USTL, sous la direction de Francis Hallé, en 1988. Il avait proposé la notion de « floraison automatique » pour expliquer la sexualité de quelques plantes tropicales. En partie inspiré par l'idée antérieure de floraison automatique, l'« axe de référence » se présente comme un construit théorique « basé sur le regroupement et le classement de toutes les étapes de différenciation d'un arbre »[2]. Ces étapes de différenciation sont elles-mêmes fondées sur la notion d'âge physiologique et le nouveau formalisme qui lui est rattaché. L'axe de référence traduit en fait l'évolution de cet âge le long d'un axe théorique. C'est un automate qui traduit le changement de fonctionnement des méristèmes. De par son caractère automatique, récursif et général, il peut donc servir à simplifier considérablement le moteur de croissance en donnant l'impression d'une grande unité (de type informatique) au-delà de la diversité des modèles architecturaux qui, jusqu'alors, avaient plutôt tendance à émerger de l'intrication des lois probabilistes simulées localement.

Dans un processus de Poisson exprimé ainsi, les temps inter-occurrence sont distribués exponentiellement. La théorie des processus ponctuels (processus régissant des « événements ponctuels qui se produisent d'une manière aléatoire dans l'espace ou dans le temps », D. R. Cox, P. A. W. Lewis, *The statistical Analysis of Series of Events*, London, Methuen and Co. Ltd, 1966 ; traduction : *L'analyse statistique des séries d'événements*, Paris, Dunod, 1969, p. 1) est un chapitre difficile de l'analyse statistique et de l'estimation. Il s'est développé dans les années 1960, notamment sous l'impulsion des travaux de D. R. Cox du Birbeck College de l'Université de Londres. Une des premières applications a été l'analyse de la survenue des pannes de machine.

1. En fait sa spécialité est « Physiologie, biologie des organismes et des populations ».

2. P. de Reffye, P. Dinouard, D. Barthélémy, « Modélisation et simulation de l'architecture de l'orme du Japon *Zelkova serrata* (Thunb.) Makino *(Ulmaceae)* : la notion d'axe de référence », *Naturalia Monspeliensa*, 2e Colloque International sur l'Arbre, 10-15 sept 1990, C. Edelin (éd.), Montpellier, n° hors série A7, 1991, p. 251.

CHAPITRE VI

CONVERGENCE ENTRE SIMULATION UNIVERSELLE ET FORESTERIE (1990-1998)

Dans ce chapitre, nous verrons qu'à partir de 1990, une suite de décisions volontaristes a mené à une autre convergence en conduisant notamment le laboratoire du CIRAD (bien implanté et en plein essor) à s'associer avec l'INRA, cela malgré les réticences initiales des modélisateurs physiologistes ou écophysiologistes à l'égard de la simulation. Ce sont ces réticences épistémologiques et le débat qui s'en est suivi qui nous occuperont dans un premier temps. Il est significatif de voir que c'est précisément au moment où les pratiques divergent à l'extrême qu'une prise de conscience et un réajustement épistémologiques sont improvisés, deviennent nécessaires et doivent être explicitement formulés, loin des cabinets d'épistémologie, dans les publications techniques elles-mêmes. L'opposition porte notamment sur la nécessité ou non de recourir à une simulation au titre de ce qui pourra être qualifié de « modèle maximal », cela au rebours de la traditionnelle épistémologie pragmatiste des modèles qui encourage toujours la constitution de « modèles minimaux ». Nous verrons que le laboratoire du CIRAD tirera, de cet épisode, de nouvelles convergences disciplinaires (la foresterie, après la botanique, l'agronomie et l'informatique graphique) et institutionnelles, la simulation confirmant ainsi son fort pouvoir d'intégration. C'est également en ce milieu des années 1990 que la simulation universelle développera au maximum son caractère empirique, aux yeux même de ses praticiens, au point de donner naissance à une pratique explicite de simulation sur simulation (comme, par exemple, une simulation d'intempéries sur une forêt simulée). Nous analyserons les raisons précises et en contexte qui ont justifié cette pratique remarquable que nous proposons de nommer sursimulation.

En 1991, le travail de Blaise s'achève donc dans une effervescence conceptuelle du côté de la botanique et, en particulier, du côté de l'école de Hallé. Mais les échos dans le milieu agronomique se font en revanche attendre, notamment de la part de l'INRA. Malgré tout, dans l'année qui précède, en 1990, a été lancée une Action d'Intervention Programmée (AIP) réunissant l'AMAP et différents laboratoires de l'INRA. Il s'agit d'une décision forte de la part de la direction de l'INRA de l'époque. D'une certaine manière, elle fera violence à certaines habitudes bien ancrées chez les agronomes de cet institut. Cette décision de la tête de l'INRA est donc prise en grande partie contre l'avis de la base. Elle a pourtant pour effet indéniable de favoriser une convergence rapide et inattendue de la simulation architecturale avec la foresterie. Cette dernière a recouru pour sa part depuis longtemps à des lois quantitatives puis à la modélisation mathématique, d'abord aux États-Unis, mais aussi en France, notamment grâce au vivier des ingénieurs X-ENGREF[1]. Et, à cette époque, pour des raisons tout à fait similaires à celles que de Reffye avait formulées devant les caféiers en 1974, elle s'intéresse de plus en plus à une approche des peuplements hétérogènes au moyen de modèles centrés sur l'arbre individuel. Les autres secteurs spécialisés en productions végétales pratiquent aussi la modélisation et auraient pu aussi accueillir les méthodes d'AMAP. Or, cela n'a pas été le cas. La situation a donc été complexe. Nous ne reviendrons pas ici sur le détail de l'implication et des tractations des responsables de l'INRA, dont son directeur d'alors Jacques Poly, mais aussi Alain Coléno, dont on se souvient qu'il avait soutenu de Reffye lors de son concours et qu'il était entre-temps devenu directeur du « secteur des productions végétales ».

En 1991, l'INRA procède donc à un appel d'offre officiel afin d'aider au « développement de recherches sur la simulation et la modélisation de l'architecture des arbres fruitiers et forestiers »[2]. Cet appel d'offre se fait dans le cadre d'une AIP qui peut rassembler des laboratoires de l'INRA et d'autres institutions. Les chercheurs qui répondent à cet appel d'offre dépendent, pour une part, des Départements d'Amélioration des Plantes (Arboriculture Fruitière) et des Recherches Forestières de l'INRA, pour

1. Ingénieurs polytechniciens ayant fait leur application à l'École Nationale du Génie Rural, des Eaux et des Forêts.

2. *Cf.* J. Bouchon, « Préface », dans J. Bouchon (éd.), *Architecture des arbres fruitiers et forestiers*, Actes du colloque des 23-25 novembre 1993 (Montpellier), « Les colloques », n°74, Paris, INRA-éditions, 1995, p. 7.

l'autre, du Laboratoire de Modélisation de l'Architecture des Plantes du CIRAD. Cette action se prolongera jusqu'en novembre 1993, date à laquelle se tiendra, à Montpellier, un colloque de synthèse[1]. La collaboration de l'équipe de modélisation du CIRAD est bien sûr ouvertement et vivement souhaitée. Pourtant, la Direction des Recherches Forestières de l'INRA a elle-même longtemps hésité à collaborer avec l'AMAP. De leur côté, en effet, certains dendrométriciens, comme leurs collègues arboriculteurs, faisaient valoir une autre conception du modèle que celle de l'AMAP. Le débat était d'autant plus amer qu'il portait sur la nature même de l'activité scientifique dans le domaine du végétal : qu'est-ce que modéliser le végétal ?

UNE CONTROVERSE ÉPISTÉMOLOGIQUE ENTRE MODÉLISATEURS : INRA ET CIRAD

Pour beaucoup de chercheurs de l'INRA, il n'était pas indispensable d'utiliser des moyens aussi complexes que la simulation. Il suffisait de poursuivre la modélisation locale sans chercher à ajouter la complexité d'un point de vue global là où justement il s'agit de clarifier les phénomènes. On retrouve là une opinion proche de celle que partage Legay et que partageaient avec lui la plupart des biométriciens et écophysiologistes dans les années 1970 : le modèle est un outil de découverte et de compréhension. Il est finalisé par nature et son usage ne peut être universel. Il ne peut rendre compte que d'un ou deux aspects de la réalité en même temps, pas plus. De plus, il est fondé sur l'interaction entre divers éléments qui doivent avoir, pris individuellement, un sens biologique bien défini. Jean Bouchon, alors Directeur des Recherches Forestières à l'NRA soutient pourtant l'AIP et stigmatise cette position épistémologique en la rattachant à ce qu'il appelle « l'école française de modélisation »[2]. Il oppose ainsi les « modèles optimaux » aux « modèles maximaux ». Les modèles optimaux sont minimaux dans la mesure où l'on n'y retient que le strict nécessaire pour rendre compte d'une évolution particulière de la plante. Ce sont les seuls valides pour l'école française de la modélisation alors que les tenants des « modèles maximaux » sont supposés faire valoir l'adage selon lequel « qui peut le plus peut le moins ». Selon ces derniers, on pourra résoudre des problèmes régionaux par « réductions ou dégradations successives » du modèle

1. Colloque du 23-25 novembre 1993 qui a fait l'objet de deux publications : J. Bouchon, 1995, *op. cit.* et J. Bouchon, P. de Reffye, D. Barthélémy (éd.), *Modélisation et simulation de l'architecture des végétaux*, « Science Update », Paris, INRA-Éditions, 1997.

2. J. Bouchon, 1995, *op. cit.*, p. 11.

maximal. Or la simulation est l'exemple type du « modèle maximal ». Le malentendu repose donc ici sur la question de savoir ce que doit embrasser un modèle pour être valide. Quel objet doit-être modélisé ? L'architecture est-elle un bon objet de modélisation ? Quel point de vue le modélisateur doit-il adopter : réductionniste ou holiste[1] ? Son présupposé doit-il être que les parties expliquent le tout ou qu'il y a plus dans le tout que dans la somme des parties ?

Ce vieux débat, récurrent dans les phases de transition propres à l'histoire des formalismes, pose entre autres la question de savoir si l'on doit accepter une certaine opacité, des zones d'obscurité dans les modèles ou pas, et si l'on peut mettre en équation des relations que l'on ne comprend pas c'est-à-dire que l'imagination ne peut se représenter. Peut-on au fond modéliser une relation dont on ne pourrait faire le schéma avec du papier et un crayon ? Le modèle doit-il toujours se ramener à une visualisation schématique des processus en jeu ? Ou doit-on se résoudre à ce qu'un modèle du vivant puisse n'être qu'un ensemble d'expressions mathématiques renvoyant éventuellement, pour partie et à certaines échelles, à des fictions et non à des entités ayant un sens biologique ? Pour les membres du comité de pilotage, il ne faut pas craindre le caractère désormais très fragmenté, éventuellement fictif à une certaine échelle et pour certains de leurs composants, des modèles de simulation. Il ne faut pas opposer stérilement ces différents types de modèles les uns aux autres, mais les faire se rencontrer, les faire converger sur un terrain formel commun.

Cependant peut-on faire se rencontrer des modèles qui n'ont pas le même statut épistémique ? De plus, il ne s'agirait pas vraiment d'une rencontre puisqu'en fait la simulation aura une position de surplomb dès le départ, étant donné sa différence de nature. C'est cette dissymétrie que certains dendrométriciens de l'INRA craignent lorsqu'ils se demandent ce qu'est réellement capable d'expliquer la simulation pour qu'on la laisse tenir une telle position de surplomb dans le petit monde des modèles. Selon eux, si un modèle tient une position privilégiée par rapport aux autres, c'est nécessairement parce qu'il explique mieux que les autres. Est-ce le cas de la simulation ?

La deuxième critique essentielle, liée à la première, a donc porté sur le caractère uniquement descriptif et non fonctionnel du modèle de l'AMAP. Si par exemple on demande pourquoi les arbres fourchent, ce modèle ne nous fournirait aucune explication, même s'il peut simuler un

1. Dans le point de vue « holiste », comme le rappelle Bouchon (*ibid.*), on suppose que l'interaction des parties crée des effets qui ne sont pas anticipables à partir des parties seules ni de la simple somme des comportements de ces parties.

arbre qui fourche. Bouchon répond que lorsqu'on saura pourquoi ils fourchent, on pourra intégrer sans mal cette connaissance des mécanismes fins dans l'ossature du programme de l'AMAP. La réponse consiste donc à faire comprendre aux chercheurs cette propriété qu'aurait la simulation architecturale de supporter tout sous-modèle fonctionnel qui se présenterait. Tout en étant un intégrateur de modèles, la simulation architecturale n'impose pas déjà une explication unifiant et simplifiant la diversité des phénomènes : elle n'est pas à strictement parler un méta-modèle doté d'une ontologie unifiante préalable. Elle colporte très peu d'hypothèses physiologiques puisqu'elle repose sur des bases descriptives systématisées à un tout autre niveau que celui de la cellule ou de la physiologie.

Cette objection et la réponse qu'elle reçoit montrent combien les chercheurs ont été réticents à admettre la nouvelle fonction épistémique de la simulation dans le champ de la modélisation. La simulation est peut-être un modèle mais ce dernier est conçu d'abord hors de toute visée explicative. Bouchon tente de leur expliquer que si la simulation était un modèle au sens où ils l'entendent (un méta-modèle), ils auraient raison de se croire doublés par leurs collègues du CIRAD. Or tel n'est pas le cas : ce n'est donc pas leurs modèles qui sont en cause, mais plus profondément, la définition qu'ils donnent de la notion de modèle. Le « modèle » de l'AMAP fait partie des « modèles descriptifs compliqués »; ils s'opposent aux « modèles fonctionnels [ou explicatifs] simples » [1]. Telle est la source du malentendu.

Une troisième critique transparaît dans les communications entre chercheurs pendant les trois années de cette AIP. Les modélisateurs de l'INRA se demandent quel usage on pourra faire d'une simulation incapable de « prédire l'avenir d'un arbre qui aura subi une taille de formation, ou l'avenir d'un peuplement qui aura été éclairci » [2]. Ce problème vient de l'approche stochastique : le réalisme de cette approche, au sens botanique, se paie par la nature seulement probabiliste de ses prédictions. L'avenir d'un individu ne peut être prédit avec certitude. Les dendrométriciens de l'INRA veulent bien admettre un certain flou dans la connaissance des phénomènes physiologiques. Mais c'est afin qu'une prédiction soit possible. Si l'on ne peut pas expliquer, que l'on puisse au moins prédire! Le modèle de l'AMAP semble ne permettre ni l'un ni l'autre. Formulée ainsi, cette critique est forte. Elle oblige Jean Bouchon à en venir au statut finalement essentiellement empirique de la simulation. En fait, répond-il, la simulation sert à « économiser de l'expérimentation de terrain » [3]. Il faut

1. *Ibid.*
2. *Ibid.*, p. 14.
3. *Ibid.*

comprendre par là qu'elle permet de disposer, pour la première fois en foresterie, d'organismes modèles. Ses organismes simulés peuvent jouer le même rôle que les organismes modèles du type de la bactérie *E. Coli* en biologie moléculaire, ou de la drosophile en génétique. En effet, leur vitesse de croissance peut être décuplée et des « expérimentations » sont donc envisageables. La simulation permet de s'affranchir des contraintes techniques inhérentes à la mise en forme des êtres vivants complexes dans la réalité : la longue durée, le passage du temps. Pour Bouchon, la simulation est bien un modèle formel en un sens nouveau, au sens où elle prend place parmi les individus représentatifs d'une espèce vivante qui ont été choisis parce qu'ils sont plus faciles à étudier que les autres. Ces organismes sont habituellement appelés « modèles » parce qu'ils sont supposés être sujets aux mêmes phénomènes de croissance que les autres et qu'ils ont, en plus, la qualité de rendre ces phénomènes plus « lisibles », plus accessibles à l'observation et à la mesure. La simulation informatique, dans cet usage scientifique précis, remplace un « organisme modèle » réel. C'est pourquoi elle est finalement plus encore qu'une « maquette architecturale »[1] où l'on ferait simplement communiquer des modèles explicatifs régionaux. Elle devient un substitut de la réalité, un objet d'étude en lui-même, un objet de curiosité déplacé dans l'ordinateur, un transfert des phénomènes du vivant encore inconnus dans la machine. C'est précisément en quoi elle peut donner lieu à des expérimentations au même titre que la plante réelle. Elle tend à se confondre[2] avec le domaine d'investigation lui-même. La simulation n'est pas seulement un terrain formel partageable au sens où l'on y parle un langage commun. C'est un nouveau terrain pour de nouvelles expérimentations. La simulation complexe qui réplique le réel n'a pas pour objet premier de le représenter de manière compréhensible (modèle pour comprendre) ni non plus directement opérationnelle (modèle pour agir ou décider). Elle nécessite en revanche une calibration préalable pour être substituée à lui, devenir ainsi un modèle pour expérimenter et

1. *Ibid.*, p. 23.

2. Confusion qui, encore en 1997, est inacceptable pour Jean-Marie Legay. *Cf.* J. M. Legay, *L'expérience et le modèle. Un discours sur la méthode*, Paris, INRA éditions, 1997, p. 55 : « dans tous les cas, le modèle ne permet pas d'éviter l'expérience. Bien au contraire, il suggère et organise des expériences ; il peut en économiser quelques unes, mais aussi en proposer d'autres. Bien entendu, même *la simulation ne remplace pas l'expérience, elle n'en est pas une*, elle permet de détecter des absurdités, de désigner des faisabilités. Ce n'est pas parce qu'un calcul est possible, qu'il est pertinent. Seule l'expérience rendra un verdict significatif. » C'est nous qui soulignons. La simulation garde pour Legay un rôle essentiellement heuristique notamment parce qu'elle conserve la nature d'un calcul et ne peut être que l'exploration d'une modèle.

servir indirectement à une enquête, qu'elle soit de compréhension ou d'utilisation/prédiction.

Le bilan de l'AIP se trouve au final assez mitigé : les chercheurs du CIRAD (de Reffye, Costes et Barthélémy) ont énormément travaillé pendant deux ans pour disposer de données traitables en vue de problématiques propres à l'INRA. Mais les chercheurs de l'INRA, quant à eux, n'ont pas toujours joué le jeu. La seconde décision forte de Coléno intervient alors à ce moment-là : pour éviter que les chercheurs de l'INRA continuent à négliger massivement la simulation architecturale et ne finissent par réinventer plus tard ce qui existe d'ores et déjà au CIRAD, il lui paraît nécessaire de pérenniser le lien AMAP/ INRA en le rendant organique. Une solution aurait été de recruter directement Philippe de Reffye. Mais Coléno s'y refuse : l'INRA n'avait pas su voir, à ses débuts, le potentiel qu'il recelait ; il aurait été injuste de le dérober sur le tard au CIRAD au moment où les résultats arrivaient. La solution d'un rapprochement institutionnel est donc choisie. Entre-temps, fin 1993, toujours sous l'impulsion de Coléno, Daniel Barthélémy et Evelyne Costes sont recrutés comme chercheur à l'INRA. Mais ils restent tous les deux en poste à AMAP. Dans la foulée de l'AIP créée par Coléno, AMAP poursuit presque seul sa convergence vers des questions d'allocation de matière dans la structure, même s'il faut déjà noter l'importante collaboration du dendrométricien François Houllier, X-ENGREF et alors jeune enseignant-chercheur à l'ENGREF. À partir de 1994, le laboratoire infléchit nettement son travail vers le fonctionnement des plantes et l'association INRA/CIRAD autour d'AMAP est formalisée.

CONVERGENCE CONCEPTUELLE ET INSTITUTIONNELLE : LE LABORATOIRE ASSOCIÉ CIRAD/INRA (1995)

Suite à la thèse de Blaise et face aux effets en retour de la simulation sur les concepts botaniques, un besoin de clarification et de systématisation conceptuelle se fait de nouveau sentir. De Reffye constate qu'à chaque fois que l'on change de plantes, il est en fait encore nécessaire de se livrer à des modifications *ad hoc* pour faire correspondre le modèle informatique intégré et ses processus stochastiques au nouvel objet d'étude. Le modèle informatique manque donc de généralité. De plus, l'AMAP souffre d'une absence de compatibilité interne entre ses propres logiciels. Afin de régler ces problèmes, le CIRAD recrute deux mathématiciens-informaticiens au titre d'ingénieurs-chercheurs : Yann Guédon et Christophe Godin. Ils développent d'abord le logiciel AMAPmod (« mod » pour modélisation) et le langage AML (pour AMAP Modeling Language). AMAPmod sert à estimer systématiquement les paramètres des processus stochastiques qui interviendront dans une simulation gérée par le logiciel de Jaeger, baptisé entre-temps AMAPsim (pour « simulation ») depuis qu'il a été réécrit par l'ingénieur-chercheur Jean-François Barczi en intégrant les notions d'âge physiologique et de processus markoviens [1]. AMAPmod utilise le langage de description standardisé AML, lui-même construit sur la base du concept d'automate ou d'« axe de référence ». Dans ce nouveau cadre formel, la plante simulée peut être conçue comme un « graphe multi-niveaux » [2] généré par un processus stochastique. Ce processus peut être lui-même formellement remplacé par un « modèle dynamique probabiliste » [3] de type automate à transition d'états de Markov. Moyennant cette réécriture formelle, la théorie du renouvellement est précieuse car elle permet ensuite le règlement du problème mathématique inverse qui consiste à remonter aux paramètres des processus une fois que l'on connaît leurs distributions empiriques sur le terrain. Il devient possible d'identifier (*i.e.* quantifier les paramètres) et de valider plus aisément le modèle. AMAPmod aura par la suite un rôle certain dans les convergences d'AMAP avec des formes de simulation ayant d'autres origines, logiques notamment. Nous y reviendrons bientôt.

Image de peuplier blanc, logiciel AMAP- CIRAD
(actuellement UMR Botanique et bio-informatique des plantes), 1996

1. Du nom du mathématicien russe Andrei Markov (1856-1922). Un processus de Markov est un processus stochastique (à chaque instant se produit un événement aléatoire à partir d'un état donné) sans mémoire : la probabilité d'un événement au temps n+1 ne dépend que de l'état du système au temps n. Un tel processus peut gérer une arborescence d'états et peut donc être mis sous forme d'un automate à transition d'états dont les transitions sont pondérées par les probabilités d'occurrence d'événements.

2. J. Bouchon, P. de Reffye, D. Barthélémy, 1997, *op. cit.*, p. 146.

3. *Ibid.*, p. 187-191.

Suite à une nouvelle décision forte de Coléno, au 1er janvier 1995, l'AMAP devient un « Laboratoire associé INRA/CIRAD – Programme modélisation des plantes ». De Reffye reste toujours directeur de l'Unité et rattaché au CIRAD. Il est également Directeur de Recherches du département GERDAT. L'Unité comprend en tout 28 membres permanents : 14,5 en modélisation des végétaux (6 botanistes, 1 physiologiste, 2 agronomes, 1 agroforestier et 4,5 informaticiens-mathématiciens). C'est dans cette équipe que se trouvent trois chercheurs de l'INRA. L'infographie regroupe pour sa part 5,5 personnes. Cette partie « valorisation » a entre-temps nécessité la création du poste de Directeur Administratif de l'Unité. Mais, face au déclin des ventes en 1995 au regard des premiers résultats assez florissants du début des années 1990[1], la bipartition de l'unité est finalement préconisée par les rapporteurs de la première revue externe de 1996[2]. Ils se fondent pour cela sur le modèle de l'USDA (*United States Department of Agriculture*) qui conseille de séparer nettement la modélisation et l'industrialisation des logiciels[3]. En 1995, de Reffye charge la société *JMG Graphics* (qui changera de nom en 2001 pour devenir *Bionatics*) de distribuer les logiciels AMAP. Ni le CIRAD ni l'INRA ne se sentent finalement capables de vendre durablement du logiciel. En cette même année 1996, l'équipe « analyse d'image et télédétection », animée par Marc Jaeger, est composée, quant à elle, de 2,5 personnes. La gestion et l'administration occupe enfin 5,5 personnes. À côté des permanents, AMAP dispose de 4 collaborateurs dont Claude Puech, qui succède à Jean Françon comme conseiller en image de synthèse. On voit alors qu'AMAP se développe surtout par opportunisme, par mixités, en multipliant ses liens et ses collaborations. Et cela se produit désormais souvent à l'occasion de demandes externes.

1. Elles étaient tombés à 600kF par an : à comparer aux 1,2 à 1,5 millions de francs annuels que l'Unité avait pu gagner jusque là avec ses ventes de logiciel (avec une pointe à 2,5 millions de francs). Aux mêmes époques, pour son fonctionnement total (personnel + équipement), l'unité réclame environ 12 millions de francs par an. L'unité est donc loin de subvenir à ses besoins en vendant du logiciel.

2. Ce système de revue externe ou d'évaluation collective intervient tous les 5 ans et il permet de stimuler la recherche et la valorisation ainsi que de faire des préconisations. Il se fonde sur une analyse faite pendant 6 mois par des intervenants extérieurs. Elle donne lieu à débats et à publications. Ce système a été mis en place par Hervé Bichat à partir du modèle d'évaluation en cours dans les grands Instituts de Recherche Agronomiques comme l'IRRI (International Rice Research Institute : Institut de recherche américain sur le riz, fondé en 1971 et visant à promouvoir la recherche pour le développement en agronomie ; 15 autres IRI seront fondés par la suite sur ce modèle). Ces informations s'appuient sur une communication personnelle avec Henry-Hervé Bichat du 20 juin 2001.

3. A. Pavé *et al.*, *Première revue externe de l'unité de modélisation des plantes*, CIRAD, Montpellier, 1996, p. 33.

LA VALEUR EMPIRIQUE DE LA SIMULATION

Par ailleurs, dans ces années de consolidation (1995-1996), il se trouve que Philippe de Reffye produit quelques réflexions disséminées sur la nature nouvelle des modèles qu'il propose à l'agronomie. Il est intéressant d'en ressaisir l'esprit, car elles paraissent caractéristiques d'un changement épistémologique majeur occasionné par l'émergence de la simulation informatique, en particulier aux yeux du praticien qu'il est. Comme Bouchon le précisa, lors de l'AIP, de Reffye en appelle désormais à la légitimité cette fois-ci bien établie, selon lui, de ce genre de modèles, à l'opposé des préconisations de l'école de la modélisation française qui avait toujours favorisé et autorisé les modèles pragmatiques spéciaux et régionaux. Dans le rapport que de Reffye supervise en 1996, cela en prévision de l'évaluation externe du laboratoire, après l'énumération des quatre types de modèles désormais implémentables dans l'infrastructure de simulation architecturale AMAP (modèle statistique, modèle de production végétale, modèle de compétition, modèle morphologique), on lit :

> En définitive, tous ces modèles se complètent les uns les autres et, de toute évidence, un modèle général qui engloberait à la fois les problèmes de morphologie et d'interaction avec le milieu aurait une polyvalence remarquable dans ses applications agronomiques. C'est cette approche qui est privilégiée à l'Unité de Modélisation des Plantes [1].

Plus loin, on peut lire :

> Le choix d'une représentation simplifiée de la végétation est avant tout d'ordre pratique. La description géométrique et biométrique d'un couvert *in situ* est en effet très laborieuse et toujours incomplète. À l'inverse, les plantes virtuelles sont des objets informatiques dont la géométrie et la topologie sont complètement décrites. Il devient donc possible de mettre en œuvre des modèles numériques de simulation exploitant le plus complètement possible les informations disponibles [...] Le choix a été fait de développer des modèles aussi précis et détaillés que possible afin de mieux analyser les phénomènes étudiés et, le cas échéant, tester et caler les modèles classiques [analytiques] [2].

Plus loin, encore :

> Il est clair qu'il faut tendre rapidement vers un modèle informatique d'arbre qui puisse à la fois servir en simulation, à l'agronomie, à la botanique, à la physiologie, à la mécanique et à la qualité du bois. La

1. P. de Reffye *et al.*, 1996, *op. cit.*, p. 67.
2. *Ibid.*, p. 73.

simulation de l'arbre se trouve en effet au carrefour de ces disciplines scientifiques et leur permet pour la première fois de communiquer réellement entre elles [1].

La modélisation « fragmentée » (selon notre expression) et la simulation universelle intégrative permettraient donc une « polyvalence » inédite qu'il ne faudrait désormais plus craindre. Cette polyvalence est à opposer à la monovalence maintes fois conseillée dans les épistémologies des modèles d'obédience tant théorique (abstraire, monoformaliser pour conceptualiser et donc comprendre l'essentiel) que pragmatique (se donner un objectif, choisir un langage formel descriptif, monoformaliser pour orienter l'action). De Reffye retrouve certes un intérêt, qui a toujours été le sien, pour des « lois des plantes ». Mais contre les mathématiciens et théoriciens aprioristes, trop pressés pour mesurer véritablement la variabilité des phénomènes vivants sur le terrain, de Reffye se réclame de la mesure objective des plantes. Son versant biométrique se retrouve ici. *La variabilité du vivant est présente mais elle a été conjurée par la simulation informatique. Car elle n'a plus seulement été résumée par des paramètres mais elle a été rendue synthétisable par des algorithmes fragmentés.* Ce sont ces algorithmes qui peuvent figurer au titre de lois des plantes, en quelque sorte, même si on perd par là la notion de *modèle mathématique* et qu'il faut lui préférer celle, plus modeste, de « modèle numérique ». Mais sur ce point, la terminologie de de Reffye reste flottante en 1996 : faut-il parler de « simulation », de « modèle numérique » ou de « modèle informatique » ? Ce flottement prouve que la nature de ce modèle est clairement vécue comme différente des autres, sans que le praticien trouve à réutiliser de manière stable et satisfaisante les catégories antérieures.

Il apparaît néanmoins clairement qu'il n'est plus besoin de recourir à la rhétorique de la complexité de la nature, infinie et donc quasi-divine, comme c'était le cas dans l'épistémologie de l'école française de modélisation, mais aussi encore dans les épistémologies pragmatistes. Au contraire, et *a posteriori*, cette rhétorique semble avoir servi à masquer une impossibilité que de Reffye *décide*, quant à lui, de trouver tout à fait contingente (voir l'expression « choix [...] d'ordre pratique »). Il n'éprouve plus le besoin de la sacraliser ou de l'interpréter en termes de tabou ou d'impossibilité constitutive due à la finitude humaine : pour lui, il s'agit simplement d'une incapacité technique et momentanée de prendre en compte suffisamment d'informations dans les modèles alors qu'elles étaient de toute façon disponibles. *Ne devenant plus nécessaire pour légitimer* a posteriori *une*

1. *Ibid.*, p. 90.

solution technique nouvelle d'ores et déjà existante, l'iconoclasme épistémologique contemporain dévoile ainsi, a contrario, son statut fragile de simple décision et d'option ontologique liminaire plutôt que celui d'un savoir réellement fondamental et supposé imposer systématiquement une ambivalente « modestie » à la méthode des modèles et des modélisations.

Cette polyvalence de la simulation, de la « plante virtuelle » a bien un coût épistémologique : elle cause un changement de statut épistémique dont de Reffye prend également conscience, à cette époque. Comme Bouchon essaie de le dire aux écophysiologistes, la simulation n'est plus tant un modèle qu'un double de la réalité. À ce titre, elle joue plutôt un rôle de réplication virtuelle, de double empirique du réel, plutôt que celui d'un résumé symbolique ou d'un ensemble abrégé d'énoncés observationnels (par ailleurs accessibles à notre échelle sensitive) ou encore d'un modèle formel mobilisable par l'esprit et à usage directement cognitif ou pratique :

> Le modèle conçu au CIRAD est original car il est développé à partir des connaissances qualitatives de la botanique et de l'architecture végétale, auxquelles sont rajoutées celles, quantitatives, acquises au cours d'expériences agronomiques réalisées au CIRAD en outre-mer ou dans des centres de recherche agronomique français. Son approche est donc de nature *expérimentale* et *non algorithmique*.[1]

Dans ce passage, de Reffye oppose donc une approche algorithmique à la nature expérimentale, clairement assumée ici, de la simulation. L'approche algorithmique est à comprendre au sens strict d'une mise à disposition d'un modèle mathématique *a priori* calculable en une série d'opérations purement mathématiques ou logiques, homogènes entre elles et en nombre fini[2]. Ce type de modélisation reste mathématique. Elle permet de comprendre le phénomène modélisé, au moins en droit, c'est-à-dire qu'elle autorise la restitution en son esprit du geste mathématique unique d'où procède le modèle. Elle s'oppose à la simulation à support formel fragmenté qui ne promet plus de faire comprendre. La simulation produit quant à elle des « maquettes numériques », « des objets informatiques »[3] compacts et opaques[4] sur lesquels des expérimentations virtuelles peuvent en revanche être faites. La simulation devient donc nettement un terrain d'expérimentation. Il faut bien comprendre que cette expérimen-

1. *Ibid.*, p. 115. C'est nous qui soulignons.
2. *Cf.* glossaire : simulation algorithmique.
3. *Ibid.*, p. 115.
4. *Cf.* E. A. Di Paolo *et al.* « Simulation Models as Opaque Thought Experiments », dans Mark A. Bedau *et al* (éds.), *Artificial Life VII*, Proc. of the 7th Intern. Conf. on Artificial Life, Cambridge, MIT Press, 2000, p. 497-506.

tation est faite par procuration, comme sur le terrain, à partir du moment ou le modèle de simulation est correctement calibré sur le terrain réel et ce d'un point de vue quantitatif. Ce faisant, on ne se livre qu'à des observations d'individus, de doubles d'objets singuliers, eux-mêmes singuliers, dont la caractérisation et la généralité restent problématiques. Ce caractère de singularité apparente les simulations à des expériences réelles. Mais leur reproductibilité (à partir du moment où l'on part des mêmes paramètres et des mêmes « graines » pour la génération des nombres pseudo-aléatoires) les apparente à des arguments conceptuels ou à des expériences de pensée [1]. Ainsi, diverses thèses épistémologiques d'apparence contradictoire ont été soutenues à ce sujet [2]. À cette époque, de Reffye pense quant à lui que l'on est désormais pleinement fondé à parler « d'expérience agronomique virtuelle » [3].

Les sursimulations

Ce sont les travaux en simulation du « climat radiatif » qui illustrent le mieux cette tendance de l'AMAP à utiliser les représentations architecturales dans leur complexité comme autant de maquettes ou de modèles servant ensuite à des expérimentations virtuelles. Ils ont pris naissance dans le cadre d'une demande agronomique concrète et particulière. À la fin des années 1980, Jean Dauzat, ingénieur agronome et titulaire d'une thèse en écologie, est intégré à l'équipe. Sa tâche est de développer les applications agronomiques des simulations. En 1990, à l'occasion d'une ATP interne au CIRAD (Action Thématique Programmée), il propose d'utiliser les simulations architecturales pour l'estimation des transferts radiatifs au sein d'une palmeraie (palmiers à huiles). Il s'agit d'évaluer précisément la lumière interceptée, la lumière transmise sous le couvert ainsi que la réflectance directionnelle. Le but agronomique est d'optimiser la densité des cultures associées (cultures sous couverts). Or, les modèles mathématiques classiquement utilisés pour évaluer les échanges radiatifs au sein d'un couvert végétal recourent à des représentations des plantes très simplifiées. Comme dans une représentation biométrique traditionnelle, la répartition des feuilles y est considérée comme aléatoire. Et l'on recherche l'effet moyen du couvert végétal sur l'ensoleillement au cours d'une journée. Mais ces

1. Nous reviendrons en détail sur ces questions en conclusion.

2. Pour une première revue, *cf.* F. Varenne, « What does a Computer Simulation Prove? » dans N. Giambiasi, C. Frydman (éds.), *Simulation in industry*, SCS Europe Bvba, Ghent, 2001, p. 549-554.

3. P. de Reffye *et al.*, 1996, *op. cit.*, p. 12.

modèles ne tiennent pas compte de l'hétérogénéité constatée et mesurée de l'éclairement au sol. L'optimisation de la densité de plantation n'est donc pas assurée.

Entre 1989 et 1994, Dauzat, aidé de Lecoustre, utilise des mesures architecturales précises faites en Côte-d'Ivoire afin de construire des maquettes réalistes de palmiers. Dans un premier temps, il confirme l'hétérogénéité de l'ensoleillement en procédant à des mesures de rayonnement au sol au moyen de capteurs, mais aussi à des mesures du rayonnement diffus sous la palmeraie. Ensuite, découpant la surface en triangles élémentaires, il trouve que le taux de transmission moyen par triangle obtenu par simulation au moyen du logiciel AMAPpara est très proche (à une erreur près de 10%) de celui qui a été mesuré[1]. La simulation *réplique* donc bien l'hétérogénéité du rayonnement. Recourant à ces mêmes maquettes, Dauzat simule enfin le climat radiatif total, avec ses rediffusions et ses réinterceptions, en faisant suivre à l'ordinateur l'histoire, c'est-à-dire le devenir, d'un grand nombre de rayons incidents provenant du soleil tout au long d'une journée. Pour obtenir un climat stabilisé, la simulation exige de procéder à un nombre très grand de ces « lancers de rayon » virtuels : entre 1 et 2 millions pour une petite scène de palmeraie. Dauzat commente : « Cette méthode est très consommatrice de temps de calcul. En revanche, cette approche mécaniste est très rigoureuse et permet de détailler finement les échanges radiatifs. »[2] Dauzat a donc montré que la cartographie du bilan radiatif total d'une plantation est accessible avec précision si on en reproduit au préalable les détails architecturaux par ordinateur. C'est une méthode semblable qui permet de fournir une image de la réflectance, vue du dessus, d'une scène végétale complexe; d'où le lien qui se fait très vite avec la problématique d'interprétation d'images produites par télédétection (avions, satellites...). Dans ce cadre-là, d'un point de vue conceptuel, la simulation informatique de botanique architecturale, renouant avec les origines de la simulation numérique, permet donc de contourner les problèmes de non calculabilité :

> Le modèle de lancer de rayons développé a pour objectif la simulation la plus précise possible de la réflectance du couvert. Il est trop complexe pour être inversé. Par des expériences de simulation il est néanmoins possible d'établir des relations entre un signal mesuré et diverses caractéristiques du couvert. Les relations obtenues peuvent ensuite être inversées[3].

1. J. Dauzat, « Radiative Transfer Simulation on Computer Models of *Elaeis guineensis* », *Oléagineux*, vol. 49, n°3, 1994, p. 86.

2. *Ibid.*, p. 88.

3. P. de Reffye *et al.*, 1996, *op. cit.*, p. 134.

Dans cette utilisation de l'ordinateur, les maquettes, étant elles-mêmes le fruit de simulations préalables, deviennent à leur tour le terrain d'un autre type de simulation : celle de l'éclairement. À la fin de leur construction, leur aspect n'est donc pas encore résumé de manière globale par un modèle ou une formule. Il sert de nouveau en tant que tel, dans sa rugosité même et dans son hétérogénéité conservée.

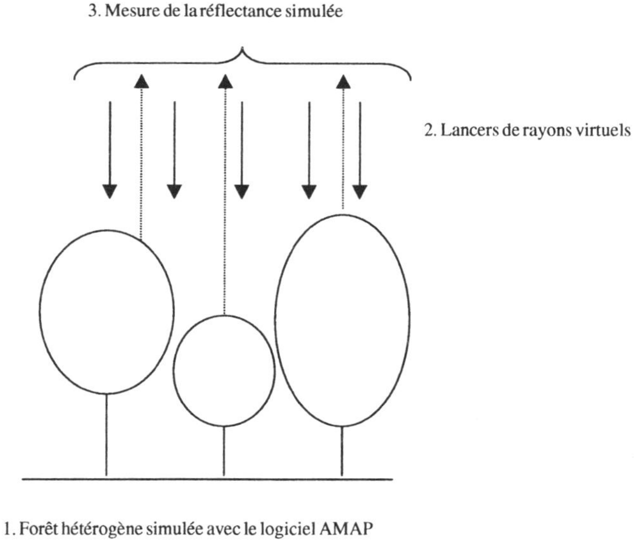

Les trois étapes d'une sursimulation : le cas de la simulation de la réflectance

C'est là que la simulation architecturale devient un terrain empirique à part entière en donnant lieu à ce que nous proposons d'appeler en l'espèce une *sursimulation*. À maintes reprises, Dauzat indique que cette simulation sur « maquette informatique » contredit quantitativement les modèles condensants habituels. Cette simulation sur maquette peut donc bien servir à *tester* des modèles mathématiques. Avec la simulation de la réflectance, elle sert aussi à *interpréter*, de manière inductive il est vrai, des images de télédétection. C'est-à-dire qu'elle peut servir à décider quel type de plantation et quelle essence d'arbre se trouvent représentés sur l'image. Au cours des années 1990, Dauzat poursuivra la conception et le raffinement de modèles d'échanges radiatifs au moyen des simulations architecturales à 3D. Plusieurs thèses seront soutenues jusqu'en 2002 au moins, sur ce sujet et avec cette approche[1]. Dès 1995, Dauzat participe au PNTS (Programme National de Télédétection Spatiale) en y proposant, en collaboration avec l'Unité de Bioclimatologie de l'INRA de Bordeaux et de Grignon, une « étude de la réflectance de peuplements de pins maritimes de la forêt landaise »[2]. Il contribue également à l'interprétation de données radar acquises préalablement par le CIRAD-Forêt au cours d'une campagne de mesures aéroportées menée sur une plantation d'eucalyptus congolaise.

Cependant, à la fin des années 1990, une question s'impose à l'AMAP : peut-on développer le même usage de la simulation, cette *sursimulation* ou simulation sur simulation, dans le domaine plus directement intéressé à l'évaluation de la masse de matière produite (bois, fruits, ...), ce qui est un axe majeur en agronomie? La suite montrera que cette idée d'étendre la simulation conçue comme terrain empirique à d'autres problématiques, si elle a pu dominer les perspectives de de Reffye et de son équipe dans la première moitié des années 1990, se révèlera un peu optimiste même si elle n'est pas fausse sur le principe. Il y a deux obstacles qui vont se présenter très vite dans les années qui suivent. Tout d'abord un obstacle technologique. Disposer d'une « plante virtuelle » purement architecturale (en fil de fer) nécessite déjà une mobilisation de mémoire telle que la vitesse de calcul est affectée considérablement. Surcharger de surcroît cette maquette avec des modules physiologiques très lourds, à la différence du module encore relativement léger des « lancers de rayon »[3] de Dauzat, cause dès le

1. *Cf.* les thèses de Pierre Guillevic (1999) et Delphine Luquet (2002), par exemple. Dauzat y est rapporteur et son travail sert de référence. C'est même un cadre de réflexion et un point de départ assumés dans la thèse de Delphine Luquet sur « Le suivi hydrique des plantes par infrarouge thermique ». Elle a été engagée comme chercheuse au CIRAD-AMIS (Amélioration des Méthodes pour l'Innovation Scientifique) en 2003.

2. P. de Reffye *et al.*, 1996, *op. cit.*, p. 135. En fait, dans ce cadre pratique-là, Dauzat doit déjà renoncer à simuler le pin aiguille par aiguille : la simulation de lancer de rayon demanderait un temps prohibitif, à la différence de ce que demandaient les quelques palmes du palmier. Il faut dont qu'il remodélise de manière conique et simplifiée des « unités de croissance feuillées » rassemblant un grand nombre d'aiguilles. *Cette méthode empirique de simulation n'est donc pas valable en pratique pour toute architecture d'arbre à cause de la limitation en puissance et en mémoire des ordinateurs en ce milieu des années 1990*.

3. Ce modèle révèlera plus tard lui aussi ses limites, notamment en vitesse de calcul. À partir de l'année 2000, dans le cadre du rapprochement avec l'INRIA dont nous parlerons plus loin, Cyril Soler et François Sillion, tous deux chercheurs à l'INRIA, et secondés par Frédéric Blaise (AMAP), adapteront des algorithmes issus de l'infographie pour simuler plus efficacement l'énergie lumineuse radiative sous un couvert végétal. Cette question de la radiosité de la lumière est en effet ancienne en infographie où il faut rendre des scènes réalistes du point de vue de l'illumination au moyen de techniques de rendu assez développées. Dans le rapport de recherche de C. Soler, F. Sillion, F. Blaise, P. de Reffye (*A physiological plant growth simulation engine based on accurate radiant energy transfer*, Le Chesnay, rapport de l'INRIA n°4116, février 2001), les auteurs choisissent une technique

départ des problèmes de calculabilité pratique, même pour les plus gros ordinateurs, ce dont témoigne déjà le travail préparatoire fait avec Houllier dès 1993 dans le cadre de l'AIP.

Ensuite, il y a un problème méthodologique. En 1996, de Reffye entend faire véritablement de l'*expérimentation agronomique virtuelle*. Or, l'histoire de l'agronomie a montré pour sa part qu'il n'y a pas d'expérimentations utilisables sans distinctions claires entre les facteurs contrôlés et les facteurs non contrôlés. Il faut pouvoir procéder à des expériences contrôlées. Comme le montrait l'approche fondatrice de R. A. Fisher, il faut qu'il y ait une certaine interaction de l'expérimentateur avec les entrées du terrain, que l'on sache au moins leur répartition aléatoire si l'on n'en commande pas l'expression[1]. L'opacité construite de la simulation, gage de son réalisme et de sa complexité, devient ici vite un obstacle : il faut y désintriquer quelque peu les liens simulés pas à pas pour voir comment procèdent les optimisations. Il faut en revenir à un certaine sorte de compréhension, de condensation, au moins à destination de l'ordinateur. Nous dirions que, si cela ne se révèle pas toujours nécessaire pour l'utilisateur, il faut en revanche *que l'ordinateur comprenne un tant soit peu ce qu'il fait* si l'on veut pouvoir utiliser les simulations dans des problématiques d'optimisation particulièrement complexes, c'est-à-dire faisant intervenir les effets physiologiques sur la croissance. Là est la raison majeure de la troisième convergence à laquelle l'AMAP a en fait progressivement et assez consciemment procédé depuis 1998, cela après sa convergence avec l'informatique graphique et sa convergence avec la foresterie : la convergence avec les mathématiques des graphes puis avec l'automatique et, de fait, la réconciliation tardive avec la simulation logique à la Lindenmayer. Après une naissance dans la simulation fragmentée où les mathématiques calculables n'avaient plus la priorité, il semble qu'il faille en quelque sorte « re-mathématiser » la représentation de la plante, cela bien que, contrairement à ce qu'on pourrait croire un peu vite, ce ne soit pas

hiérarchique où, à échelle globale, des réflectances et des transmittances équivalentes sont calculées pour les grandes structures de l'arbre. On montre que le raffinement jusqu'à la feuille individuelle (avec un calcul exact) est toujours possible au moyen d'une instanciation hiérarchique, c'est-à-dire d'une descente dans l'échelle des classes de données. Mais cela nécessite des calculs plus conséquents. En 2002, des ordinateurs parallèles commencent à être utilisés à cette fin. Ce qu'il faut retenir, c'est le fait que, comme dans le cas de la discrétisation en voxels chez Blaise (1991), une pure technique mathématique et algorithmique d'infographie peut servir à résoudre indirectement un problème propre aux sciences de la nature. Ici, c'est dans le cadre du calcul d'une valeur énergétique sur une maquette simulée. *L'infographie n'est donc pas nécessairement à la traîne de la science expérimentale, physique ou biologique. Elle sert parfois d'instrument formel de simulation réaliste ou de calcul.*

1. *Cf.* glossaire : plan d'expérience.

pour des raisons essentiellement théoriques. Tel est le moteur principal de la troisième et actuelle convergence à laquelle se livre l'AMAP.

Cinq simulations d'Araucaria, à différents âges,
logiciel AMAP-CIRAD (UMR Botanique et bio-informatique des plantes), 2003

CHAPITRE VII

REMATHÉMATISATION DES SIMULATIONS (À PARTIR DE 1998)

Le chapitre précédent a suggéré que le tout-simulation n'était plus tenable lorsqu'il s'agissait de poursuivre l'entreprise d'intégration de la physiologie de la plante dans les simulations informatiques. Le laboratoire du CIRAD, dirigé entre-temps par François Houllier (de 1998 à 2002), produira des travaux tendant à simplifier les simulations originelles, sans en abandonner les principes, mais tout en injectant des modèles de fonctionnement simplifiés à certaines étapes décisives. Parti de cette première simplification, de Reffye poursuivra ses travaux, en s'aidant des connaissances en automatique d'un laboratoire chinois puis de chercheurs français de l'INRIA. La fondation de l'équipe associée Greenlab CIRAD / INRIA / École Centrale de Paris formalisera enfin l'entrée dans cette phase que nous nommons « remathématisation » et qui verra aussi une certaine convergence tardive de l'approche du CIRAD avec l'école de simulation algorithmique issue de Lindenmayer. Nous montrerons qu'une simulation suffisamment mature et calibrée sur un grand nombre de données, et, en particulier, son implémentation informatique, offrent un terrain formel intermédiaire à partir duquel il est possible d'organiser en retour une simplification et une uniformisation symbolique, en un mot une remathématisation. Il est significatif que, dans ce contexte, ce ne soit pas un souci de conceptualisation ou de compréhension qui se soit imposé d'autorité à la simulation, mais que ce soit essentiellement pour des raisons de praticabilité (au regard des temps de calcul et des capacités de mémoire) et de vérification des simulations que l'ordinateur lui-même ait fini par exiger de comprendre, en quelque sorte, ce qu'il faisait.

Au 1er janvier 1998, François Houllier devient responsable de l'AMAP à la place de de Reffye. Du point de vue de l'INRA, il est directeur du « Laboratoire associé CIRAD-INRA Modélisation de l'architecture des arbres forestiers ». Du côté du CIRAD, il est dit responsable du « Programme modélisation des plantes ». Cette décision est, elle aussi, assez largement appuyée par Coléno. En fait, de Reffye voit son temps dévoré à 50% par des responsabilités administratives diverses (dont la direction du GERDAT). Or, cela fait quinze ans qu'il dirige son laboratoire. Il éprouve une certaine lassitude. Surtout, il souffre de ne plus pouvoir s'engager à temps plein dans la recherche à un moment où il perçoit que des convergences prometteuses sont sur le point d'aboutir au niveau conceptuel. Et il ne voit pas qu'elles puissent réellement se développer sans son appui constant. Il veut donc être libéré de ces contraintes pour pouvoir se consacrer de nouveau à la recherche. La nomination de Houllier est une opportunité pour lui.

LE PREMIER MODÈLE MIXTE STRUCTURE-FONCTION : « L'EFFICIENCE DE L'EAU » (1997-1999)

Car, entre-temps, à partir de 1996, intervient une innovation conceptuelle de poids dans la modélisation que propose AMAP. Alors que la première tentative de couplage de la simulation architecturale avec l'écophysiologie avait fourni des résultats mitigés, lors de l'AIP, et que les limites en calcul promettaient de se présenter rapidement, de Reffye a l'idée de recourir à une loi simple et classique en écophysiologie : la loi de l'efficience de l'eau. Cette loi phénoménologique, bien connue des écophysiologistes depuis les années 1930, postule que la matière créée par photosynthèse est constamment proportionnelle à la transpiration de la plante. Cela est valable dans les cas où la plante n'est pas soumise à un stress hydrique. Or, en première approximation, cette transpiration ne dépend elle-même que de l'architecture. Comme le logiciel AMAPpara rend compte du programme de croissance primaire dans sa séquence réelle et sa topologie, s'il est possible d'évaluer à chaque étape la transpiration, la production de matière sera elle-même précisément évaluable. Il ne restera plus qu'à l'allouer différentiellement pour simuler la croissance secondaire des organes. Or, cela est également possible car on dispose pour ce faire des lois d'allométrie locales pour chaque organe. Pour de Reffye, c'est là une occasion d'aller à l'école de l'écophysiologie sans pour autant entrer dans les conflits nombreux qui animent le monde de l'écophysiologie autour des modèles régionaux. À l'époque, certains écophysiologistes français s'indignent et se dressent contre cette nouvelle intrusion qu'ils jugent inopportune et irrespectueuse de la complexité des phénomènes considérés. Au-delà des approches de quantifications classiquement biochimiques, à une échelle plus intégrée, les écophysiologistes ne connaissent en général pour toute modélisation que celle qui est à base de processus et qui recourt à des compartiments fonctionnels. Certains pourtant, comme Pierre Cruiziat[1] vont le soutenir dans sa démarche. Cruiziat reconnaît en effet la nécessité de dépasser les modèles physiologiques centrés sur les flux pour « spatialiser » les modèles d'arbres fonctionnels.

À partir de 1997, avec Frédéric Blaise, François Houllier, Thierry Fourcaud et Daniel Barthélémy, de Reffye adapte donc AMAPpara de manière à y intégrer cette loi de l'efficience de l'eau[2]. Le nouveau modèle procède par cycles décomposables en 3 étapes :

1) Le moteur de croissance architecturale détermine la croissance primaire des axes et des organes; la matière créée dans le cycle précédent est allouée aux feuilles et aux entrenœuds; chaque organe est pour cela traité comme un puits de matière; les lois d'allométrie sont utilisées pour faire pousser les organes. Toute matière produite est consommée.

2) La structure géométrique calculée permet de quantifier la transpiration en prenant en compte l'architecture du réseau hydraulique modifiée par la croissance précédente. La notion de résistivité hydraulique (analogie classique avec l'électricité) permet alors la sommation des résistances. Elle permet le calcul analytique de la distribution du potentiel hydrique.

3) La croissance des cernes des axes et celle des fruits est enfin calculée à partir de leurs puits et de leur expansion. L'accroissement en épaisseur des axes se fait par un dépôt uniforme de matière le long des branches[3].

1. Ingénieur agronome de Paris-Grignon. Au début des années 1970, il passe un doctorat en physiologie des plantes à Paris. Chercheur à l'INRA, son travail a touché essentiellement aux transferts hydriques dans les plantes. En 2003, il travaille en écophysiologie des arbres à l'INRA de Clermont-Ferrand. Depuis 1990, son unité de rattachement est le PIAF. Elle est associée à l'Université Blaise Pascal depuis cette date. Cruiziat milite pour la spatialisation des modèles fonctionnels pour deux raisons : 1 – la nécessaire prise en compte de l'*hétérogénéité géométrique* du couvert végétal et donc de l'ensoleillement, 2 – la nécessaire prise en compte de l'*hétérogénéité morphologique* des organes à l'intérieur du houppier et des compétitions internes qui s'y trouvent.

2. *Cf.* P. de Reffye, F. Blaise, T. Fourcaud, F. Houllier, D. Barthélémy, « Un modèle écophysiologique de la croissance et de l'architecture des arbres et de leurs interactions », dans INRA-Grignon (éd.), *Modélisation architecturale*, Actes du séminaire des 10-12 mars 1997, département de Bioclimatologie, document interne 1997, p. 129-135.

3. *Ibid.*, p. 130.

C'est donc à partir de ce travail que de Reffye et Houllier commencent à quitter l'approche par la simulation seule. Il s'agit en effet d'un couplage entre une approche par simulation stochastique (incarnant toujours une manifestation macroscopique du programme génétique de la plante) et une approche fonctionnelle où les relations mathématiques sont exprimables de manière analytique à chaque étape. Les auteurs montrent en effet que l'on peut écrire une « formule de récurrence reliant la croissance d'un arbre (transpiration, assimilation et allocation) à sa structure interne et à son architecture aérienne et racinaire » :

$$Q_n = \frac{k.\Delta\psi_n}{\sum_{j=1,2}\left(r_j A_j + r_j' B_j \left(\frac{Q_{n-1}}{f_{jn}}\right)^{1+\alpha} + \rho_j C_j \left(\sum_{i=1}^{n-1}\left(\frac{Q_{i-1}}{f_{ji}}\right)^{\frac{1+\alpha}{2}}\right)^2\right)}.Q_{n-1}$$

Légende :

> Qn = quantité de matière sèche fabriquée à l'étape n ; ΔΨn = différence de potentiel hydrique (entre les feuilles et le sol) à l'étape n ; k = efficience de l'eau ; j = 1 pour la partie aérienne ; j = 2 pour la partie souterraine ; fjn = nombre d'unités de croissance actives pour l'assimilation (j = 1) et l'alimentation en eau (j = 2) ; rj = résistance à la transpiration (feuilles) ou à l'absorption d'eau (« poils absorbants » [du système racinaire]) ; rj' = résistance à la circulation de la sève brute dans les unités de croissance terminales ; ρj = résistivité des cernes conducteurs ; α = paramètre qui décrit la morphologie des unités de croissance ; Aj, Bj, Cj = paramètres qui dépendent de la morphologie de la plante et des règles d'allocation des assimilats[1].

La simulation procède donc encore étape par étape de croissance. Mais, à chacune de ces étapes, certaines variables décisives ne sont plus l'objet d'une construction probabiliste comme c'est encore le cas dans le logiciel AMAPsim. La variable Qn, par exemple, est calculée de manière analytique en fonction des résultats de la simulation architecturale à chaque étape. La plasticité des modèles architecturaux (qui conservent par ailleurs leur déterminisme à l'intérieur d'un cadre stochastique) est ainsi contrôlée par l'architecture elle-même dans son rapport à l'efficience de l'eau. Grâce à la loi phénoménologique de l'efficience de l'eau, qui est donc en fait un modèle mathématique validé, il y a un début d'effet en retour de l'architecture sur la production par la photosynthèse et de cette production sur

1. Pour la formule et la légende, cf. *ibid.*, p. 131.

l'expression du modèle architectural (sa vitesse). Au final, on dispose bien d'un début de modèle de régulation où le modèle architectural est contrôlé par le modèle de production à base de processus et le contrôle en retour. Ainsi on constate que c'est la convergence vers l'agronomie et ses problématiques de production contrôlée qui entraîne elle-même un retour vers la modélisation mathématique compréhensive. Cette approche qui en un sens re-mathématise ce qui avait été fragmenté permet aussi une meilleure vérification du programme de modélisation. Ce souci a été constant chez de Reffye. Il en a eu conscience dès sa thèse de 1979 : rappelons qu'il s'obligeait à trouver un arbre entièrement calculable analytiquement pour vérifier que la simulation stochastique de cet arbre simple donnerait par ailleurs les mêmes résultats.

Finalement, parce qu'il semble bien moins lourd et plus calibrable que le modèle mixte proposé lors de l'AIP, ce modèle enté sur AMAPpara et intitulé plus tard (en 1999) AMAPhydro puis AMAPagro, fait par la suite l'objet de tests de validation serrés, d'abord sur le cas du cotonnier. Les résultats qualitatifs et quantitatifs sont satisfaisants. Le modèle est considéré comme validé. Il fait l'objet d'une publication importante dans la revue *Agronomie*[1], notamment. Dans ce contexte, par « validation », l'équipe de de Reffye entend « la totale reconstruction cycle par cycle de la plante par une biomasse fabriquée et répartie dans une architecture tridimensionnelle à partir des paramètres mesurés ou calculés sur les données expérimentales »[2].

Cependant, à côté de ce retour vers les modèles mathématiques, principalement occasionné par le besoin de calculer des modèles mixtes, on sait qu'AMAP essaie d'affermir et d'affiner ses formalismes en leur donnant une allure moins improvisée, notamment avec les travaux de Godin et Guédon. Dès le début des années 1990, ce travail de formalisation portait en germe la possibilité d'une comparaison plus directe, si ce n'est celle d'un rapprochement, avec les techniques de simulation logique issues de l'école de Lindenmayer. Ce rapprochement a bien eu lieu en effet. Pourtant, dans cet épisode, AMAP n'a pas été seul à faire un pas vers l'autre pour rendre possible la réconciliation. Il a fallu qu'un souci de graphisme puis de prise en compte de détails botaniques, géométriques et stochastiques se fasse lui aussi progressivement jour, quoique tardivement, dans cette école formaliste. Or, cette inflexion a elle-même une histoire. Afin de

1. P. de Reffye, F. Blaise, S. Chemouny, S. Jaffuel, T. Fourcaud, « Calibration of a hydraulic-based growth model of cotton plant », *Agronomie*, vol. 19, n°3/4, 1999, p. 265-280.

2. E. Malézieux, G. Trébuil, M. Jaeger (éd.), *Modélisation des agroécosystèmes et aide à la décision*, Montpellier-Versailles, Librairie du CIRAD-INRA Éditions, 2001, p. 160.

comprendre cette convergence récente et décisive entre l'école des L-systèmes et celle de modélisation fragmentée et de simulation architecturale, il nous faut donc rapporter brièvement les étapes antérieures de l'évolution des L-systèmes à partir de l'époque où nous l'avions laissée.

ÉVOLUTION PARALLÈLE DE LA SIMULATION ALGORITHMIQUE : 1984-1994

Pendant les années 1980, les L-systèmes restent encore massivement un objet de préoccupation pour informaticiens, mathématiciens et linguistes, cela à la suite d'une appropriation que nous avons évoquée plus haut. Toutefois, de 1976 à 1984, Pauline Hogeweg puis Alvy Ray Smith s'affrontent, de manière assez isolée il est vrai, à la difficulté de plonger une grammaire formelle dans un espace géométrique. Le but clair était déjà de rendre le modèle logique susceptible de se prêter à terme à des validations quantitatives au regard de mesures de terrain. Les L-systèmes y restent encore massivement un outil pour des préoccupations théoriques. Cependant, les fractales, cette sorte de mathématiques du concret, font forte impression dans les milieux de l'informatique graphique alors en plein essor, même si leur applicabilité directe, dans le cas de la morphogenèse des plantes, se réduit à quelques espèces de fougères. Mais la solution des graftals de Smith qui, pourtant, les assouplit, paraît encore bien rigide. Cette solution ne sera d'ailleurs pas véritablement reprise. Une autre approche va être plus féconde. De son côté en effet, à partir de 1971, un professeur d'informatique de la University of Western Ontario, Andrew. Szilard, s'était intéressé plus particulièrement aux L-systèmes. En 1979, lorsque les fractales commencent à être populaires, c'est dans la revue de son université qu'il publie avec son élève R. E. Quinton un article dans lequel il montre que les L-systèmes peuvent engendrer des courbes fractales. Le formalisme logique des L-systèmes s'avérait donc au moins aussi souple si ce n'est plus que l'approche mathématique par fractales. L'idée consistait à introduire parmi les axiomes du L-système des règles de rotation sur le plan en plus des règles classiques de réécriture de symboles. Il apparaissait donc que les L-systèmes ne nécessitaient plus une interprétation géométrique surajoutée; ils généraient eux-même un dessin géométrique sur le plan, bien que ce dessin restât encore discrétisé et assez peu souple formellement.

C'est en 1985 que cet article, à la publication confidentielle, retient l'attention d'un professeur en informatique et infographie de l'Université de Regina, Przemyslaw Prusinkiewicz. Ce dernier a un parcours hors du commun. Il est polonais d'origine. Il avait fait des études d'informatique à l'Université Technique de Varsovie entre 1970 et 1979 avant de devenir professeur à l'Université de Science et Technologie d'Alger de 1979 à 1982. Sa spécialité initiale touchait les problèmes de tolérance aux erreurs dans les calculs numériques. C'est d'Alger qu'il eut l'opportunité de rejoindre ensuite l'Université de Regina. Disposant du matériel adéquat (des stations Silicon Graphics), Prusinkiewicz y faisait évoluer son travail vers l'informatique graphique. Et c'est enfin par ce biais qu'il a d'abord vent des travaux effectués auparavant par les élèves et collègues de Seymour Papert au Laboratoire d'Intelligence Artificielle du MIT. Rappelons-en ici brièvement l'esprit : ce laboratoire avait été fondé par Papert et Minsky au milieu des années 1960. Papert était mathématicien et avait travaillé avec Piaget, à Genève. Son approche en mathématique était donc teintée de constructivisme. Un de ses premiers projets a consisté à développer un type de langage de programmation qui, à partir de commandes de mouvements simples destinées à des « tortues » (et qui étaient au départ des robots mobiles sur un plan) simulait ou aidait à un apprentissage cognitif pas à pas et constructif. C'était là rejoindre et tester, sur des modèles d'abord physiques, l'intuition centrale de Piaget selon laquelle les concepts ont une source sensori-motrice. Ce langage fut intitulé LOGO dès 1967. Il fut construit sur la base du langage LISP, créé en 1960. Il servit donc d'abord à simuler le comportement animal. Mais en 1975, Harold Abelson et Andrea di Sessa, alors chercheurs dans ce même laboratoire, développèrent à partir de LOGO ce qu'ils appelèrent une « géométrie à tortue ». Ils se réclamaient eux aussi ouvertement de l'intuitionnisme constructiviste, en particulier en mathématiques [1]. Il s'agissait pour eux de relier l'intelligence artificielle constructiviste et les techniques de l'infographie. L'intérêt des commandes graphiques de LOGO en effet est qu'elles ne s'appuient pas sur un système de coordonnées global. Les propriétés géométriques sont « intrinsèques aux figures plutôt qu'imposées par une infrastructure de référence » [2]. La construction de formes est donc très facilement programmable.

C'est en 1982 qu'Abelson et di Sessa font paraître leur ouvrage synthétique *Turtle geometry* aux presses du MIT. Prusinkiewicz en prend alors connaissance en 1985, en même temps que l'étude précédente de Szilard. Il s'inspire donc de ces deux sources. Et il a l'idée de relier cette

1. *Cf.* H. Abelson, *Logo graphics as a mathematical environment,* Proc. of the Annual Conference of the Association of Computing Machinery, *ACM-CSC-ER, Houston, ACM-Press, 1976,* p. 160 : « All mathematics has (ultimately) intuitive foundations, but in turtle geometry the links are particularly close ».

2. *Ibid.*, p. 159.

approche souple de type LOGO avec les formalismes des L-systèmes pour concevoir un système de représentation graphique de formes botaniques complexes. En 1986, il publie un premier article sur « Les applications graphiques des L-systèmes ». Il propose d'interpréter systématiquement les règles de réécriture des L-systèmes comme commandant les mouvements d'une tortue dont il trouve le comportement tout à fait analogue à un méristème apical [1] de plante. Il contacte ensuite Lindenmayer avec lequel il collabore quelque temps. Prusinkiewicz tente en fait de le convaincre que l'usage des L-systèmes pour l'infographie permet de rejoindre plus simplement ses propres préoccupations initiales en morphologie biologique, celles qui l'avaient conduit aux L-systèmes de 1968. Notamment l'usage de la tortue permet d'éviter le laborieux parenthésage linéaire. La station Silicon Graphics IRIS 3130 qu'il utilise à Regina présente l'avantage de spatialiser véritablement les L-systèmes et de les rendre plus accessible à l'intuition. Un peu comme Ulam en son temps face à von Neumann, Prusinkiewicz est le promoteur d'une spatialisation du formalisme que Lindenmayer voulait croire au début évitable ou contournable à grand renfort de linguistique structurale et de théorèmes. Ce faisant, il contribue à faire entrer les L-systèmes dans une phase au cours de laquelle ils cesseront d'être des modèles purement théoriques.

En 1987, Prusinkiewicz et Lindenmayer font donc une communication ensemble à la première conférence sur la Vie Artificielle, organisée par Christopher Langton, à Santa Fe [2]. Prusinkiewicz y montre que l'approche constructiviste par le formalisme de la tortue possède un autre intérêt remarquable : celui de faire accéder les L-systèmes à la tridimensionnalité. On peut en effet considérer que la tortue fait subir des rotations de vecteurs dans l'espace pour changer sa direction au moyen de produits vectoriels. Lors de cette conférence, ils présentent plusieurs images assez réalistes de plantes. Mais cette collaboration prend fin rapidement avec la mort de Lindenmayer en 1989.

Dans les années qui suivent, avec ses étudiants en informatique graphique de Regina, Prusinkiewicz conçoit ce qu'il appelle un « Laboratoire Virtuel » de botanique. Mais en réalité, son approche reste celle d'un informaticien : ce laboratoire virtuel qu'il veut être une aide décisive pour

1. Méristème (*cf.* glossaire) situé au sommet (apex) du rameau en croissance.

2. Pour une histoire du programme de « Vie artificielle », *cf.* P. Goujon, « La biologie à l'ère de l'informatique. Connaissance et naissance de la vie artificielle, Première partie », *Revue des Questions Scientifiques*, 165 (1), 1994, p. 53-84 ; P. Goujon, « La biologie à l'ère de l'informatique. Connaissance et naissance de la vie artificielle, Seconde partie », *Revue des Questions Scientifiques*, 165 (2), 1994, p. 119-153.

la botanique se révèle surtout être une grosse banque de données visuelles et hiérarchisées par catégories d'objets. Il est conçu dans un esprit de programmation orientée-objets autour de son premier logiciel conçu en C à partir de 1986 : *Pfg* (pour *Plant and fractal generator*). Il a pour fonction première de présenter des informations scientifiques de manière visuelle. Prusinkiewicz soutient bien qu'on y pourrait effectuer de « nouvelles expériences »[1]. Mais il pense en termes d'expériences pédagogiques : dans la lignée de l'approche de Piaget, Papert, Abelson et di Sessa, Prusinkiewicz considère qu'il y a continuité entre l'expérimentation scientifique porteuse d'informations réellement nouvelles et l'expérience d'apprentissage propre aux étudiants. À partir de 1991, il est nommé professeur d'informatique à l'Université de Calgary. C'est là qu'il poursuit le développement de sa plate-forme logicielle.

Dès ses premiers travaux, Prusinkiewicz est connu de l'équipe du CIRAD, notamment par le biais de Françon et de ses doctorants Jaeger et Blaise. De surcroît, le livre abondamment illustré *The algorithmic Beauty of Plants*, écrit en collaboration avec Lindenmayer juste avant sa mort, contribue à le faire connaître très tôt. Mais Françon comme de Reffye considèrent qu'il n'y a pas là une réelle attention aux connaissances botaniques fines. Il s'agit encore d'une modélisation de haut en bas, donc assez théorique et valorisant le formel pour le formel. Ce laboratoire virtuel ne s'appuie pas sur des concepts botaniques suffisamment nombreux et généraux pour avoir les moyens de ses ambitions, c'est-à-dire pour posséder un caractère véritablement générique de manière à pouvoir se substituer à la réalité de terrain dans certaines expérimentations inédites. Confirmant ce diagnostic, son logiciel va d'ailleurs surtout se diffuser dans les milieux de l'informatique graphique. De son côté, Prusinkiewicz n'ignore pas les travaux de de Reffye. Mais il les trouve au départ un peu improvisés d'un point de vue formel, même s'il sera conduit à changer d'avis par la suite, du fait de la convergence remarquable qui va avoir lieu entre AMAP et sa propre approche[2]. Pourtant cette convergence ne sera pas exactement le fait de Prusinkiewicz lui-même, même si plusieurs rencontres ont lieu à partir de 1995. Son épistémologie fondamentale le lui défend. Son but est surtout d'appliquer des notions informatiques et algorithmiques pour tenter d'améliorer directement la compréhension des phénomènes de morphogenèse du vivant.

1. P. Prusinkiewicz, A. Lindenmayer, *The algorithmic beauty of plants*, New York, Springer Verlag, 1990 ; rééd., 1996, p. 193.

2. P. Prusinkiewicz, « Modeling plant growth and development », *Current Opinion in Plant Biology*, vol. 7, n° 1, 2003, p. 2.

C'est donc dans un esprit finalement assez proche de Rashevsky et de la première biologie mathématique théorique que Prusinkiewicz pense qu'il faut chercher un formalisme unique en vue de comprendre. Pour Prusinkiewicz, comme pour nombre de ses élèves ou émules, l'informatique ne fait qu'élargir l'arsenal formel des mathématiques. Entre les deux, il y a continuité et non rupture dans la fonction épistémique traditionnellement attribuée aux formalismes. Avec lui, le mathématisme d'antan se conserve donc, mais il se transforme en quelque sorte en un « informatisme » : il faut plaquer les catégories de l'informatique du haut vers le bas et voir ensuite si l'on explique quelque chose du monde réel par là. Il faut aller des formalismes aux lois de la nature, alors que pour de Reffye, c'est l'inverse : il faut mesurer et improviser au besoin les premières formulations des lois. Le raffinement formel vient après. Les formalismes plaqués *a priori* peuvent en effet toujours être tordus en un sens ou en un autre pour donner l'impression de coller à peu près aux lois[1]. Ce qui ne veut pas dire que pour de Reffye, il ne faille pas chercher le meilleur formalisme. Mais cela ne peut se faire qu'à partir d'un modèle empirique intégrant les lois mesurées. Les simulations doivent servir de terrain de tests empiriques pour des modèles mathématiques qui restent certes, en eux-mêmes, plus que jamais désirables.

Au cours des années 1990, le laboratoire de Prusinkiewicz a tiré quelques enseignements d'AMAP et de ce que Prusinkiewicz appelle les *modèles empiriques* par opposition aux *modèles causaux*[2] : il assouplit fortement le système logique et implémente des lois probabilistes dans les règles de ramification formelle. Toujours est-il que le besoin, voire la nécessité, de calibrer réellement ces modèles logiques complexifiés ne viendra pas tout de suite, on le comprend, d'un laboratoire d'informatique comme celui de Prusinkiewicz mais, d'une manière assez compréhensible, d'une Faculté de sciences forestières, celle de l'Université de Göttingen.

1. Ce que de Reffye appelle les « lois de la nature », ce sont par exemple ici les modèles architecturaux, la nature stochastique des comportements des méristèmes en botanique, l'axe de référence et l'âge physiologique des méristèmes, la loi de l'efficience de l'eau en agronomie. Ce sont donc des lois phénoménologiques, à une échelle assez globale. Il les compare à la loi d'Ohm en électricité (U = RI) auxquels il faudrait, selon lui, un nouveau Maxwell pour leur retirer leur caractère purement phénoménologique et les déduire de modèles explicatifs. Ces lois n'évolueront pas selon lui sur le fond mais seulement sur la forme, dans leur formalisme. Ce qui est d'ailleurs souhaitable. C'est pourquoi ce sont, selon lui, des lois de la *nature*.

2. P. Prusinkiewicz, « Modeling of spatial structure and development of plants : a review », *Scientia Horticulturae*, vol. 74, 1998, p. 114.

En 1994, en effet, le mathématicien et informaticien Winfried Kurth travaille sur un programme de modélisation de « la dynamique de changement des écosystèmes forestiers »[1]. Pour son doctorat, Kurth a d'abord travaillé sur la modélisation des formes naturelles au moyen des grammaires formelles de type L-système. Il connaît donc parfaitement les derniers travaux de Prusinkiewicz. Mais lorsqu'il arrive à la faculté de Göttingen, l'enjeu est différent de celui que connaissent habituellement les informaticiens et les infographistes : il faut rendre ces modélisations enfin calibrables et utilisables pour des analyses en écologie forestière. Or, à l'époque, aux yeux des chercheurs de Göttingen, si l'on veut traiter la forêt comme un écosystème, il n'apparaît plus suffisant de développer des modèles de processus à compartiments et à budgets de matières. Car on occulte par là l'hétérogénéité de l'interception de la lumière et du climat radiatif. On néglige également les mécanismes complexes de flux de sève en rapport avec le comportement hydrique de l'arbre. Et on se condamne enfin à ne pouvoir suivre la dynamique des paramètres structuraux, dont les cernes, dans les troncs. Comme leurs collègues sylviculteurs et agro-forestiers auparavant, les chercheurs développant une approche d'écologie forestière éprouvent donc aussi, mais un peu plus tard, le besoin de passer à l'échelle de l'arbre individuel.

Au départ, Kurth s'intéresse à l'approche de l'AMAP à travers les travaux de Jean Dauzat sur la simulation du climat radiatif sous couvert végétal. C'est par là qu'il se convainc de procéder lui-même à la conception d'un modèle morphologique d'arbres individuels de manière à pouvoir ensuite les traiter en peuplement. Il est donc d'accord sur la nécessité de prendre en compte l'architecture. Là est la clé de la convergence à laquelle il prend part. À ce sujet, il se trouve un précurseur en écologie forestière même et qu'il cite souvent. C'est le biologiste et écologue des plantes britannique, Adrian D. Bell, de l'École de Biologie Végétale du *University College ofNorth Wales*. Bell était au départ un spécialiste des rhizomes. Entre 1972 et 1976, lors de ses recherches postdoctorales au centre *Harvard Forest* du Massachusetts, il avait bénéficié du matériel informatique du Centre de Calcul du MIT, à Amherst. Le fonctionnement régulier de certains rhizomes l'avait intrigué. Les angles des branches successives sont souvent des multiples de 60° et la figure générale du système rhizomatique peut donc ressembler à un pavage d'hexagones ouverts ou fermés.

1. W. Kurth, « Stochastic sensitive growth grammars : A basis for morphological models of tree growth », Actes du colloque *L'arbre – Biologie et Développement*, Montpellier, 11-16 septembre 1995, p. 12.

Cela l'avait d'abord amené à concevoir un système de représentation graphique simple, à la main, où les branches filles poussaient avec des probabilités calibrées en champ [1]. Mais la dynamique du rhizome avec ses naissances et ses morts ne pouvant être transcrite par ces signes graphiques simples, il avait ensuite songé à employer un système informatique susceptible de faire voir cette dynamique de croissance et de sénescence au cours du temps. Il s'était ainsi convaincu qu'il était utile de conserver une représentation spatialisée et qu'il fallait pour cela recourir à l'ordinateur. Bell nommera ce logiciel RHIZOM mais il le développera assez peu, car il travaillera par la suite de manière moins formalisée sur la morphologie des plantes à fleur. En tout cas, la volonté commune de spatialiser (Bell) et de prendre en compte l'architecture (de Reffye – Dauzat) est bien la clé, chez Kurth, de la convergence plus tardive entre modèle logique et simulation architecturale en écologie forestière. En 1994 donc, Kurth développe son propre logiciel, baptisé GROGRA (pour GROwth GRAmmar), sur une station Silicon Graphics IRIX 5.2. Il y conserve l'approche des L-systèmes par les tortues de Prusinkiewicz. Mais il enrichit considérablement les règles de réécriture de manière à y intégrer plus substantiellement les lois botaniques mises en valeur auparavant par de Reffye et son équipe. Kurth rencontre pour cela plusieurs fois les chercheurs de l'AMAP. Et il reconnaît le tribut qu'il leur doit. Ainsi, afin de converger vers une plus grande fidélité botanique, Kurth est obligé de faire figurer pas moins de 26 règles de nature différentes dans ses L-systèmes (à comparer aux 3 règles initiales de Lindenmayer !). Le formalisme devenant de ce fait très intrinsèquement hétérogène, *il n'est donc plus question de mettre en priorité l'accent sur des théorèmes* qui pourraient *a priori* en être tirés, même si cette préoccupation, remontant à Lindenmayer, demeure encore chez Kurth. L'idée majeure de Kurth réside dans cette manière de rendre dès le début sa grammaire de croissance sensible à l'environnement. La générativité purement locale des L-systèmes avait beaucoup fait pour leur succès dans un contexte logiciste et mécaniste en biologie du développement

1. Même si son système est plus simple du fait de la limitation de son objet d'étude, le rhizome, on constate donc qu'aux mêmes dates que de Reffye, Bell propose une solution de simulation stochastique très similaire. Dans l'article de 1976, Bell se félicite d'avoir pu utiliser autre chose que des tables traçantes, à savoir un des premiers écrans graphiques du MIT; ce qui lui a permis de simuler, de manière dynamique et sur la même image, la disparition par pourriture des parties du rhizome tombées en sénescence. *Cf.* A. D. Bell, « Computerized Vegetative Mobility in Rhizomatous Plants », dans A. Lindenmayer, G. Rozenberg (éd.), *Automata, Languages, Development*, Amsterdam, North-Holland Publishing Company, 1976, p. 5. On le sait, ce n'est pas avant 1989 que de Reffye a bénéficié d'une telle technologie graphique, soit 13 ans plus tard.

(Lindenmayer et Lück) puis constructiviste en infographie (Abelson, di Sessa et Prusinkiewicz). Mais dans un contexte de modélisation écologique, afin de prendre en compte les boucles de régulation du global sur le local, Kurth se voit contraint de tempérer ce mécanicisme fondateur dans sa propre approche de la morphogenèse. Certaines branches entières peuvent porter ombrage à des organes appartenant à d'autres branches situées en dessous, par exemple. Pour prendre en compte cet effet qu'on peut dire écologique à l'intérieur même de la plante [1], dans le programme, une représentation de l'architecture globale de l'arbre tant topologique que géométrique doit pouvoir constamment être appelée par les règles formelles de croissance. Avec ces complexifications informatiques, il est vrai grandement facilitées par la programmation orientée-objet, Kurth parvient à calibrer précisément GROGRA sur un épicéa de 14 ans en prenant des mesures similaires à celles d'AMAP.

Cette convergence vers l'architecture se laisse percevoir également dans des travaux de modélisation forestière mis en œuvre à partir de 1996 par une équipe de l'Institut finnois de Recherche Forestière, à Helsinki. Inspirée par AMAP, mais surtout par Kurth, l'équipe de Jari Perttunen choisit de se dispenser de tout formalisme logique ou mathématique *a priori* et écrit directement un programme orienté-objet en C++. Elle le baptise LIGNUM parce qu'il a lui aussi comme objectif de prendre en compte le fonctionnement et pas seulement l'architecture. Le modèle est purement informatique. Il considère un arbre comme « une collection d'unités simples correspondant aux organes » [2]. Suivant l'approche imposée par C++, l'arbre est conçu comme une collection de listes d'unités de base, listes dans lesquelles les unités peuvent s'appeler par des pointeurs. C'est seulement au niveau des attributs des unités de base que la morphologie, la géométrie, le budget en carbone, etc., sont implémentés. Les unités de base ne sont que de trois types : segments d'arbres, points de ramification et bourgeons. Mais cette simplification est possible parce que le modèle n'est pas conçu pour représenter tout type de plantes, contrairement à AMAP, mais seulement des pins sylvestres [3].

C'est en 1998 qu'une publication va contribuer à faire cristalliser tous ces débuts de convergences et placera encore AMAP en position d'avant-

1. Comme AMAP, Kurth se réclame d'ailleurs de l'article fondateur de James White : « The Plant as a Metapopulation », 1979, art. cit.

2. J. Perttunen, R. Sievänen, E. Nikinmaa, H. Salminen, H. Saarenmaa, J. Väkeva, « LIGNUM : A Tree Model Based on Simple Structural Units », *Annals of Botany*, 77, 1996, p. 87.

3. *Ibid.*, p. 96.

garde. Un article synthétique de 46 pages co-signé par le mathématicien Christophe Godin et le botaniste Yves Caraglio, tout deux d'AMAP, paraît dans le *Journal of Theoretical Biology*[1]. Après un rappel de Caraglio sur les réquisits de la botanique, Godin y présente de façon exhaustive, systématique et quasi-axiomatique son concept de « modèle multi-niveaux » mis en œuvre dans AMAPmod depuis 1996. L'axiomatique des graphes manifeste une souplesse inédite. Laissant de côté la simulation mais tirant profit des distinctions acquises par AMAP dans ses simulations antérieures, elle se présente comme un nouveau type de modélisation formelle, de langage mais aussi d'analyse de la structure des plantes. Des opérateurs de projection peuvent être définis entre différentes échelles de considération, à l'intérieur de la plante. L'hypothèse centrale, très contraignante, que se donne Godin cependant est que le modèle multi-niveaux a une structure récursive. C'est-à-dire que la structure du modèle ne dépend pas de l'échelle à laquelle on décrit la plante, même si à différentes échelles certains attributs différents sont manifestés. Cela a pour effet d'imposer une contrainte de cohérence sur le modèle[2]. Mais c'est ce qui le rapproche d'un modèle mathématique sans le ramener pour autant à une simple règle d'auto-similarité géométrique de type fractale[3]. Certains théorèmes sont démontrables. L'emphase mise sur l'axiomatique des graphes vient certes de l'impulsion initial d'Eric Elguero mais aussi et surtout de la formation initiale et du travail de thèse de Godin qui avait porté sur l'analyse de la parole au moyen de modèles stochastiques, dont des chaînes de Markov. Dans sa thèse de 1990 intitulé « Proposition d'une cadre algorithmique unifié pour la compréhension de la parole continue », Godin proposait en effet déjà une « architecture intégrée » de modèles de manière à permettre une communication intensive des différents modèles habituels de reconnaissance de la parole à différents niveaux. Sous la direction de Bernard Dubuisson (UTC), il avait travaillé à produire des principes algorithmiques susceptibles d'établir des ponts entre les techniques numériques de bas-niveau et les techniques de reconnaissance symbolique de haut-niveau. Le but de cette unification était déjà de chercher une manière d'optimiser les systèmes intégrés dans le cas de la reconnaissance de la parole.

1. C. Godin, Y. Caraglio, « A multiscale model of plant topological structures », *Journal of Theoretical Biology*, 191, 1998, p. 1-46.

2. *Ibid.*, p. 37.

3. Les travaux plus récents de Godin (2005), notamment publiés avec Prusinkiewicz, montrent cependant que l'objectif de mettre en évidence une sorte d'auto-similarité générale n'est pas abandonné.

Entre-temps, face à cet article, l'argument classique de « l'unicité du formalisme pour comprendre » se mue chez Kurth en un argument « d'unicité du formalisme pour *combiner* différents modèles » à travers les L-systèmes [1]. Il s'aperçoit que ses propres L-systèmes, comme le « modèle multi-niveaux » de Godin, ne représentent plus les phénomènes dans leurs mécanismes mais qu'ils servent à intégrer les différents sous-modèles fragmentés (topologiques, probabilistes, géométriques...) sous la forme d'un méta-modèle un peu plus réaliste cependant que les modèles logiques initiaux. On voit ainsi que l'inévitable rêve d'une unification théorique et monoformaliste, peut-être prématuré, est en quelque sorte réactivé par là, au cœur même du travail de ceux qui furent pourtant d'abord des disciples d'AMAP et qui furent informés d'une épistémologie surtout fondée, au départ, sur la prise en compte des mesures de terrain et de leur variabilité.

Mais, en 2002, cette convergence qui va jusqu'à confiner, on le comprend, à la divergence (ce qui montre en retour le pouvoir qu'a acquis AMAP de donner naissance, en son sein, à des programmes de recherche divergents) prend un autre aspect. Elle est matérialisée par un travail d'interfaçage informatique effectué par Kurth lui-même et une de ses étudiantes, Helge Dzierzon. Il s'agit pour eux d'abandonner pendant quelque temps GROGRA pour interfacer LIGNUM et AMAPmod. Ainsi, AMAPmod tend à devenir un standard de représentation formelle de la plante dans ce monde de la modélisation architecturale plus théorique. Comme dans l'histoire antérieure de l'informatique et des logiciels, arrive ce temps où la compatibilité est nécessaire pour que le dialogue se poursuive et que, comme l'écrivent Dzierzon et Kurth, « l'intersubjectivité réduise le biais de notre perception de la réalité écologique » [2]. Selon Dzierzon et Kurth, c'est devant le logiciel commun, porteur d'une formalisation commune, que l'on pourra continuer à discuter de la réalité écologique. Cependant, une structure de modèle même généralisée reste une simplification pour les auteurs. L'interfaçage a surtout pour rôle de dévoiler les hypothèses cachées dans chaque modèle : les modèles peuvent être comparés objectivement et se critiquer en un sens de manière

1. Ce glissement est très net dans ses dernières publications. Il cherche à interfacer de nombreux autres modèles de façon à pouvoir les comparer sur des bases objectives, c'est-à-dire quantifiables. *Cf.* W. Kurth, « Spatial structure, sensitivity and comunication in rule-based models », dans F. Hölker (ed.), *Scales, Hierarchies and Emergent Properties in Ecological Models*, Frankfurt am Main, Peter Lang, 2002, p. 95-104 ; H. Dzierzon, W. Kurth, « LIGNUM : A Finnish tree growth model and its interface to the French AMAPmod database », dans F. Hölker (ed.), *ibid.*, p. 29-46.

2. *Ibid.*, p. 46.

objective, puisque de façon déléguée à la machine. Pour Kurth, qui suit ainsi son objectif de trouver le meilleur formalisme, la machine devient certes un terrain commun. Mais c'est un terrain de *confrontation* entre méta-modèles en vue d'une sélection du plus apte, alors que pour d'autres, comme Dauzat, elle reste un terrain de *coexistence* entre modèles en vue de simulations empiriques. Avec ses interfaçages, Kurth cherche à rendre le méta-modèle séparable du logiciel de manière à fonder sa généricité [1]. Cette généricité est elle-même désirée pour pouvoir *comprendre* et discuter ce qui se passe dans les modèles, indépendamment de leur implémentation informatique.

Aux mêmes époques, l'INRA lui-même, après de longues années d'hésitation, finit par converger spontanément, et de l'intérieur, vers les techniques de simulation architecturale. Ainsi, d'autres approches concurrentes et en même temps voisines de celle de l'AMAP vont voir le jour à la fin des années 1990, notamment dans le milieu des écophysiologistes.

SIMULER LA PLANTE INDIVIDUELLE POUR VOIR FONCTIONNER LES CULTURES (1997-2000)

Précédemment en effet, nous avions vu que l'écophysiologiste du PIAF, Pierre Cruiziat, s'était intéressé, plus que d'autres, à l'approche architecturale et centrée sur la plante individuelle telle qu'elle était proposée par l'AMAP. Il tâchera de la faire adopter, de son côté et à sa manière, par son laboratoire. Mais il n'est pas tout à fait le seul, à l'INRA. À partir de 1995, c'est sous la direction de son collègue de l'Unité de Bioclimatologie de l'INRA de Grignon, Bruno Andrieu, que Christian Fournier commence une thèse sur la « modélisation des interactions entre plantes au sein des peuplements » [2]. L'idée initiale de ce travail est que la pratique des cultures, et plus seulement la foresterie, a besoin de traiter la plante au niveau individuel. Car, s'il faut aller vers une agriculture plus respectueuse de l'environnement, cela suppose que l'on accepte d'avoir affaire là aussi à des systèmes plus complexes [3].

1. W. Kurth, 2002, art. cit., p. 99.

2. Voir C. Fournier, *Modélisation des interactions entre plantes au sein des peuplements. Application à la simulation des régulations de la morphogenèse aérienne du maïs (*Zea mays *L.) par la compétition pour la lumière*, Thèse de l'INAPG, avril 2000, p. 1.

3. Cet argument provient aussi du fait que la thèse est financée par le programme « Développement de procédés agricoles sobres et propres » de l'Agence de l'Environnement et de la Maîtrise de l'Energie (ADEME).

De son côté, Andrieu avait auparavant travaillé sur des systèmes de mesure à distance de la réflectance des cultures en vue de relier ces valeurs à la production. Il avait éprouvé rapidement les limites de cette approche analytique et globale : dans le cas des cultures de plantes herbacées, on ignore les propriétés directionnelles des feuilles. Il est donc impossible de remonter d'un signal de réflectance global mesuré par des capteurs situés à distance (*remote sensing*) à une structure précise de culture : on ne peut inverser le signal mesuré. Entre-temps, il avait eu connaissance des travaux que Dauzat proposait en ce sens dès 1991. Avec Fournier, Andrieu décide donc de passer lui aussi à une phase de synthèse et de simulation architecturales de la plante pour l'appliquer au cas du fonctionnement des cultures. Dans la thèse de Fournier, en particulier, c'est la structure en croissance du maïs qui est simulée. Il est à noter qu'ils préfèrent employer pour cela les formalismes des L-systèmes du *Virtual Laboratory* tels qu'ils ont été entre-temps rendus plus perméables aux différents caractères morphologiques par les élèves de Prusinkiewicz. Le fait de disposer d'un L-système sous la forme accessible d'un langage de programmation en facilite en effet l'implémentation. De plus, la complexité de la ramification n'est pas telle, dans le cas du maïs, qu'il faille recourir aux modèles de simulation les plus riches et les plus généraux d'AMAP. Fournier utilise donc un L-système paramétrique où les règles de production contrôlent la mise en place et l'évolution parallèle d'un ensemble de modules. Ces modules incorporent des caractéristiques géométriques et topologiques. Ils peuvent se remplacer ou croître et co-évoluer. Comme Prusinkiewicz le fera à partir de 1996, Andrieu doit cependant écrire, en collaboration avec un programmeur de l'INRA, une interface informatique spécifique pour prendre en compte les effets de l'architecture globale sur les règles qui gardent sinon des conditions purement locales de déclenchement. Fournier et Andrieu sont en effet placés devant le même problème que Kurth, en écologie forestière. Pourtant, ils décident de ne pas reprendre son L-système, qu'ils jugent trop complexe. Moyennant cette adjonction *ad hoc*, Fournier parvient à faire simuler de manière visuellement réaliste la morphogenèse d'un plant de maïs en prenant en compte des modèles phénoménologiques de comportement de l'apex (rythmé dans ses initiations de feuilles par une « loi de réponse à la température » [1]) et de croissance de la feuille (modèle mathématique phénoménologique d'allongement au cours

1. Cette loi est accessible dans la littérature écophysiologique depuis 1983 : *cf.* C. Fournier, B. Andrieu, « Utilisation de l'approche L-système pour la modélisation architecturale du développement du maïs », dans B. Andrieu (éd.), 1997, *op. cit.*, p. 205.

du temps). Les sous-modèles qu'ils agrègent sont donc fortement phénoménologiques. Ils sont très peu assis sur des connaissances botaniques ou physiologiques précises[1].

On voit donc que le fondement du travail de Fournier et Andrieu est leur reprise de l'idée de la multi-modélisation[2] ou pluriformalisation pour l'appliquer au cas des cultures. Comme pour AMAP, c'est l'infrastructure informatique des L-systèmes, avec leur traitement pas à pas du phénomène complexe de morphogenèse, qui le leur permet. En écophysiologie des cultures aussi, il y a donc bien une convergence de certains travaux vers la philosophie qu'AMAP préconise, pour sa part, depuis le milieu des années 1980.

1. De Reffye prétend ainsi que ses propres sous-modèles reflètent tous en revanche d'authentiques caractéristiques élémentaires des plantes, quelque chose comme des « lois de la nature ». En ce sens, il voit, à l'époque, une grosse différence entre le travail de l'équipe d'Andrieu et la sienne. Pourtant cette notion de « loi de la nature » est sans doute très discutable : à quelle échelle doit-on la prendre ? On a vu qu'il en était hanté dès le moment où, en 1974, il décida que les probabilités de floraison du caféier étaient des « caractères génétiques » à part entière. Les lois phénoménologiques et locales (au niveau d'un organe) de l'écophysiologie sont-elles pourtant si différentes de nature que celles de la ramification aléatoire du méristème ? On le voit : la problématique (et l'angoisse corrélative) du déracinement est de nouveau reprise à cette échelle plus fine. De Reffye n'est pas du tout un partisan du fictionnalisme dans le modélisme, on l'aura finalement compris.

2. *Cf.* glossaire. Le terme de « multi-modélisation » a été introduit en 1989 par l'informaticien canadien (d'origine turque) Tuncer Ibrahim Ören dans un contexte de réflexion sur les paradigmes de simulation informatique à destination des systèmes essentiellement technologiques et industriels. Il s'agissait de désigner par là une infrastructure de simulation capable de combiner différents types de modélisation dont, au départ, des modélisations avec équations différentielles et des modélisations discrètes. Il a été repris et élaboré, aux cotés de la notion de « multi-formalisme » à partir de 1991 et 1993 par des spécialistes en simulation comme Herbert Praehofer puis Bernard P. Zeigler. *Cf.* B. P. Zeigler, H. Praehofer, T. G. Kim, *Theory of Modeling and Simulation-Integrating discrete event and continuous complex dynamic systems*, New York, Academic Press, 1976, rééd. 2000, p. 227-229. Depuis lors, ce concept s'est appliqué plus largement en écologie et en sociologie où la simulation centrée sur les individus s'était déjà développée à partir de la fin des années 1980. Sur la multi-modélisation en écologie, *cf.* R. Duboz, *Intégration de modèles hétérogènes pour la modélisation et la simulation de systèmes complexes – Application à la modélisation multi-échelles en écologie marine*, Thèse d'informatique, Université du Littoral, 2004, p. 16-17. Sur la simulation individus-centrée en écologie, *cf.* V. Grimm, « Ten years of individual-based modeling in ecology : what have we learned and what could we learn in the future ? », *Ecological Modelling*, 115, 1999, p. 129-148 ; en sociologie, *cf.* F. Amblard, *Comprendre le fonctionnement de simulations sociales individus-centrées – Application à des modèles de dynamiques d'opinion*, Thèse d'informatique, Université Blaise Pascal-Clermont II, 2003.

L'ASSOCIATION DE L'AMAP AVEC L'INRIA : SOUS-STRUCTURES ET FACTORISATION (1998-2006)

Pourtant, cette évolution vers une convergence forte, logicielle, quasi technologique donc, n'est pas la seule qui anime la modélisation architecturale à la fin des années 1990. De Reffye ne participe déjà plus directement à cette convergence dont on a vu qu'elle s'effectue essentiellement au niveau logiciel et formel, qu'elle s'éloigne du terrain et tend à redevenir théorique. Car, de son côté, entre 1998 et 2002, et sur la lancée d'AMAPhydro et de son souci agronomique concret, il cherche à développer son propre retour aux mathématiques *via* la théorie du contrôle. Une opportunité va lui être donnée rapidement. En 1996, lors de la revue externe de l'AMAP, un chercheur de l'INRIA (Institut National de Recherches en Informatique et Automatique), Olivier Monga, avait fait partie des rapporteurs. Il avait été favorablement impressionné par le travail d'AMAP. Et il était resté en contact avec de Reffye depuis lors. Ce dernier l'avait même choisi comme conseiller scientifique permanent. Or, le 27 janvier 1997, suite à un accord avec l'Académie des Sciences chinoise, l'INRIA crée le LIAMA, le Laboratoire franco-chinois d'Informatique, d'Automatique et de Mathématiques Appliquées. Et Olivier Monga en est le premier co-directeur français. Le LIAMA est abrité par l'Institut d'Automatique de Pékin. C'est une structure de coopération à long terme favorisant la réalisation de projets ciblés[1]. Monga propose donc à de Reffye de venir le rejoindre à Pékin. Il y a une communauté d'intérêts puisque de Reffye cherche aussi à développer une plate-forme logicielle AMAP plus performante. Début 1998, ce dernier se fait donc détacher par le CIRAD auprès de l'INRIA et, d'abord accompagné de Frédéric Blaise, il rejoint Monga au LIAMA pour développer le projet « Modélisation stochastique, fonctionnelle et interactive de la croissance des plantes par ordinateur ». Leurs interlocuteurs sur place sont des spécialistes en automatique mais aussi des agronomes de l'Université d'Agronomie de Chine. De Reffye juge leur approche plus pragmatique et moins prévenue au sujet de la modélisation et de la simulation. Il jouit ainsi de cette liberté à laquelle il aspirait en quittant son poste de directeur. En trois ans, il est amené à

1. Cette structure de recherche de type « Laboratoire mixte » international n'est pas une nouveauté. C'est un axe important de la politique du CNRS depuis les années 1960. En ce qui concerne l'INRIA, créé en 1967 dans le cadre de la mise en œuvre du « Plan Calcul », le but plus particulier est de parvenir à des débouchés industriels. L'article 2 du décret 85-831 du 2 août 1985 rappelle en outre qu'une des missions de l'INRIA est « d'organiser des échanges scientifiques internationaux ».

encadrer huit doctorants. Le résultat majeur sera la découverte d'un moyen de simplifier la représentation formelle de la plante à partir des simulations stochastiques. L'intérêt de cette simplification est qu'elle permet d'accélérer considérablement la vitesse de calcul et d'intégrer de manière admissible le comportement physiologique de la plante.

Dans un premier temps, de Reffye se souvient que le principe fondateur d'AMAP consiste à faire confiance au programme de simulation stochastique pour le laisser interpoler entre les situations qui ont été réellement relevées sur les arbres de terrain. Or, en travaillant avec les automaticiens de l'INRIA et de l'Institut d'Automatique chinois, il se convainc que c'est dans cette interpolation que l'on perd une maîtrise sur ce que fait le programme. La simulation y remplace la modélisation et c'est là que les calculs les plus nombreux et les plus coûteux en temps doivent être faits. L'équipe du LIAMA essaie donc de systématiser l'habitude qu'avait de Reffye de chercher des cas qui soient calculables à la main ou au moins à l'aide de formules mathématiques. On s'en souvient : cette pratique avait initialement pour but de vérifier la simulation. Ce faisant, de manière assez inattendue, l'équipe parvient à montrer que près de 90% des cas d'arbres simulés peuvent en fait être calculés de cette façon, mathématique, et donc économe en calculs. De Reffye et ses étudiants, dont Xin Zhao et Hong-Pin Yan, découvrent que cela vient du fait que les méristèmes finissent souvent par ne générer qu'un petit nombre de sous-structures typiques pour engendrer l'arbre entier. Certains arbres simulés peuvent contenir jusqu'à 600 fois la même sous-structure. L'« axe de référence » de 1991 est donc abandonné dans le nouveau logiciel baptisé pour l'occasion GreenLab. Et, en 2001, Xin Zhao et de Reffye, d'abord inspirés par l'approche par emboîtements de Godin mais l'ayant modifiée en fonction de ces observations faites à la fois sur le fonctionnement des simulations stochastiques comme sur la hiérarchie réellement observée des unités architecturales botaniques, proposent la notion de « modèle d'automate à échelle duale ». C'est un automate à deux niveaux, un automate d'automates. À l'intérieur d'un macro-état, des micro-états peuvent transiter les uns vers les autres avec des lois de probabilité fixées.

Dans cette reprise de la hiérarchisation morphologique, la notion d'âge physiologique est mise au premier plan. Car les sous-structures sont considérées comme équivalentes et ne nécessitent pas d'autres calculs si elles ont le même âge physiologique. Cela signifie qu'elles possèdent le même ensemble de paramètres cachés. De Reffye propose que l'on distingue 4 niveaux ou échelles : le niveau du métamère (composé d'un entrenœud, de ses feuilles axillaires, de ses fruits et bourgeons), le niveau de l'unité de croissance (ensemble des métamères qui apparaissent lors du même cycle de croissance), le niveau de l'axe porteur et le niveau de la « sous-structure » proprement dite, à savoir la branche pour les plantes qui en possèdent[1]. Pour construire un arbre simulé, il ne devient plus nécessaire de s'appuyer d'emblée sur l'échelle des métamères. Une forme de sous-structure est calculée une fois pour toutes. Et lorsque l'automate commande sa réitération avec une certaine probabilité, le programme n'a plus qu'à rappeler en mémoire le contenu des paramètres topologiques et géométriques déjà calculés pour faire afficher de nouveau cette sous-structure[2]. Presqu'aucun nouveau calcul n'est alors nécessaire. À titre de comparaison, un cerisier de 20 ans est calculé en 2 minutes par AMAPsim et en moins d'une seconde avec GreenLab. Dans ce cas précis, la simulation architecturale est donc à peu près 200 fois plus rapide[3]. Ce nouveau modèle informatique a certes toujours recours à de la simulation de type Monte-Carlo mais d'une façon beaucoup plus restreinte qu'auparavant. Quant au couplage avec l'écophysiologie pour en faire un modèle structurel-fonctionnel, ce qui était l'objectif principal, GreenLab reprend pour l'essentiel les concepts et les équations d'AMAPhydro en considérant la production de biomasse, feuille par feuille, en fonction de l'architecture[4]. Pour finir sur ce point, il est important de noter que GreenLab fonctionne désormais sur un simple PC doté du logiciel de calcul formel Matlab[5]. Ainsi, à la faveur des progrès technologiques intervenus entre-temps dans l'industrie de la micro-informatique, AMAP peut enfin abandonner le recours systématique aux stations graphiques très coûteuses.

1. P. de Reffye, M. Goursat, J. P. Quadrat, B. G. Hu, « The dynamic equations of the tree morphogenesis GreenLab Model », dans B. G Hu., M. Jaeger (ed.), *Plant Growth Modeling and Applications*, Proc. of 2003 International Symposium on Plant Growth Modeling, Simulation, Visualization and their Applications (PMA03), Beijing, China, 2003, Hardcover, p. 109.

2. La probabilité de la sous-structure peut être construite à partir de la simulation stochastique intégrale. Ainsi on peut comparer empiriquement la variabilité simulée par AMAPsim et la variabilité modélisée et simulée par le modèle mixte à sous-structures stochastiques. *Cf.* M. Z. Kang, P. de Reffye, J. F. Barczi, B. G. Hu, « Fast Algorithm for Stochastic Tree Computation », 11th Int. Conf. in Central Europe on Computer Graphics – Visualization and Computer Vision 2003, in cooperation with EUROGRAPHICS, *Journal of WSCG (Winter School of Computer Graphics)*, vol. 11, n°1, p. 5 : les deux différents types d'images produites sont indiscernables à l'œil, dans le réalisme de leur variabilité.

3. *Ibid.*, p. 4.

4. H. P. Yan, P. de Reffye, J. Le Roux, B.G. Hu, « Study of Plant Growth Behaviors Simulated by the Functional-structural Plant Model GreenLab », dans B. G Hu., M. Jaeger (éd.), *op. cit.*, p. 118-122.

5. Doté d'un processeur fonctionnant à 1700Mhz et avec une mémoire système de 256Mo. *Cf.* M. Z. Kang, P. de Reffye, J. F. Barczi, B. G. Hu, art. cit., p. 4.

Le modèle structurel-fonctionnel est ensuite calibré rapidement sur des plantes, d'abord sans branches, comme le tournesol, le cotonnier et le maïs. La collaboration de l'Université d'Agronomie de Chine est là très précieuse : c'est elle qui s'est chargée de fournir les données expérimentales nécessaires au calibrage. La technique de calibration est facilitée grâce aux simplifications formelles dues à l'étape AMAPhydro et au développement de l'automate à échelle duale. C'est un des effets immédiats de la *re-mathématisation* du modèle d'AMAP : des procédures de *fitting* statistiques relativement classiques comme les moindres carrés généralisés peuvent enfin être directement appliquées pour identifier de manière économique les paramètres[1]. L'utilisation courante en agronomie de GreenLab paraît donc envisageable.

Arbre simulé (2006) par le logiciel Digiplante de l'École Centrale de Paris (Équipe GreenLab) et prenant en compte la rétroaction croissance/développement. Reproduction extraite de la thèse d'Amélie Mathieu, avec son aimable autorisation

Un autre effet majeur de cette re-mathématisation commence à se dessiner après 2001. Elle a été mise en œuvre avec de Reffye, à l'INRIA de Rocquencourt, où il est détaché depuis son retour en France en 2002. C'est la possibilité de déterminer *a priori* des itinéraires culturaux optimaux en utilisant les techniques calculatoires du contrôle optimal issues de l'automatique. Dans le cadre du projet METALAU[2], avec l'aide de Maurice

1. Z. G. Zhan, P. de Reffye, F. Houllier, B. G. Hu, « Fitting a Structural-Functional Model with Plant Architectural Data », dans B. G Hu., M. Jaeger (éd.), *op. cit.*, p. 241.

2. METhode, Algorithmes et Logiciels pour l'AUtomatique. Projet dirigé par Maurice Goursat, Directeur de Recherche à l'INRIA. Il a pris la suite de Jean-Pierre Quadrat, Directeur de Recherche à l'INRIA, ancien directeur d'un projet similaire intitulé META2 de 1987 à

Goursat et de Jean-Pierre Quadrat, de l'INRIA, Boa-Gang Hu, Paul-Henri Cournède (INRIA et École Centrale de Paris) et Philippe de Reffye ont dernièrement explicité les équations dynamiques du modèle GreenLab. Ce sont essentiellement des équations de récurrence. Les automates peuvent être traduits en termes d'équations matricielles. Le formalisme informatique est ainsi *remathématisé* en ce qu'il est remplacé par un formalisme algébrique où apparaissent des multiplications de matrices (tableaux bidimensionnels)[1]. Quadrat et surtout Goursat ont participé à la conception du logiciel Scilab de résolution numérique de problèmes d'optimisation en sciences. Cette plate-forme, développée en partenariat avec l'École des Ponts et Chaussés depuis 1990, est un logiciel libre depuis 1994. Les auteurs prévoient en fait d'intégrer GreenLab dans Scilab. Ce projet justifie *a posteriori* et publiquement le recours préalable au suffixe « Lab ».

Ce retour aux équations permet donc de « dé-spatialiser » quelque peu le formalisme de la morphogenèse pour lui faire retrouver la linéarité linguistique de l'équation algébrique ou, tout au moins, de l'analyse combinatoire. Cette équation elle-même, si elle ne peut être inversée afin de donner directement les valeurs optimales pour une production végétale donnée, peut tout au moins être manipulée par des techniques numériques d'optimisation assez classiques. Et la plante s'apparenterait ainsi à terme à un système dynamique artificiel dont l'optimalité serait *a priori* mieux contrôlable. Ainsi, les récents travaux de re-mathématisation de simulation effectués par le laboratoire Digiplante (équipe commune CIRAD/INRIA dirigée par de Reffye depuis son retour de Chine) partent bien de la complexité des simulations d'AMAP mais proposent une « factorisation structurelle de la plante »[2] qui contribue à faire abandonner la solution de la simulation. Ces travaux tendent ainsi à combiner les simulations architecturales et les modèles à base de processus issus de la modélisation écophysiologique.

Entre-temps, la convergence institutionnelle s'accélère vivement. Le 1er janvier 1999, à expiration de la convention d'association signée en 1995, et sous l'impulsion de la politique de Claude Allègre, AMAP est devenue une Unité Mixte de Recherche INRA/CIRAD. À partir de 1998, en effet, ce qui était parfois encore regardé comme une excroissance

1999. Tous les deux sont spécialistes en méthodes d'optimisation, notamment au moyen d'approches stochastiques.

1. P. de Reffye, M. Goursat, J. P. Quadrat, B. G. Hu, art. cit., p. 109-111.

2. *Cf.* P. H. Cournède, M. Z. Kang, A. Mathieu, J. F. Barczi, H. P. Yan, B. G. Hu, P. de Reffye, « Structural Factorization of Plants to Compute their Functional and Architectural Growth », *Simulation*, vol. 82, n° 7, 2006, p. 427-438.

coûteuse dans le cadre de la politique scientifique du CIRAD devient au contraire une vitrine pour la restructuration de la recherche française autour de « pôles de compétences ». La méthodologie, les concepts et les technologies logicielles d'AMAP sont également enseignés plus largement et systématiquement, notamment, à partir de 2002, à l'École Centrale de Paris. Tous les chercheurs sont mis à contribution. Le 1er janvier 2001, sous la direction de François Houllier, la convergence se poursuit : AMAP devient une UMR CIRAD / INRA / CNRS / Montpellier II. Elle prend le nom de « UMR Botanique et bioinformatique de l'architecture des plantes ». Le terme « bioinformatique » est arraché de haute lutte, notamment par François Houllier, au monopole de la génomique et de la protéomique. En janvier 2003, Houllier est nommé chef du département « Ecologie des forêts, prairies et milieux aquatiques » (EFPA) de l'INRA. Et c'est Daniel Barthélémy qui devient directeur de l'UMR AMAP 5120. Ce même 1er janvier 2003, cette UMR se voit encore associée à l'EPHE (École Pratique des Hautes Études), à l'INRIA et à l'IRD (Institut de Recherches pour le Développement, ex-ORSTOM).

BILAN
SIMULATION PLURIFORMALISÉE ET CONVERGENCES ENTRE DISCIPLINES

Ainsi, cette troisième époque des modèles, celle que nous avons proposé d'appeler l'*époque des convergences*, mérite bien son nom. Après une période de dissémination des propositions formalisées de modélisation mathématique puis de simulation spéculative sur ordinateur, les années 1970 ont vu la naissance des premières convergences des simulations avec l'empirie. Cette première série de convergences était limitée. Chez les biologistes et botanistes, elle entrait dans le cadre de préoccupations encore principalement théoriques. Et la modélisation mathématique pragmatique, dont la source était la biométrie anglaise et son épistémologie afférente, ne pouvait se sentir inquiétée par de tels développements. Il en a été autrement, comme on l'a vu, à partir du moment où cette convergence de la simulation avec l'empirie a été un besoin dans une problématique agronomique et de terrain. Dans ce contexte, la simulation est tout de suite entrée en dialogue étroit avec la modélisation statistique pragmatique et mono-formalisée. Dans l'histoire que nous avons rapportée, on voit que l'ordinateur, pensé très tôt chez certains comme support de simulations réalistes, détaillées et pluriformalisées, a pu se battre pied à pied avec ce type plus classique de modélisation pour remporter enfin une victoire, peut-être éphémère mais bien réelle, jusque dans la modélisation explicative de la morphogenèse.

Commença alors la période des trois convergences ou conciliations disciplinaires : avec l'informatique graphique, avec la foresterie, avec l'automatique et les mathématiques discrètes. Cette série de convergences alla de pair avec une simplification formelle, du point de vue de la généralité mathématique des modèles supports des simulations. Cette simplification conduisit à une standardisation de l'outil logiciel, comme à l'amplification de son caractère opérationnel. Or, cette re-mathématisation n'aurait sans doute pas été possible si la dispersion des modèles pragmatiques n'avait auparavant été exorcisée ou neutralisée par le pluriformalisme natif des simulations de l'architecture. Comme conséquence de cela, et malgré de fortes résistances, on a vu que l'épistémologie des scientifiques elle-même a dû se réformer dans l'urgence, afin de permettre de penser ce qui était devenu bien réel et qui fonctionnait sous leurs yeux. Certains travaux timides voient même déjà au-delà, aujourd'hui, et proposent ce que nous pourrions appeler la quatrième convergence : celle de la simulation architecturale et morphogénétique avec la génétique et la biologie moléculaire[1]. Mais il nous faudra attendre encore pour dire si l'espoir de cette convergence est prématuré ou non.

Parallèlement à ce développement de la simulation architecturale, des propositions de modélisation physicaliste continuèrent à se développer un peu partout dans le monde et à rechercher parfois la calibration, mais sur des espèces de plantes particulières. En fait, elles en restèrent encore massivement à une approche théorique et spéculative. C'est pourquoi nous n'en avons pas suivi le détail sur les deux dernières décennies : elles n'ont fait que contextualiser de loin les avancées propres de la simulation architecturale opérationnelle, sans renouveler fondamentalement l'esprit des approches monoformalisées de la deuxième époque : celle des dispersions. Elles en restèrent essentiellement à ce moment-là de l'histoire des modèles. Elles n'ont pas convergé les unes vers les autres ni vers des usages

1. Ainsi en est-il des travaux sur les QTL (*Quantitative Trait Loci*). Ce sont des *loci* de gènes qui codent pour des traits quantitatifs, donc en particulier pour des tailles de caractères morphologiques. En 2000, des chercheurs allemands de l'Institut de Génétique des Plantes de Gatersleben ont fait simuler à l'ordinateur la morphologie finale d'un épi d'orge en lien avec des génotypes connus faisant intervenir des QTL. Il ne s'agit de la simulation que d'une partie d'une plante herbacée, mais déjà « les interactions entre gènes et entre allèles sont calculées en utilisant les connaissances fournies par les études génétiques expérimentales et permettent la prédiction des valeurs de variables morphologiques », G. H. Buck-Sorlin, K. Bachmann, « Simulating the morphology of barley spike phenotypes using genotype information », *Agronomie*, 2000, vol. 20, p. 691. Ces prédictions se font par interpolation. Les auteurs utilisent le formalisme du « laboratoire virtuel » de Prusinkiewicz. Ils s'appuient sur un L-système paramétrique semblable à celui de Fournier et Andrieu.

spécifiques. Ainsi en est-il par exemple des travaux de biomécanique du botaniste et mathématicien, en poste au Département de Biologie Végétale de l'Université Cornell (New York), Karl J. Niklas. Dans une double perspective d'ingénierie en mécanique et de biologie évolutionnaire, Niklas utilise l'ordinateur pour complexifier l'approche de Murray et Rashevsky. Il propose d'employer les équations de la mécanique des fluides pour rendre temporel à l'échelle de la phylogénie un principe d'optimalité physico-physiologique au regard de ce qu'il appelle les « performances » de la plante. Niklas et ses collègues ont ainsi été amenés à produire un programme simulant, au cours du temps, la sélection naturelle des performances physico-physiologiques d'un grand nombre de plantes dont les formes avaient d'abord été tirées au hasard [1]. Ils cherchent à voir émerger les formes les plus performantes du point de vue de leur allométrie.

L'insistance sur le caractère évolutionnaire de la morphologie d'une plante, mais à une autre échelle, est également le fait de deux chercheurs israéliens : Tsvi Sachs et Ariel Novoplansky (Département de Botanique de l'Université de Jérusalem), collègues et continuateurs de Dan Cohen. Selon eux, les « modèles architecturaux ne suffisent pas » [2] à exprimer l'architecture d'une plante. Ils ne se reconnaissent donc pas dans l'approche de Hallé et Oldeman qu'ils trouvent réductrice. En effet, pendant la croissance de la plante dont ils rappellent qu'elle appartient à un groupe évolutionnaire tardif, des détails imprévisibles apparaissent. Ces détails sont contraints par la mécanique intervenant au cours de la croissance comme par des différenciations progressives elles-mêmes fonctions de la distance de l'apex aux racines : la plante reste un organisme évolutionnaire à l'échelle même de l'ontogénie. Les auteurs arguent alors du fait que les mécanismes qui sont responsables du changement graduel du mode de développement des branches ne sont pas connus [3] : on aurait donc tort de les modéliser par un modèle déterministe et de se croire satisfait à bon compte. En fait, en 1995, en invoquant le défaut de scénario explicatif dans les travaux de leurs collègues, Sachs et Novoplansky visent surtout l'école de Prusinkiewicz [4] dans la mesure même où elle n'a pas encore intégré à l'époque les aléas ni

1. *Cf.* K. J. Niklas, « Computer simulations of branching-patterns and their implications on the evolution of plants », *Lecture Notes on Mathematics in the Life Sciences*, vol. 18, 1986, p. 1-50; K. J. Niklas, « The Evolution of Plant Body Plans – A Biomechanical Perspective », *Annals of Botany*, 2000, vol. 85, p. 411-438.

2. *Cf.* T. Sachs, A. Novoplansky, « Tree form : Architectural models do not suffice », *Israel Journal of Plant Sciences*, 43, 1995, p. 203-212.

3. *Ibid.*, p. 209.

4. À l'époque, ils ne connaissent pas l'approche d'AMAP et notamment les travaux de Frédéric Blaise.

les rétroactions du global sur le local dans ses modèles, comme le fera Kurth par la suite, tirant en cela les leçons de l'AMAP. De plus, ils rendent compte du niveau davantage biochimique et mécanique de leurs travaux sur la morphogenèse. En 2004, en effet, Sachs et ses collègues montreront le rôle de l'auxine (hormone végétale de croissance) dans la formation des feuilles, en lien avec un modèle local d'auto-organisation.

Pendant les décennies 1980 et 1990, de nouveaux modèles purement physicalistes ont aussi régulièrement vu le jour à proportion même des avancées de la physico-chimie. Ainsi en est-il du modèle analogique d'Agrégation Limitée par la Diffusion (*DLA*) des physiciens spécialistes en physique statistique loin de l'équilibre que sont T. A. Witten et L. Sander (Université du Michigan –1981). Ce modèle est né dans le cadre d'études des phénomènes de cristallogenèse et de percolation[1]. Il est simulable aisément sur ordinateur et mène à une croissance fractale. Il s'agit de faire venir, par une marche aléatoire, une particule qui diffuse sur un agrégat déjà constitué et de la faire s'agréger dès qu'elle rentre en contact avec cet agrégat. On obtient ainsi la croissance d'une forme ramifiée dont la nature purement aléatoire et déstructurée ne permet bien sûr aucun rapprochement précis avec la croissance des plantes. En fait, la plante ne croît pas par agrégation de particules venant de l'environnement aérien extérieur, mais par croissance interne et assimilation préalable de nutriments. Les botanistes ne retiennent donc pas ce modèle.

Par ailleurs, à partir de 1991, S. Douady et Y. Couder, du Laboratoire de Physique Statistique de l'ENS-ULM (rue Lhomond), présentent une expérience d'auto-organisation de gouttes de ferrofluide sous l'effet d'un champ magnétique : à partir d'une petite surélévation dans l'huile qui les reçoit, ces gouttes, lâchées périodiquement à partir d'une pipette, diffusent vers le lieu où se trouve le minimum d'énergie eu égard à leur polarisation, en tant que dipôles, et eu égard au champ magnétique global. Ainsi, la nouvelle goutte se fixe à une distance de la goutte précédente telle que les divergences irrationnelles classiques de la phyllotaxie (série de Fibonacci) sont ainsi reproduites[2]. La simulation numérique conjointe aboutit au même résultat. C'est une nouvelle occasion pour le biomathématicien canadien, Roger Jean, de déclarer, dans la pure tradition de d'Arcy Thompson, qu'il n'y a pas besoin d'imaginer que les *patterns* de la phyllotaxie sont commandés par les gènes et qu'il suffit de les rapporter à des

1. *Cf.* V. Fleury, *Arbres de pierre – La croissance fractale de la matière*, Paris, Flammarion, 1998, p. 107-125.
2. *Cf.* R. V. Jean, *Phyllotaxis – A Systemic Study in Plant Morphogenesis*, Cambridge University Press, 1994 ; réimp., 1995, p. 262-265.

lois physiques[1]. Mais Jean est encore obligé de reconnaître la variété immense des approches explicatives de cette petite partie de la morphogenèse qu'est la phyllotaxie.

Aucun de ces modèles monoformalisés n'a encore véritablement rejoint le terrain de l'empirie dans sa précision, comme dans sa généralité et sa diversité. Les différents substrats analogiques du physicalisme se sont tout au plus diversifiés, sans que le spectacle d'une dispersion entre ces approches parcellaires, et souvent purement suggestives d'un point de vue théorique, ne cesse, bien au contraire. Toutefois, par rapport aux publications grand public, cycliques et de même genre, du milieu des années 1990, dans la publication récente *Les formes de la vie*[2], la rupture entre l'approche par modèles mathématiques et l'approche par simulation pluriformalisée, même si elle n'est pas consciemment assumée ni expliquée ou revendiquée, est latente : alors que certains auteurs en restent encore au vieux rêve de d'Arcy Thompson, d'autres en appellent à une « voie holistique »[3], qui n'est finalement qu'une forme particulière de simulation reconstructrice, pluriformalisée, historiciste et réaliste, servant à résoudre le problème essentiel, et cette fois-ci explicitement reconnu, du caractère non directement monoformalisable des objets complexes en croissance[4]. Mais malgré ces frémissements de convergence dans les approches classiquement théorico-physicalistes, aujourd'hui encore, la simulation informatique de

1. *Ibid.*, p. 264.

2. V. Fleury, Y. Bouligand (éd.), *Les formes de la vie*, Pour la science, n° hors-série, juillet-septembre 2004.

3. V. Fleury, Y. Bouligand (éd.), *Les formes de la vie*, Pour la science, n° hors-série, juillet-septembre 2004, p. 87.

4. *Cf.* l'aveu récent du physicien de la matière condensée, Vincent Fleury, *ibid.*, p. 3 : « De tels systèmes dépassent un seuil de complexité ('algorithmique') qui n'est pas réductible, et ils ne sont pas mathématisables individuellement : l'information est trop dispersée dans l'espace et dans le temps de sa construction [...] On ne peut décrire aucune arborescence particulière, mais on peut engendrer une arborescence de la même famille, par simulation numérique, sans qu'il soit possible de rentrer dans la "pensée" de l'ordinateur : l'apparition de cette arborisation par simulation n'est pas formalisable. » Voici donc ce versant classique (physicaliste) de la biologie théorique qui, lui aussi enfin, semble converger vers cet outil de convergence, par excellence, qu'est la simulation *informatique* (et non numérique). Plus récemment (2004), en travaillant avec des collègues biologistes, Vincent Fleury fragmente et pluriformalise ses modèles pour en faire un traitement par simulation. Ainsi en est-il des simulations de ce qu'il appelle significativement le « façonnage » des vaisseaux sanguins, *ibid.*, p. 113. À cette même page, on retrouve même un propos qui fait un troublant écho aux anciennes décisions épistémologique de de Reffye, remontant à 1976 : « Pour obtenir l'image des vaisseaux, nous devons suivre "le film"complet de la "croissance" qui consiste en un remplacement de proche en proche d'un petit tuyau par un gros : à chaque étape, on recalcule toutes les modifications de l'écoulement ».

la plante intégrale, conçue à partir des réelles connaissances de la science descriptive qu'est la botanique, paraît pouvoir conserver son avance quelque temps dans le domaine des transferts de méthodes formelles sur le terrain. Davantage : la recherche de modèles mathématiques effectuée à partir de simulations architecturales fidèles, ayant la pleine valeur d'un terrain d'expérimentations virtuelles, et non plus à partir des habituelles suggestions physicalistes venues directement de la chimie ou de la physique, ni même des nouvelles suggestions « informatistes » ou « algorithmistes » censées renouveler le rêve d'unification formelle directe au moyen de méta-modèles, s'y épanouit et y prend un sens épistémologique désormais indéniable.

En fait, comme on l'a vu, une telle entreprise de simulation architecturale, doublée d'une modélisation sur simulation, doit essentiellement son crédit au fait qu'elle repose sur un considérable travail de terrain préalable, mais sans que cela tienne à un classique rapport dialectique entre une expérience réelle et un formalisme théorique : c'est qu'il y entre un troisième terme, celui de la simulation, où la pluriformalisation et l'usage sous-symbolique des symboles (la simulation comme représentation formelle partiellement dilatée) sont fondamentaux. Ainsi, une telle simulation n'est pas non plus comparable à une mathématisation purement positiviste, qui se ferait « au flair » ou au gré du goût que l'on a pour tel ou tel formalisme (théories des catastrophes, fractales, catégories, graphes, automates, L-systèmes...) et procédant directement sur les données de terrain de manière arbitraire et indifférenciée. N'étant un processus de formalisation ni dialectique, ni positiviste, la méthode qu'elle introduit est une manière assez inédite d'expérimenter puis de rechercher des modèles. Elle engage notamment à une recherche de modèles sur des simulations et non directement sur des données.

CONCLUSION

En ce qui concerne toute la période récente qui nous a occupé, un des résultats principaux de cette étude, et qui intéresse en priorité notre problématique générale, est que c'est bien l'émergence de l'ordinateur qui a été en grande partie le moteur et le promoteur de cette scansion comme de cette évolution. C'est que, par là, des formalismes nouveaux étaient à disposition. Des réplications de « formes » déjà géométriquement complètes, remarquablement simples et occupant un espace prédéfini (triangles, carrés), pouvaient nouvellement devenir des « formalismes » de par la force computationnelle inédite des machines numériques programmables. *Une certaine re-spatialisation des formalismes est devenue possible.* De la forme a pu y être réinjectée à partir du moment précis où la computation est devenue automatique et où les règles locales de réitération ont pu être prises en compte sans plus nécessiter de condensation formelle sous la forme d'équations ou de modèles mathématiques au sens strict (démathématisation des formalismes, dilatation des représentations formelles). Les formalismes se spatialisant, les formes spatiales ont pu être formalisées de manière plus souple. De leur côté, les langages informatiques étant de moins en moins copiés sur les formulations analytiques des mathématiques traditionnelles (car ne devant plus exclusivement servir à des problématiques de calcul numérique) sont devenus algorithmiques, puis orientés objets, pour le plus grand bénéfice des simulations réalistes.

Mais ce n'était pas encore suffisant. Car on n'obtenait par là que des simulations très vaguement ressemblantes et pas du tout calibrables. L'hétérogénéité interne ni la systématicité apparente des formes végétales n'étaient encore susceptibles d'être appréhendées par le calculateur numérique. D'abord inspirées par l'essor du paradigme de la computation en physique et en logique, les simulations de la morphogenèse restèrent donc des spéculations pendant près de vingt ans avant que l'idée et la technique de la pluriformalisation et de la modélisation fragmentée ne naissent dans un contexte agronomique français. Pourtant, à presque quinze ans d'intervalle, la station agronomique de Bingerville, en Côte-d'Ivoire, est loin de disposer des techniques informatiques du MIT de 1959 (Eden). Le passage à la simulation réplicative est donc le fruit d'une décision épistémologique majeure quant au rôle épistémique à attribuer aux formalisations des objets complexes. Cette décision ne procède pas d'abord d'un désir de visualiser graphiquement la plante, mais plutôt de rendre opérationnel et prédictif le modèle quantifié. Elle est prise par un scientifique, au cours même de son activité de modélisation assistée par ordinateur. De Reffye a donc finalement bénéficié d'une certaine absence de prévention : très vite, et cela au contraire de ses confrères davantage prévenus épistémologiquement, il a décidé de ne pas rechercher à toutes forces une représentation monoformalisée de la plante, même de manière probabiliste. Il a aussi été porté par sa foi constante, un peu décalée pour son temps, en l'existence de « lois de la nature » dont il acceptait pourtant par avance la difficile intelligibilité formelle. De par le contexte et les problématiques de terrain auxquels il était confronté, ce n'était ni un triomphalisme mathématiste, informatiste ou systémiste, alors courant en biologie théorique, ni même une épistémologie physicaliste, qui le motivaient avant tout, mais la simple applicabilité des modèles qu'il concevait. C'est cela qui, au bout du compte, l'a amené à abandonner également la biométrie et la modélisation statistiques, mais aussi la simple simulation numérique suggestive, heuristique, ou à visée théorique, pour faire entrer l'étude et la modélisation de la morphogenèse des plantes dans l'ère de la simulation informatique.

En retraçant l'histoire des tentatives plus ou moins avortées de formalisation de la plante, des années 1970 jusqu'aux premières années du XXIe siècle, nous avons abouti à la mise en évidence d'un fait de type d'abord historique. C'est le développement progressif et irrépressible de la simulation par ordinateur, en un domaine où l'on tâche de représenter un objet par nature complexe. En près de trente ans, alors que pour d'autres objets biologiques ou écologiques (métabolismes, flux, populations, ...), les modèles mathématiques ont longtemps semblé suffire et la simulation de réplication ne semblait pas nécessaire, dans le cas de la forme des plantes, l'évolution du statut épistémique des mathématiques et de l'ordinateur se poursuivait sans relâche. Une épistémologie purement pragmatiste pouvait encore valoir pour des modèles perspectivistes et monoformalisés, mais ce ne fut plus le cas pour les simulations informatiques, ni même pour les modèles mixtes ou intégratifs, aujourd'hui en plein essor.

Ainsi, dans le cas de la plante, on est d'abord passé de la théorie au modèle mathématique, puis du modèle mathématique à la simulation informatique, et, peut-être bientôt, de la simulation informatique au méta-modèle. Lorsqu'on considère la plante en son entier, c'est en effet ce que nous avons appelé son caractère hautement composite qui détonne : au cours de son ontogenèse, une forte hétérogénéité, autant spatiale que temporelle, se manifeste pour les règles de croissance. Aucun modèle mathématique connu ne peut d'emblée saisir *à la fois* cette historicité et cette distribution spatiale. La plante se révèle un être vivant « distribué » de par son côté hautement populationnel. Son ontogenèse bénéficie d'une forte distribution et de réitérations évolutives. De plus, sa morphogenèse manifeste une interaction avec l'environnement tout à fait remarquable mais qui n'autorise pas pour autant à employer tout uniment un support physicaliste pour modéliser ces interactions. Enfin, s'il est vrai que la plante en croissance recherche une certaine optimalité, elle le fait sur des chemins qui mêlent et intriquent des niveaux et des causalités très enchevêtrés. La mise en espace des simulations a permis de désintriquer quelques uns de ces chemins, cela pour mieux refléter l'historicité du tout. Mais les simulations ont montré qu'on ne pouvait, dans un premier temps, faire l'économie ni de cette spatialité, ni de cette historicité. Il faut prendre les deux à la fois. C'est cette générosité préalable dans la formalisation d'une telle complexité, au contraire de la rigidité des modèles mathématiques (fractales, catastrophes) ou physicalistes (structures dissipatives, systémique) très tôt ressentie dans le domaine des plantes, qui peut aujourd'hui sembler s'appliquer dans l'étude des morphogenèses sociales et humaines, par exemple dans le cas des modèles de croissance de villes [1].

D'un point de vue différent, plus épistémologique celui-ci, on voit se dessiner un autre résultat de notre étude. C'est le fait que se confirme, pour le cas de la plante tout au moins, l'existence d'une troisième voie épistémique, ou source de connaissance, aux côtés de la théorie et de l'expérience, à travers les récentes techniques de simulation réaliste. Des expérimentations d'arboriculture et de sylviculture virtuelle (effet de la verse, de la coupe, de l'élagage, des éclaircies sur la pousse) sont d'ores et déjà opérationnelles et utilisées. Dans le travail de Dauzat, également, des simulations de phénomènes physiques sur des simulations de plantes (simulations sur simulations ou *sursimulations*) sont effectuées de manière à produire un signal empirique simulé qui puisse servir à interpréter des

1. *Cf.* F. Amblard et D. Phan, *Modélisation et simulation multi-agents – Applications aux sciences de l'homme et de la société*, Paris, Hermes, 2006.

images satellites réelles. En 2006, avec l'intégration du fonctionnement dans les modèles de structure, toujours à la faveur de l'implémentation informatique et de son potentiel de convergence, les « expérimentations agronomiques virtuelles » annoncées en 1995 deviennent réalité et de gros contrats sont passés entre l'AMAP et des producteurs de betteraves (plusieurs centaines de milliers d'euros sur plusieurs années). L'ordinateur devient véritablement un « laboratoire virtuel » ou, à tout le moins, le lieu où peuvent être conduites des « expérimentations virtuelles » systématiques, même si l'annonce de cet avènement avait été trop précipitée par l'équipe de Prusinkiewicz. C'était en tout cas déjà le cas depuis le début des années 1990 pour ces urbanistes et ces paysagistes qui se servent quotidiennement de la technologie de l'Atelier de Modélisation de l'Architecture des Plantes du CIRAD (AMAP). Notre enquête historique et épistémologique a ainsi montré qu'une simulation informatique peut être dite servir à une « expérimentation virtuelle ». En ce sens, elle n'entretient pas une simple différence de degré avec un « argument conceptuel » comme le suggèrent Stephan Hartmann[1] et Manfred Stöckler[2]. Elle n'est pas seulement un « argument conceptuel » délégué à la machine. Mais il nous faut préciser ce point d'épistémologie et revenir sur ce qui caractérise la simulation sur ordinateur dans sa variété. Notre enquête nous permet en effet de tirer trois enseignements.

Premièrement, toute simulation n'est pas nécessairement un « modèle plongé dans le temps »[3]. Lorsqu'en 1951, Ulam spatialise le modèle d'automate auto-reproducteur de von Neumann, il travaille essentiellement à plonger dans l'espace et non dans le temps le premier modèle cinématique. La temporalité du processus de calcul n'est pas ici décisive d'autant plus que le calcul met en œuvre des réitérations de multiplications matricielles de rang fini sur un espace infini, cela de manière à simuler de façon totalement déterministe une itération stochastique. C'est l'ancêtre des automates cellulaires comme les nommera par la suite Arthur Burks. Et cet ancêtre est déterministe, contrairement à l'usage élargi qu'en feront très

1. S. Hartmann, « Simulation », *Enzyklopädie Philosophie und Wissenschaftstheorie*, vol. 3, Verlag Metzler, Stuttgart, 1995, p. 807-809.

2. M. Stöckler, « On Modeling and Simulations as Instruments for the Study of Complex System », dans M. Carrier, G. J. Massey, L. Ruetsche (éd.), *Science at Century's End*, University of Pittsburgh Press, 2000, p. 355-373.

3. S. Hartmann, « The World as a Process : Simulation in the Natural and Social Sciences », dans T. Hegselmann, U. Muller, K. Troitzsch (eds.), *Modelling and Simulation in the Social Sciences from the Philosophy of Science Point of View*, Dordrecht, Kluwer Academic, p. 77-100 ; P. Humphreys, *Extending Ourselves : Computational Science, Empiricism and Scientific Method*, Oxford University Press, 2004, p. 108.

vite Murray Eden et beaucoup d'autres. D'autre part, Hartmann précise qu'une simulation imite un processus au moyen d'un autre processus. Mais cette caractérisation est cette fois-ci trop lâche. À moins de donner au mot processus une signification inusitée, la même chose peut être dite d'une équation mathématique comme celle de la loi de la chute des corps. Enfin, nous ne reviendrons pas sur la distinction que nous avons mise au jour entre mimétisme *par* dynamique et mimétisme *de* dynamique, cela à la faveur de la distinction entre le premier logiciel AMAP en préfixé et le logiciel AMAPpara : il n'est pas nécessaire que le processus de computation corresponde à chaque pas de temps à une phase réaliste du processus réel.

Deuxièmement, toute simulation n'est pas nécessairement le calcul d'un modèle. Toute simulation ne nécessite donc pas de modèle préalable. Là encore, il faut s'entendre. Si par modèle, on entend l'ensemble de toutes les règles hétérogènes que l'on se donne pour mener la computation, il est clair qu'il n'y a pas de simulation sur ordinateur sans modèle. Mais, dans le terme de « modèle », il nous semble qu'on fait entrer quelque chose de plus contraignant : l'hypothèse d'une homogénéité formelle et d'une consistance interne des règles. A ce titre, il y a des simulations sans modèle, comme le soutenait déjà le modélisateur et écologue Alain Franc en 1996[1]. Et ce sont en particulier les simulations que nous avons dites « pluriformalisées » et les simulations à agents qui sont dans ce cas. Ainsi, malgré les propos de Paul Humphreys en ce sens, il ne semble pas qu'une simulation de ce genre repose sur ce qu'il appelle un « *computational template* »[2]. Avec ce concept, Humphreys introduit notamment de manière certes pertinente les modalités spécifiques de computation qui devraient toujours aller de pair avec l'énonciation d'un formalisme dans les sciences non purement formelles. Mais il continue ce faisant de donner une unité et une homogénéité à ce gabarit formel (*template*) qui paraissent tout à fait excessives, y compris pour les simulations à base d'agents qu'il veut voir entrer dans ce registre. C'est cette supposition trop forte qui le conduit logiquement à conclure que les simulations en général n'étendent notre pouvoir de computation et/ou de perception que selon un aspect particulier, d'où le « réalisme sélectif » qu'il prône au final. Et, malgré le réalisme qu'il défend, il n'est pas loin de réduire finalement la simulation au caractère perspectif et sélectif qu'ont souvent et explicitement eu les modèles formels eux-mêmes, bien avant que la simulation sur ordinateur ne

1. F. Blasco (éd.), *Tendances nouvelles en modélisation pour l'environnement*, Actes du colloque des 16-17 janvier 1996 – Programme Environnement du CNRS, Paris, Éditions Elsevier, 1997, p. 322.

2. P. Humphreys, 2004, *op. cit.*, p. 130-132.

se développe. Cet aspect nécessairement sélectif des simulations est hautement contestable et, à tout le moins, secondaire. Lorsqu'on cherche à répliquer intégralement une explosion nucléaire dans la simulation informatique intégrative du CEA, on ne le fait pas seulement pour interroger tel ou tel dimensionnement précis de matériau fissile, ce qui était en revanche le cas de la simulation numérique. C'est pourquoi nous proposons de dire que les simulations sur ordinateur ne partent pas nécessairement d'un modèle formel et qu'ils sont des stratégies de formalisation prenant la forme d'un processus de traitement dynamique et réparti (représentation dilatée) en vue d'une *réplication partielle* d'éléments, de comportements et/ou de phénomènes globaux ou locaux (histoire d'états) suivi d'une *mesure* et/ou d'un rendu sensible (visualisations graphiques...) de cette réplication.

Ce qui est important, c'est que la simulation fait ainsi toujours un *usage sous-symbolique* de certains symboles mathématiques ou logiques traditionnels: ces symboles perdent *en partie* (mais parfois sous plusieurs aspects simultanément dans les pluriformalisations : d'où pas de nécessaire contrainte perspectiviste) leur caractère conventionnel de symbole pour regagner un caractère iconique. Ce peut être une adresse mémoire de l'ordinateur, un pointeur qui incarne un neutron ou une molécule, etc. Si elle n'est pas toujours en elle-même un modèle iconique, une simulation est, au sens le plus général, une *représentation dilatée* selon au moins une dimension ou un aspect. Elle va à rebours de la fonction de *condensation* des instruments symboliques traditionnels (logiques, mathématiques). Elle est toujours une pratique de démathématisation partielle ou quasi-totale, suivie d'une mesure au sens large ou d'une expérience d'observation effectuée réellement (sur écran) ou elle-même encore simulée (sursimulation).

Troisièmement, nous soutenons également que, dans ces conditions, *il n'y a pas un mais plusieurs types de simulations qu'il faut savoir distinguer.* Il y a même en réalité au moins *deux niveaux de distinction*. Le *premier niveau* est celui de la distinction selon *la forme de sous-symbolisation* et de démathématisation mise préférentiellement en œuvre. Ainsi nous avons distingué des simulations discrétisée (Turing), spatialisée (Ulam), probabiliste (Eden), géométrique (Cohen), logique (Lindenmayer). On comprend bien que ces distinctions se compliquent ensuite lorsque les sous-symbolisations, comme cela est devenu courant, se combinent : on parlera de simulation discrétisée-spatialisé, discrétisée-stochastique ou discrétisée-déterministe, logique-stochastique. Il y a ensuite *un second niveau de distinction : selon le principe*. La question n'est plus : quelle est la nature du résultat de sous-symbolisation? Quelle est l'axiomatique qui passe pour sous-symbolique d'une autre? Mais plutôt: *comment procède-t-on pour arriver à cette formulation sous-symbolique?* En première approximation, on peut dire qu'il y a là au moins trois procédés à distinguer désormais nettement:

– soit *on part des mathématiques* qu'on *démathématise* de fait au moyen de sous-symbolisations unidimensionnelles ou multidimensionnelles (discrétisation, construction itérative, simulation de mathématiques par des implémentations de mathématiques discrètes ou par des algorithmes *ad hoc*...),

– soit *on part des algorithmes ou règles constructivistes* directement (dans le cas où, par exemple, il n'y a pas de théorie mathématique préalable ou connue). On peut comprendre maintenant que les épistémologues qui réduisent l'introduction de la simulation sur ordinateur à *une technique logico-mathématique de résolution de problèmes de calculabilité* pensent, à tort, pouvoir réduire *toutes* les procédures de simulation à celle-ci.

– soit *on part des objets qu'on standardise et formalise* sans passer par les mathématiques ni par des formalismes logiques (ex.: systèmes multi-agents...) et en s'appuyant au besoin sur des métaphores et/ou des réductionnismes disponibles dans la science non théorisée ou dans les représentations collectives (intuition commune, sens commun)[1]. Le fait que l'on s'appuie sur des règles variables pour formaliser de manière variable (et parfois multiples: simulations multi-échelles) des objets hétérogènes fait sortir cette simulation des seules questions intra-logiques de calculabilité (même si celles-ci conservent leur intérêt *régional*, notamment dans les problématiques de *remathématisation*). Mais il est essentiel de pas confondre les étapes au motif que l'épistémologie devrait se concentrer sur l'analyse logique ou l'analyse *du* logique en laissant le reste à l'analyse sociologique. Cette alternative simple à laquelle on veut parfois encore nous faire croire n'est pas sérieuse. On peut le comprendre maintenant: elle fait fond sur une ignorance de la diversité réelle à la fois *des concepts* (logiques, mathématiques et informatiques) et des procédures de leur *mise en œuvre dans les implémentations informatiques effectives* dont une histoire patiente, précise et comparative peut *seule* rendre compte. La précision historique évite la prématurité du jugement sans interdire la philosophie.

1. *Cf.* P. Livet, « Essai d'épistémologie de la simulation multi-agents en sciences sociales », dans F. Amblard, D. Phan (éd.), *Modélisation et simulation multi-agents*, Paris, Hermes, 2006, p. 193-218.

On a alors successivement les simulations *numériques, algorithmiques et informatiques (pluriformalisées)*. Ce qui correspond assez bien au sens d'évolution historique des simulations sur ordinateur, cela à la faveur des progrès en puissance de calcul et en langages de programmation. Le passage à la simulation est ainsi loin de se réduire au passage des lois aux algorithmes, comme on le dit souvent dans des contextes logicistes, même si ce passage, déjà ancien dans bien des secteurs, comme nous l'avons aperçu, reste encore innovant dans d'autres, ainsi dans les récentes nanosciences notamment[1].

Concernant la nature quasi-empirique de la simulation, et au vu de ces différentes distinctions, il y a donc inévitablement plusieurs raisons bien différentes pour lesquelles elle peut être invoquée. Pour l'heure, nous pouvons en déceler au moins quatre. Sur les quatre, seules les deux premières ont déjà été bien relayées dans les publications de méthodologie et d'épistémologie, les deux dernières nous semblent un résultat de notre enquête :

Première raison (empiricité selon les effets) : la simulation, entendue seulement comme résultat ou ensemble de résultats numériques et graphiques produit, en sortie, des phénomènes qualitativement (ex : évaluation à l'œil sur sortie graphique) ou quantitativement comparables à ce que donnerait une expérimentation de terrain. Une comparaison quantitative des effets peut n'être que statistique : on mène ainsi des plans d'expérience statistique sur des simulations effectuées en grand nombre, pour peu qu'une variable de contrôle dans l'expérience de simulation puisse varier (de manière certaine ou stochastique) à chaque fois qu'on relance le programme de computation. On rejoint là ce que Galison appelle l'argument pragmatique du caractère empirique des simulations. Car, sans se soucier de leur nature de réplication iconique, de symbole ou de modèle, on peut appliquer pragmatiquement aux seuls *résultats* de ces simulations les mêmes programmes statistiques d'analyse de données que ceux qu'on applique aux résultats des expérimentations réelles.

Deuxième raison (empiricité selon la cause) : le ou les modèles formels qui sont traités dans la computation de la simulation numérique, logique, géométrique, probabiliste, etc., sont ou peuvent être considérés comme réalistes à l'échelle élémentaire ou intermédiaire qui est la leur. Ce qui est

1. J. Lenhard, « Nanoscience and the Janus-Faced Character of Simulations », dans D. Baird, A. Nordmann, J. Schummer (éd.), *Discovering the Nanoscale*, Amsterdam, IOS Press, 2004, p. 93-100.

alors le résultat d'un choix délibéré comme d'un compromis entre calculabilité et réalisme. C'est le cas, par exemple du neutron modélisé individuellement dans la procédure de Monte-Carlo, de la molécule modélisée individuellement, et avant toute interaction, dans la simulation moléculaire en biochimie, de la branche d'algue modélisée individuellement et spatialement dans les simulations logiques de Lindenmayer, ou des règles locales de comportement d'un agent dans un système multi-agents. Est empirique en ce sens une simulation qui possède une échelle préférentielle à laquelle certains de ses sous-modèles, ou algorithmes, ont des formes et/ou des comportements quasi-réplicatifs et sont, en ce sens, jugés peu ou très faiblement symboliques à ce niveau-là. Cet argument en faveur de l'empiricité de la simulation est souvent porté par une conception que Galison qualifie d'essentialiste (comme le stochasticisme[1]). Ce type de simulation peut servir au calcul de modèles autrement non calculables. Sinon, elle reste surtout à visée de compréhension et de théorie (elle sert par exemple au test d'un lien fonctionnel supposé) en ce qu'elle ne dispose que d'une seule dimension de dilatation ou que d'une seule échelle à faible symbolisation. Dans cette dimension, à cette échelle, la simulation a valeur de réplication du terrain. La simulation mêle alors l'abstraction des phénomènes conjoints et se manifestant à d'autres échelles avec la désabstraction et la désymbolisation de cette échelle d'étude privilégiée. C'est ce genre de simulation (modèle génétique discrétisé) dont, dans les années 1960, le généticien Kimura a décidé qu'elle pouvait, comme une *expérience* authentique, réfuter des modèles mathématiques théoriques[2].

Troisième raison (empiricité selon l'intrication des causes) : il est un troisième argument, portant sur un point intermédiaire entre causes et effets de la simulation, et qui permet, selon nous, de parler d'une expérimentation virtuelle. Il concerne surtout les *simulations pluriformalisées*[3] dans lesquelles il y a plusieurs échelles et/ou perspectives qui sont simultanément sous-symbolisées. Etant pluriperspectives, c'est-à-dire ne privilégiant pas le réalisme d'une seule perspective au détriment de celui d'une autre, ces simulations ne produisent pas des modèles minimaux à interprétation unilatérale. En sous-symbolisant divers phénomènes composants, et cela à différentes échelles, elles ne servent pas prioritairement à des tests

1. *Cf.* glossaire.
2. *Cf.* M. R. Dietrich, « Monte-Carlo Experiments and the Defense of Diffusion Models in Molecular Population Genetics », *Biology and Philosophy*, vol. 11, n°3, July 1996, p. 339-356.
3. *Cf.* glossaire : pluriformalisation.

ponctuels d'hypothèse théorique ou fonctionnelle. Leur empiricité leur vient d'une part de leurs différentes captations du terrain dans les différents sous-modèles réalistes et faiblement symboliques qu'elles intriquent (voir 2e raison : empiricité selon la cause). Elle leur vient d'autre part du caractère évolutif et non uniforme, au cours de la computation, des règles formelles (algorithmiques) de gestion ponctuelle (souvent neutres en revanche du point de vue du réalisme) des rapports entre ces mêmes sous-modèles formels. La gestion par événements des simulations pluriformalisées ajoute enfin au caractère formellement déstructuré et non immédiatement conceptualisable des modes de coexistence et d'interaction de ces formalismes traités comme mutuellement irréductibles (historicité). La simulation informatique se substitue aux formalismes traditionnels en les rendant informatiquement compatibles et en déployant une générosité formelle accrue. Ce qui a pour effet de produire une *convergence agrégeante* entre formalismes, au contraire de la *convergence absorbante*[1] que pratiquent en revanche couramment les mathématiques et les disciplines théoriques associées (biologie théorique…). Mais cette compatibilité informatique est de régime sous-symbolique : on n'en connaît pas (encore) une règle de genèse unifiée, homogène et générale qui puisse sous-tendre un fonctionnement symbolique unitaire. C'est bien en ce sens que la simulation pluriformalisée n'est pas d'emblée une structure symbolique ni un système de signes, encore moins une écriture. Elle ne procède pas d'une grammaire, fut-elle générative. *À rebours de toute une pratique des formalismes dans les sciences empiriques, la simulation devient un procédé de formalisation qui ne vise plus prioritairement à la condensation symbolique mais d'abord, parfois, à la réplication,* via *une dilatation et une coexistence sous-symbolique des formalismes traditionnels*. Or, c'est bien ce genre de simulations (dès lors qu'elles sont stabilisées et calibrées aux différentes échelles[2]) qui peut servir de terrain expérimental virtuel et d'objet à sursimulation : *cf.* le travail de Dauzat en ce sens.

Quatrième raison (empiricité par défaut de statut épistémique *a priori*) : à cette hétérogénéité formelle des formalismes peut enfin s'ajouter une hétérogénéité des statuts épistémiques propres à chaque sous-modèle.

1. *Cf.* glossaire.

2. Ce qui est désiré mais rarement réalisé aujourd'hui en sciences humaines, à la différence de la botanique; d'où l'usage parfois encore nettement spéculatif (comme le biologiste Cohen en son temps) des simulations à agents dans ces sciences. Une exception notable est G. Manzo, « Actions, interactions et structures dans l'émergence de la stratification sociale des diplômes : un modèle de choix discrets avec externalités », *Mathématiques et Sciences Humaines*, n° 175, 2006 (3), p. 53-99.

Dans les simulations pluriformalisées, des sous-modèles à valeur initialement descriptive (modèles stochastiques, modèles mathématiques d'ajustement, numérisations de scènes réelles) côtoient *pas à pas*, dans la computation, des sous-modèles à valeur au moins partiellement explicative (modèles d'effets de l'ombrage, modèle des mécanismes locaux de création et d'allocation de matière dans la plante, etc.). Il en résulte que les simulations *intriquant pas à pas ces modèles* n'ont pas de fonction épistémique simple, qui pourrait découler *a priori* et simplement d'une fonction épistémique unique et liée au choix de formalisation de leur constituants formels. Là encore, la fonction épistémique, bien que variable pour ce genre de simulation intégrative, ne dépend pas d'abord des usages ni de la perspective de l'utilisateur, comme c'est en revanche le cas dans la méthode classique des modèles mathématiques. Elle ne découle pas non plus simplement du mode de construction du programme de simulation. Elle est en réalité très fortement contrainte par le degré de validation des sous-modèles impliqués. Cette valeur peut ainsi d'abord être celle de tests (pour l'explication) ou de validation (pour la réplication) pour un sous-modèle récemment introduit à côté d'autres qui ont été validés et qui présentent déjà une certaine forme de robustesse par ailleurs. Elle peut aussi servir à l'identification indirecte des paramètres d'un sous-modèle descriptif et/ou à paramètres cachés. Ce qui suppose que la simulation intégrale présente quant à elle un bon degré de validation à l'échelle globale. La simulation se substitue dans ce cas à la réalité pour la calibration de sous-modèles valant à une échelle peu accessible sur le terrain. Cela introduit bien sûr des problèmes de sous-détermination, mais qui ne sont gênants que si précisément on veut faire un usage cognitif direct de cette identification de sous-modèles. Ce qui est sujet à caution (cas problématique des usages des systèmes multi-agents comme d'un test pour une *théorie*, en sciences humaines, par exemple). Cette fonction d'identification des paramètres de sous-modèles peut cependant n'être en elle-même que transitoire et secondaire : on cherche alors par là à obtenir une simulation intégrative calibrée qui pourra ensuite surtout servir de terrain de test empirique pour des modèles mathématiques plus maniables (remathématisation) et moins problématiquement optimisables qu'une simulation, notamment en vue de l'amélioration des conduites de culture ou de sylviculture. C'est le travail de de Reffye et son équipe depuis 1998.

Pour finir sur cette question du caractère empirique de la simulation, le problème de savoir pourquoi une simulation peut être parfois plus fiable et plus précise qu'une expérimentation réelle[1], et donc la question de savoir pourquoi on doit parfois préférer la simulation à l'expérimentation réelle, doit être distinguée de la question de principe que nous venons de traiter et qui est de savoir *ce qui rend* quasi-empirique une simulation. Un argument de von Neumann peut ici être rappelé : la simulation numérique, à la différence du modèle analogique qu'est en réalité tout support d'expérience réelle, en discrétisant son formalisme, permet d'accroître la *précision conjointe* des variables contrôlées et des variables mesurées dans une proportion arithmétique alors que pour un modèle analogique, cet effort de recherche de précision devient exponentiel et sera tôt ou tard irréalisable. Plus la représentation est complexe, plus il faut renoncer à une représentation analogique pour des questions de contrôle conjoint de précision des variables d'entrées et de sorties. Il y a là une sorte de principe d'incertitude qui peut être encadré dans le numérique mais pas dans l'analogique. Il paraît cependant difficile de généraliser à toutes les simulations. Les simulations pluriformalisées étant fondées sur le principe des événements discrets devraient se voir appliquer ce même raisonnement. Cependant, si cela vaut en principe, elles peuvent être sujettes à des phénomènes chaotiques qui, même s'ils ne sont pas des artefacts, sont mal contrôlés et sont mal compris lorsqu'il n'existe pas même de modèle mathématique général et lorsqu'aucune calibration *a posteriori* n'est possible. Ce contrôle conjoint des variables devient donc de peu de valeur si on ne sait pas à chaque fois dans quelle mesure lui faire confiance. C'est la raison pour laquelle on ne semble pas connaître l'exacte mesure dans laquelle à chaque fois une telle simulation peut effectivement passer pour l'équivalente de la réalité. Et la question, difficile, semble devoir se trancher au cas par cas.

Évaluons en tout cas en quelques mots la conséquence épistémologique majeure qui est issue de cette nouvelle forme d'empirie. Comme nous l'avons montré, la pluriformalisation gérée informatiquement a pour effet de rendre purement computationnel le résultat de simulation. C'est-à-dire que le produit d'une simulation, du fait de son effet partiel de démathématisation et de sous-symbolisation, possède la singularité d'un calcul, plus exactement d'une *computation*, en droit non prédictible autrement. C'est bien cette singularité, non encore conceptualisable ni monoformalisable, à l'heure où on la propose (sans préjuger d'une éventuelle remathématisation

1. Il s'agit bien là cependant d'en rester à un argument valant à un niveau seulement *cognitif*. Il ne s'agit donc pas d'en appeler aux autres arguments classiques en faveur de l'expérimentation virtuelle ou de la simulation et valant à un niveau technique, pragmatique ou pratique (moral) comme les questions de faisabilité, de faible coût, de rapidité, de respect de la déontologie, de respect de l'éthique (dans le cas d'expérimentations sociales), etc.

et monoformalisation à venir), du produit de la simulation, qui en fait le caractère empirique. La plurifomalisation brise l'unité de la computation en la dispersant et en la distribuant dans l'espace (graphique) et dans le temps (stochastique ou encore géré par les événements). Avec elle, on passe du monoschématisme des formalisations antérieures à une plurischématisation gérée pas à pas au cours du programme et du calcul. *Les langages à objets distribuent les schèmes de computation de manière variable et intriquée. Il en résulte la construction d'une formalisation non monoschématique qui détermine une construction figurale, pluri-échelles, dans ce qui s'apparente à une intuition hétérogène et assistée par ordinateur.* Par là, on voit que, intégrés dans les programmes pluriformalisés, les mathématiques et les formalismes servent aujourd'hui à autre chose qu'à condenser l'information ou à orienter une action ciblée. Intriqués entre eux, ces formalismes répliquent le « réel » tel qu'il est perçu, mesuré ou conçu à une ou plusieurs échelles en même temps, plus qu'ils ne résument l'observable (empirisme) ou orientent l'action (pragmatisme). Davantage, on peut comprendre que cette sorte de construction formelle s'effectuant dans une intuition déstructurée offre des résultats bien différents de ceux qu'offraient les constructions de concepts dans l'intuition spatio-temporelle kantienne, ou même dans une intuition mathématique étendue, augmentée, d'inspiration husserlienne, et procédant par étagements successifs et alternances de schèmes et de thèmes.

En fait, de telles simulations sur ordinateur s'émancipent du schématique et, ce faisant, des modèles mathématiques. Elles n'en sont plus une dépendance ou une dérivation directe. Car il n'est plus besoin de disposer d'un modèle mathématique préalable et général pour effectuer des simulations. Ces simulations ne sont plus des dépendances ou des annexes de la modélisation mathématique. Elles ne sont plus secondes du point de vue de leur rôle épistémique. Elles ne servent plus systématiquement au titre de calculs particuliers d'un modèle, le modèle initial étant censé conserver une richesse virtuelle plus haute (au sens du « virtuel » mathématique de Gilles-Gaston Granger[1]). Elles sont autre chose. Aujourd'hui, ce sont parfois des simulations que l'on cherche à modéliser et non des modèles que l'on cherche à simuler. Les modèles sont souvent à la fin (re-mathématisation) et non au début de l'entreprise de représentation formalisée sur ordinateur. La traditionnelle dialectique théorie/expérience est de ce fait bousculée. Il faut y faire entrer, à leurs côtés, mais pas simplement entre les deux (d'où l'insuffisance du dialectique), la simulation

1. G. G. Granger, *Le probable, le possible et le virtuel*, Paris, Odile Jacob, 1995.

entendue comme terrain virtuel d'expérimentation à part entière, puis ensuite comme terrain de test et de calibrage de modèles mathématiques condensants.

Pourtant, nous avons eu aussi l'occasion de comprendre les limites de cette dernière approche de simulation et de formalisation : elle est loin de pouvoir passer pour une solution miraculeuse, définitive et indépassable. Même si ces modèles de simulations singulières sont calibrés, ils ne donnent pas les moyens de comprendre les phénomènes sous-jacents puisqu'ils en assument (ou postulent) le fractionnement. Surtout, ils ne permettent pas de pratiquer des optimisations autrement que par tâtonnements. Dans la période dans laquelle nous entrons, alors que certains cherchent déjà, mais peut-être prématurément, le retour à une ontologie unitaire (*via* des méta-modèles), il semble que la tendance soit à la re-mathématisation opérationnelle des simulations de manière à ce que la plante, dès lors qu'on dispose de sa représentation fidèle, soit traitée à la même enseigne que les systèmes physiques ou les systèmes artificiels dont on sait mieux déterminer *a priori* les points de fonctionnement optimaux pour des contraintes données, notamment grâce à la théorie du contrôle optimal. Ce qui achèverait de faire de la plante un produit direct de la conception humaine, cela certes après des millénaires d'hybridation et de sélection, et après des décennies d'amélioration génétique. Il est important de noter que, d'un point de vue méthodologique et épistémologique, cela ne disqualifie pas pour autant le moment de la simulation singulière dont nous parlions précédemment, car c'est seulement à partir de simulations de ce genre que des modèles mathématiques condensants et optimisables peuvent être conçus et testés. Même si nos discussions avec les protagonistes de cette histoire nous ont montré qu'il n'y a avait pas d'accord entre eux au sujet de cette question, il nous a clairement semblé qu'AMAP n'aurait pu passer directement à ce stade sans s'aider de la construction préalable de simulations architecturales intégratives reposant sur des modèles mathématiques fragmentées et calibrés sur un terrain méticuleusement mesuré.

Comme nous l'avons montré, cette phase de re-mathématisation ne se fait pas aujourd'hui pour des raisons théoriques, mais surtout pour des raisons de limitation en complexité et en temps de calcul sur ordinateur : même puissants, les ordinateurs restent limités physiquement. En ce sens, nous avons montré que les ordinateurs ont, eux aussi, un besoin périodique de « comprendre » ce qu'ils font, c'est-à-dire de condenser et schématiser selon un seul point de vue formel. Si bien que, de manière inattendue là encore, les praticiens de la simulation retrouvent, mais par d'autres biais, ce désir de monoformaliser, de monoschématiser, donc de concevoir, propre à la science qui formalise. C'était bien ce même désir qui était cher à la tradition, en revanche bien peu féconde, de la biologie théorique, mais dont on comprend maintenant combien trop faibles pouvaient être ses instruments de réplication pour qu'elle réussisse ensuite à les mettre efficacement en regard de formalismes mathématiques, même recherchés et renouvelés (théorie des graphes, topologie algébrique, topologie différentielle, systèmes dynamiques, ...). En ce qui concerne les objets composites, l'histoire épistémologique récente semble ainsi montrer que l'application directe de mathématiques poussées à un matériau empirique complexe et riche, bien que cycliquement désirée, notamment par facilité mais aussi pour des questions de mode et d'idéologie scientifique (au sens de Canguilhem), échoue le plus souvent. On peut maintenant le comprendre : à ces échecs des monoformalisations prématurées sont naturellement liés ceux des épistémologies prématurées qui apparaissent immanquablement et cycliquement dans leur ombre.

Ce que la science contemporaine a appris et peut enseigner à son tour à la philosophie des sciences, c'est qu'une telle mathématisation nécessite souvent au préalable une phase de réplication par simulation, elle-même assise sur des mesures de terrain en grand nombre, mesures elles-mêmes assises sur des instruments divers aux technologies diverses. Même si nous n'avons pu le montrer ici dans toute sa généralité, une série de sondages peut le confirmer par ailleurs : contre toutes les épistémologies trop unilatéralement iconoclastes et/ou anti-réalistes nées dans l'ombre des réalisations théoriques magistrales de la physique du début du siècle, ce besoin de réalisme dans les modèles, et donc ce besoin de simulation détaillée préalable, s'est réitéré à maintes reprises dans les sciences contemporaines, que ce soit dans la mise en évidence des phénomènes de criticalité auto-organisée en physique, dans les modèles formels qui servent à la représentation de la connaissance et à la production de bases de données, dans le « modèle numérique » intégratif de la charge nucléaire développé depuis une quinzaine d'années par le programme « Simulation » du CEA, dans les multi-modèles des processus industriels, dans les modèles de ramification en hydrogéologie [1] ou dans les modèles pluri-échelles de l'écologie. Loin de se réduire, comme certaines pratiques particulières de modélisation mixte, à une *praxis*, à des jeux de langage pragmatiques ou encore à une

1. *Cf.* V. Fleury, J. F. Gouyet, M. Léonetti, *Branching in Nature*, Berlin, Springer, 2001, p. 156.

fonction linguistique performative[1] ou phatique[2], la simulation enseigne la patience d'une *theoria* seconde, assistée par ordinateur, et qui apparaît de plus en plus incontournable, dans de nombreux de domaines. *Parce qu'elle devient une étape décisive dans le processus de modélisation et parce qu'elle est fondamentalement révisable (fragmentée donc « démontable »), elle n'encourt pas pour autant le risque de passer pour une image définitive et figeant la pensée, c'est-à-dire pour une idole, ou, pour une de ses variantes, une idéologie*[3]. Les épistémologies des formalisations scientifiques, d'inspiration souvent linguistique (épistémologies syntaxiques, dialectiques, sémantiques ou pragmatiques), atteignent ici leur limite.

Signalons que nous n'avons pas pour autant raconté une simple *success story* où il n'y aurait qu'un seul gagnant à la fin. L'histoire que nous avons rapportée montre, au contraire, que les spéculations de jadis peuvent être amenées à revivre d'un jour à l'autre, notamment avec la métamorphose d'un outil de calcul en outil de simulation. Il y a là bien sûr une certaine dialectique comme une ironie dans l'histoire des sciences, de par cet effet de récurrence des formalismes, doublé d'une rectification des épistémologies associées. Ainsi, la tentative insolite de Woodger est oubliée pendant près de trente ans avant d'être reprise et rectifiée par Lindenmayer et enfin par Prusinkiewicz, puis Kurth, pour s'adapter récemment à la finesse des traits botaniques. Autre exemple : les modèles probabilistes longtemps hégémoniques en biométrie tendaient à représenter et à analyser le devenir moyen de toute la plante; ils ont été recyclés pour l'expression et la synthèse de quelques lois locales dans la plante. Des formalismes qui étaient conçus dans des esprits différents, portés par des motivations opposées, se voient ainsi rendus mutuellement compatibles par des infrastructures de programmation à objets. Dans cette plasticité épistémologique que l'on

1. Se dit d'un verbe dont l'énonciation réalise en même temps l'action qu'il exprime (ex. : je promets...).

2. Fonction assurée par le langage dans les cas où il vise simplement à établir ou à maintenir le contact entre le locuteur et le destinataire (ex. : allô !, eh bien...).

3. Dans le contexte français d'après-guerre (Canguilhem, Althusser), la peur et le rejet des simulations réplicatives, au profit des modèles théorico-mathématiques (Badiou), ont toujours été liés à une accusation d'« idéologie ». De nombreuses indications permettent d'interpréter aujourd'hui ce rejet consensuel comme une certaine réactivation, *sécularisée*, de l'anti-idolâtrie, cela notamment à la faveur de la poursuite de cette « infinitisation » ou de cette « complexification » des objets physiques proches (sublunaires) dans les sciences telle qu'elle a été engagée depuis le XIVe siècle (P. Duhem, *Sauver les phénomènes*, Paris, 1908, réimp., Paris, Vrin, 1994, p. 71) ou, au moins, depuis Giordano Bruno. *Cf.*, à ce sujet, F. Varenne, « Bachelard avec la simulation informatique : nous faut-il reconduire sa critique de l'intuition ? », dans R. Damien, B. Hufschmitt (éd.), *Bachelard : confiance raisonnée et défiance rationnelle*, Besançon, Presses Universitaires de Franche-Comté, 2006, p. 111-143.

peut finalement constater après coup (qui est tout le contraire d'un vide ou d'une neutralité épistémologique), ce qui a réussi à de Reffye et à ses collègues, c'est donc une forme d'opportunisme rare, dont ils ont fait d'ailleurs consciemment leur credo. Il faut le reconnaître : cet opportunisme a été grandement facilité par leur appartenance au CIRAD qui, de par sa vocation et sa mission d'EPIC, tend structurellement à favoriser des échanges entre de très diverses disciplines en vue du règlement commun et à moyen/court terme de problèmes concrets. La réussite de l'AMAP est donc aussi la réussite de l'interdisciplinarité à laquelle prêtent les contrats et actions sur projets ciblés.

Cette analyse historique et épistémologique peut ainsi être vue comme une contribution au débat sur les modes de travail collectif les plus favorables à la recherche interdisciplinaire, dès lors qu'il s'agit de traiter en commun d'objets ou de problématiques complexes. Ce que montre sans ambiguïté cette étude, c'est que s'accorder verbalement sur un objectif, dialoguer en ce sens, aller même jusqu'à adopter un langage commun ou une sorte de créole partagé, toutes ces pratiques de langage sont bien loin de suffire pour s'accorder effectivement, c'est-à-dire de manière effectivement opérationnelle, autour de la complexité des systèmes vivants. Il faut aller jusqu'à un *objet commun* et pas seulement jusqu'à un langage ou un objectif commun. C'est sans doute la raison profonde et ultime pour laquelle la virtualisation réplicative et maîtrisée, à savoir la simulation figurale, a fini par s'imposer chez les spécialistes des plantes, qu'ils soient physiologistes, écophysiologistes, botanistes, agronomes, forestiers, écologues des populations et des peuplements, comme elle s'imposera peut-être bientôt dans les sciences humaines qui modélisent. *C'est face à un même objet et non seulement dans une même langue ou dans un même système de signes, fut-il un créole, qu'ils peuvent vraiment se retrouver.* Pour une recherche scientifique interdisciplinaire voulant aller jusqu'à une pratique opérationnelle suivie et qui refuse d'en rester à une pratique rhétorique, politique ou de gestion des seules représentations collectives, on ne peut donc faire l'économie d'un référent commun. Ce référent certes virtuel, second et construit, mais effectif, manipulable, modélisable, projetable et analysable, semble bien être, pour l'heure, le seul *fondement objectif* sur lequel peut se construire et opérer une *interdisciplinarité à la fois effective et contrôlable*. Une telle interdisciplinarité est certes loin d'effacer tous les désaccords d'échelles et de points de vue. Mais elle a justement le mérite d'être souple en faisant, dans un premier temps, l'économie de la conflictualité entre disciplines, conflictualité qui leur est parfois constitutive. En se situant provisoirement *au-dessous* de toutes les dialectiques finalement sommaires parce que monoscalaires (à échelle unique), elle propose une intégration de conceptions concurrentes à la fois raisonnée et révisable. C'est en ce sens que la simulation est incontestablement féconde dans les sciences des objets complexes et composites. Elle offre une dimension cognitive renouvelée où les barrières disciplinaires ne disparaissent pas mais où elles évoluent plus librement en prenant d'autres significations.

À cet égard, il est instructif de noter que l'école de modélisation française n'a en revanche pas su négocier très tôt ce tournant de la simulation. Elle n'y a même pas immédiatement participé. La principale raison de cette réticence est le long règne de l'iconoclasme et de l'épistémologie du modèle minimal à fonctionnement dialectique : le modèle ne nous enseigne que par ses *échecs*; il est *édifiant* en ce que ses échecs nous replongent dans un saine *admiration* à l'égard de l'insondabilité du réel en laquelle il ne faut pas cesser de *croire*. Pourtant, de par son ouverture à la pratique interdisciplinaire de terrain, davantage que la biologie théorique monoformalisée, l'école de modélisation française était relativement prête à accepter et à interagir avec cette entreprise d'intériorisation et d'intégration computationnelle de la diversité des formalismes (pluralisme intégré) en quoi consiste la simulation architecturale pluriformalisée.

Ainsi donc, on peut finalement le dire, l'ordinateur contribue effectivement à une redistribution des disciplines, à une refondation de leurs rapports et à une mixité des modèles comme à une intégration effective des approches. Il s'agit bien d'un mouvement d'intégrations nouvelles entre disciplines naguère éloignées (botanique, physiologie, agronomie...). La nature et les limites exactes de ces intégrations restent encore à préciser. Mais il s'agit en même temps d'un mouvement de création de divergences nouvelles, comme en témoigne cette étonnante recomposition d'un programme de recherche théorique au sein même d'AMAP, puis sur ses bords. Dans son apport le plus novateur, néanmoins, sans nous consoler définitivement de cette perte du réel due aux grands tournants linguistiques de notre siècle comme à leurs déracinements corrélatifs, l'ordinateur semble contribuer à la co-construction d'*un sens commun du second genre*. Ce sens commun co-construit, susceptible d'une *theoria* seconde, révisable et précédant tout perspectivisme pragmatiste, reste encore à penser rigoureusement par une philosophie et une épistémologie qui ne peuvent se contenter, lorsqu'il s'agit de concevoir les modes distincts de formalisation du complexe, d'un repli anthropomorphique sur le modèle du langage humain, sur sa syntaxe, ses dialectiques ou ses pragmatiques.

Pour une histoire plus spécifique de la philosophie des modèles et de ses liens avec l'histoire de la modélisation formelle, nous renvoyons à un autre ouvrage dans lequel nous proposerons quelques jalons et un début d'interprétation unitaire. Il est tout à fait saisissant de voir se confirmer des conjonctions étroites entre l'histoire de la modélisation et celle de l'épistémologie. Nous sommes face à un authentique « esprit du temps ». L'émergence de la simulation informatique a eu pour vertu de bousculer les cadres de la pensée épistémologique (dont le refus de la réplication détaillée ou *iconoclasme épistémologique*), tant des philosophes que des scientifiques, et de les faire ressortir dans leur contingence même et leur historicité. C'est pourquoi nous n'avons pu utiliser directement ces épistémologies embarquées pour servir à l'écriture d'une « épistémologie historique » ou d'une « épistémologie linguistique » de la simulation tant il est vrai que les simulations ne fonctionnent pas, au contraire des modèles sans doute, comme des langages. La simulation elle-même, certes, n'échappera pas à son historicité. Mais elle nous aura au moins permis de mettre au jour et de juger certaines options majeures et limitantes des philosophies des sciences du XXe siècle.

GLOSSAIRE

Allométrie : voir modèle mathématique.

Analyse de variance : voir réduction de variance.

Architecture végétative: expression introduite en 1964 par les botanistes Francis Hallé et René Nozeran pour désigner les caractères morphologiques structuraux des plantes, par distinction avec les caractères morphologiques non structuraux.

Biométrie : discipline fondée par Francis Galton dont le but fut d'abord d'appliquer les méthodes statistiques à la mesure des caractères génétiques en vue de confirmer la théorie darwinienne. La biométrie désigne aujourd'hui l'ensemble des méthodes quantitatives appliquées à la mesure du vivant.

Champ morphogénétique : terme proposé par Julian S. Huxley (1932) pour élargir la notion de gradient métabolique de Charles Manning Child (1915) et désigner ce qui occasionne la succession de divers phénomènes d'organogenèse, induits à partir d'un centre, au cours de l'ontogenèse.

Convergence absorbante: expression que nous introduisons pour qualifier une convergence entre formalismes de modélisation à l'issue de laquelle, grâce à des propriétés de généralisation intra-mathématique (topologie algébrique, théorie des catégories...), un formalisme sert à réduire tous les autres.

Convergence agrégeante: expression que nous introduisons pour qualifier une convergence de formalismes, ou de diverses perspectives formelles sur un objet modélisé, procédant par agrégation et intrication pas à pas, au cours de la computation. Se produisant sans réduction mutuelle préalable (à la différence de la convergence absorbante), elle intervient le plus souvent à un niveau informatique (implémentation) et non mathématique. Voir le travail initial de Philippe de Reffye et de l'AMAP en ce sens (1976-1996). Voir également à ce propos : programmation orientée objets et pluriformalisation.

Croissance primaire : croissance en longueur de la tige.

Croissance secondaire : croissance en épaisseur de la tige.

Entrenœud: segment de tige végétale entre deux nœuds (points d'insertion de feuilles sur la tige) et dépourvu de bourgeons.

Expérimentation virtuelle ou expérience de simulation : type d'expérimentation menée au moyen d'une simulation sur ordinateur en sorte que les résultats qu'elle produit ont un statut épistémique que l'on peut juger comparable à celui des expérimentations réelles (ils peuvent notamment réfuter un modèle théorique : Wagensberg, 1985). Cette expression est bien attestée dans la littérature de simulation en sciences de l'ingénieur et en sciences de la nature, notamment. En revanche, celle de « laboratoire virtuel » intervient surtout lorsqu'il s'agit de prospective. L'origine du caractère « empirique » de telles expérimentations est encore discutée, surtout lorsque la simulation n'est plus seulement l'exploration d'un modèle préalable[1].

Laboratoire virtuel : environnement logiciel permettant la conduite de diverses expérimentations virtuelles à ambition scientifique ou seulement pédagogique. Voir le travail de Premyzlaw Prusinkiewicz (1989-1990). Le laboratoire virtuel se distingue de la seule expérimentation virtuelle en ce qu'il prétend être un environnement complet valant pour un ensemble large d'expérimentations virtuelles.

Loi de l'efficience de l'eau : cette loi phénoménologique, connue des écophysiologistes depuis les années 1930, postule que la matière créée par photosynthèse est constamment proportionnelle à la transpiration de la plante.

L-système : grammaire formelle à réécriture parallèle proposée par Aristid Lindenmayer en 1968. Cet automate séquentiel a été conçu au départ pour modéliser le dédoublement cellulaire. Il s'apparente aux grammaires génératives de Chomsky, même s'il n'en dérive pas historiquement.

1. Sur ce point, *cf.* notre conclusion.

Méristème : tissu de cellules embryonnaires (situé dans le bourgeon notamment) à l'origine de la croissance primaire ou secondaire.

Modèle formel (dans les sciences non formelles) : type de construit formel (logique ou mathématique), possédant une unité et une homogénéité, tel qu'il permette de répondre à certaines questions ou de remplir certaines fonctions (cognitives, empiriques, communicationnelles) en rapport avec un objet, un système, un phénomène ou une situation observable. Il se distingue de la théorie par son caractère de localité, par son adaptation préalable aux questions initialement posées et par son incapacité à produire directement des résultats de type théorématique. Il se distingue de la simulation sur ordinateur par son perspectivisme natif, par son fondement persistant dans des systèmes symboliques aisément mobilisables et manipulables (au moins en droit) pour un homme non aidé par l'ordinateur, ainsi que par la fréquente et corrélative contrainte d'homogénéité formelle.

Modèle à base de processus : modèle mathématique de croissance de plantes se concentrant sur la formalisation des flux d'énergie et de matière valant à une échelle écophysiologique. Ils furent les premiers à être utilisés en agronomie et sylviculture. Leur approche mathématique de surplomb présente l'inconvénient de supposer l'homogénéité du couvert végétal (forêts plantées, monospécifiques...).

Modèle architectural : selon les botanistes Francis Hallé et Roelof A. A. Oldeman (1970), un « modèle architectural » d'une plante caractérise son port statistique et son histoire morphogénétique tel qu'ils sont dictés par la génétique, et ce au cours de ses premières années. Il se fonde sur quatre caractéristiques : 1) le type de croissance (rythmique ou continue) ; 2) la structure de ramification (présence ou absence de ramification végétative, ramification sympodiale ou monopodiale, ramification rythmique, continue ou diffuse) ; 3) la différenciation morphologique des axes (orthotropie ou plagiotropie) ; 4) la position de la sexualité (terminale ou latérale). Un m. a. est défini lorsque l'on dispose d'une combinaison particulière de ces caractéristiques morphologiques et de leurs symboles graphiques afférents. Hallé et Oldeman en ont recensé 24.

Modèle logique : modèle se fondant sur des langages formels proposés dans la lignée du mouvement de refondation logiciste des mathématiques, dont celui des *Principia Mahematica* de Alfred North Whitehead et Bertrand Russell. Voir, en ce sens, les propositions de Joseph Henry Woodger (1937) et Aristid Lindenmayer (1964, 1968).

Modèle mathématique : modèle formel prenant le plus souvent la forme d'une équation fonctionnelle ou d'un ensemble d'équations. Par extension, modèle où une seule axiomatique règle la formalisation des éléments et de leurs relations. Exemple : la loi d'allométrie de Julian Huxley et Georges Teissier (1936) rapportant les croissances relatives de diverses dimensions d'organes X et Y dans un être vivant en croissance et qui est de la forme $Y = a. X^b$. L'allométrie est un modèle mathématique statique. Un modèle dynamique inclut le temps dans ses variables, notamment à l'aide d'équations différentielles.

Modèle maximal : d'après l'agronome et modélisateur Jean Bouchon (1995), un modèle maximal ou optimal est un modèle formel qui conserve un grand nombre de détails, et ne s'en tient pas à un nombre très limité de dimensions du phénomène étudié. C'est le cas selon Bouchon des simulations universelles de l'architecture végétale en croissance produites par l'AMAP.

Modèle minimal : d'après l'agronome et modélisateur Jean Bouchon (1995), un modèle minimal ne retient que le strict nécessaire pour rendre compte d'une évolution particulière de la plante. Il conserve souvent une forme mathématique homogène. L'épistémologie du modèle minimal a, en ce sens, longtemps caractérisé l'école française de modélisation dans l'après-guerre.

Modèle pragmatique : modèle qui n'est pas à fonction essentiellement cognitive mais est conçu en vue de décisions à prendre ou d'opé-rations à mener sur un terrain jugé en général complexe. C'est le cas des modèles mis en œuvre en France par la DGRST, autour du biométricien Jean-Marie Legay et de ses collègues, à partir des années 1970.

Modèle probabiliste : modèle à axiomatique probabiliste, dont l'origine remonte à la théorie des erreurs en astronomie et à la théorie de l'estimation de la moyenne sur échantillons faibles (Student, 1907), mais dont l'utilisation systématique en agronomie et biométrie date de l'introduction de la « loi mathématique hypothétique » (appelée « modèle » après la guerre) par Ronald A. Fisher en 1921. Postuler un modèle probabiliste apparaît ainsi nécessaire à l'estimation rigoureuse de corrélations entre des phénomènes quantitatifs multivariables.

Modèle structurel-fonctionnel : type de modèle de plantes récent (fin des années 1990) qui combine l'approche par processus (voir modèle à base de processus) et l'approche par simulation de modèles architecturaux (voir simulation universelle) de manière à prendre en compte l'effet en retour du fonctionnement physiologique sur la géométrie et la topologie de la plante.

Modèle théorique : dans notre contexte, type de modèle mathématique intervenant comme interprétant d'une théorie formelle de croissance. C'est le cas des modèles topologiques de Nicholas Rashevsky (après 1954) et de Robert Rosen (1958) qui retrouvent ainsi des considérations propres à la théorie mathématique des modèles.

Modélisation fragmentée : expression que nous introduisons pour désigner une méthode qui procède, de manière fragmentée, à la modélisation d'un objet composite tel qu'une plante. Dès 1976, Philippe de Reffye modélise séparément chaque loi d'apparition de croissance ou de mort de chaque type d'organe du caféier et il demande au seul programme informatique de gérer cette fragmentation formelle en intégrant ces sous-modèles fragmentaires dans une simulation (ou histoire d'états successifs de croissance) procédant pas à pas et bourgeon par bourgeon (à partir de 1979). Voir pluriformalisation.

Monte-Carlo (méthode de) : méthode de calcul proposée par Stanislaw Ulam en 1946 et introduite par Ulam et Metropolis à partir de 1949. Elle consiste à recourir à des tirages de nombres aléatoires (ou pseudo-aléatoires) pour évaluer, par approximation (simulation de cas puis mesure des résultats), certaines fonctions déterministes ou probabilistes non analytiquement calculables. Elle est comparable à une technique d'échantillonnage statistique; mais elle s'en distingue en ce qu'elle ne peut se développer pratiquement que sur des calculateurs numériques.

Morphogène : nom qu'Alan Turing a proposé en 1952 pour désigner les substances (alors hypothétiques) responsables de la production des formes dans les êtres vivants, notamment de par leur capacité différentielle de diffusion et de réaction.

Morphologie végétale : partie de la botanique s'attachant à décrire les structures ou formes externes comme internes des végétaux.

Multi-modélisation : type de pluriformalisation relativement standardisée et développée à partir des années 1970 par les ingénieurs et modélisateurs de processus industriels. Ce terme (introduit par Tüncer Ibrahim Ören en 1989) désigne une infrastructure de simulation capable de combiner différents types de modélisation dont, au départ, des modélisations avec équations différentielles et des modélisations discrètes. Il a été repris et élaboré, aux côtés de la notion de « multi-formalisme » à partir de 1991, notamment pour s'appliquer à d'autres objets de modélisation.

Phyllotaxie : du grec *phullon*, feuille, et *taxis*, ordre ; arrangement relatif des feuilles et des ramifications d'un végétal ; par extension tout arrangement topologique dans une partie du végétal (fruit, fleur, etc.).

Pixel : contraction de *picture element* ; élément ou point d'une image numérique sur écran matriciel.

Plan d'expérience : notion popularisée par la méthode d'analyse statistique multivariée introduite en agronomie par R. A. Fisher à partir de 1919. Un plan d'expérience se caractérise par la définition du but de l'expérience (recherche de l'influence de certains facteurs, etc.), la définition des facteurs contrôlés et des facteurs non contrôlés, celle des types de mesures à effectuer, la désignation des unités expérimentales à mesurer, la manière dont ces unités seront ensuite prises en compte dans le traitement statistique (avec randomisation si nécessaire, c'est-à-dire insertion d'un aléa dans l'ordre de traitement), enfin les techniques d'analyse de données (réduction de variance le plus souvent).

Pluriformalisation : terme générique que nous introduisons pour caractériser l'ensemble des approches de formalisation faisant coexister plusieurs formalismes et qui sont à l'origine de simulations informatiques récentes et complexes (dont les multimodélisations et certains systèmes multi-agents). Typiquement, dans la computation, les premières simulations de plantes virtuelles d'AMAP (1979-1987) mobilisent et intriquent des sous-modèles qui, d'un point de vue purement formel, sont de types très hétérogènes : probabiliste, topologique, logique (branchements conditionnels) et géométrique.

Programmation orientée objets : type de programmation qui, à partir de la fin des années 1960 et des langages SIMULA, SIMULA 67, C et C++, a rompu avec la programmation procédurale dans laquelle on devait pouvoir faire contrôler d'en haut, par le programme, les processus affectant les phénomènes modélisés. Ce type de programmation définit au contraire des objets qui entrent ensuite en relation avec d'autres objets en fonction des divers attributs qui les caractérisent. L'hétérogénéité des objets modélisés et le caractère évolutif de leurs relations sont ainsi davantage pris en compte. La programmation orientée objets a son origine dans la simulation de problèmes complexes (missile Minute Man) mettant en relation des éléments divers et hétérogènes. Elle s'oppose d'une certaine manière à l'approche par modèles mathématiques qui reposait tout entière sur une technique de programmation procédurale, fonctionnelle (procédure de calcul, d'analyse numérique, d'approximations, etc.) où des langages généraux et orientés vers les formulations mathématiques (comme FORTRAN) faisaient encore l'affaire. La modélisation orientée objet ouvre à une possible *pluriformalisation* des simulations et tend à compléter ou remplacer une conception mathématiste monoformalisée. Elle *réifie* ses concepts de manière à mieux répliquer le phénomène qu'elle simule.

Réduction de variance: la technique de réduction ou d'analyse de variance repose sur le principe que les variances *s'ajoutent* lorsque les effets des différents traitements ou facteurs opérant sur une plante (ou tout autre phénomène multivarié) sont indépendants. Les effets des variables doivent ainsi être additifs. Dans ce cas, on montre qu'on peut analyser la variance au sens où l'on y distingue notamment la variance inter-catégories de la variance intra-catégories ou résiduelle.

Remathématisation (*phase de*): terme que nous introduisons pour qualifier la phase de maturité au cours de laquelle les praticiens des simulations pluriformalisées éprouvent le besoin et/ou la nécessité de remathématiser (réunifier au moins partiellement) les modèles fragmentés et les programmes implémentés gérant les sous-modèles jusque là mathématiquement hétérogènes.

Simulation sur ordinateur: toute stratégie de formalisation prenant la forme d'un processus de traitement dynamique, pas à pas et réparti (ou dilaté) de réplication partielle d'éléments, de comportements ou de phénomènes globaux ou locaux (histoire d'états) suivi d'une mesure et/ou d'un rendu sensible (visualisations graphiques…) de cette réplication. La simulation fait ainsi un usage sous-symbolique de certains symboles mathématiques ou logiques traditionnels: ces symboles sont à nouveau réifiés et perdent *en partie* leur caractère conventionnel de symbole pour regagner un caractère iconique (une adresse mémoire de l'ordinateur = un neutron ou une molécule, etc.). Si elle n'est pas toujours un modèle iconique, une simulation est, au sens le plus général, une *représentation dilatée* selon au moins une dimension ou un aspect. Elle va à rebours de la fonction de *condensation* des instruments symboliques traditionnels (logiques, mathématiques). À ce titre, une simulation n'est pas toujours simplement la plongée d'un modèle dans le temps (comme le suggère Stephan Hartmann: ce serait la contraindre à une seule dimension de dilatation), ni la réplication d'un processus dynamique en tant que tel. Si certains de ses résultats tendent à être mimétiques, elle ne présente pas non plus nécessairement une dynamique mimétique. C'est-à-dire que ses états successifs ne sont pas nécessairement en correspondance mimétique avec les états du phénomène simulé (cas de la première version du logiciel AMAPsim par opposition à AMAPpara).

Simulation à événements discrets : type de simulation informatique favorisé par la programmation orientée objets et dans laquelle les variables numériques décrivant le système sont discrètes. Les variables étant discrètes, le temps de la simulation est par conséquent lui-même discrétisé : l'évolution du système procède par sauts ou événements. Plusieurs types de gestion du temps (par horloge ou par événements) peuvent alors être choisis. Temps simulé et temps de calcul peuvent également diverger, ce qui permet de gérer les simultanéités.

Simulation algorithmique : type de simulation sur ordinateur (au sens restreint d'un calcul formel itératif et assisté) de modèle logique discret et stéréotypé. Les premiers L-systèmes (1968) sont ainsi des grammaires formelles à réécriture hautement standardisée et donc simplement récursive. La simulation n'est plus numérique dans ce cadre et substitue des règles logiques constantes et consistantes (un algorithme en ce sens) au traitement pas à pas d'une loi mathématique : on passe du calcul des lois au calcul des règles. Distincte de la simulation numérique, cette simulation est à distinguer également de la simulation informatique. Il faut noter qu'un point de vue épistémologique trop exclusivement logiciste sur les simulations par ordinateur ne permet pas de faire cette dernière distinction conceptuelle. Elle est pourtant fondamentale pour comprendre cette partie essentielle (majoritaire dès la fin des années 1990) des sciences et techniques qui simulent sans pour autant réduire leurs objets à des représentations formelles homogènes.

Simulation géométrique : désigne ici un type de simulation de croissance de plantes s'attachant à restituer prioritairement les dimensions métriques de la plante dans un espace graphique à deux ou trois dimensions. Voir les travaux pionniers de Hisao Honda (1971).

Simulation informatique : nous qualifions d'« informatique » une simulation sur ordinateur qui recourt à toutes les ressources de programmation informatique, notamment en langage évolué et en programmation orientée objets, pour traiter simultanément de caractéristiques hétérogènes dans le type, dans le temps, et dans l'espace. On ne peut pas alors en représenter le processus sous la forme simple du traitement pas à pas d'un unique algorithme (sauf à ne vouloir considérer que le niveau du langage machine qui pourtant ne présente aucune traduction simple et univoque, donc aucune signification d'un point de vue non strictement formel, dans les langages d'expression divers propres aux sous-modèles implémentés et intriqués dans le programme en langage évolué). Même s'il présente des limitations, ce type de simulation se révèle particulièrement adapté à la simulation des objets composites. À distinguer de la simulation algorithmique.

Simulation numérique : la simulation numérique se distingue de la simulation informatique en ce qu'elle reste un traitement algorithmique pas à pas et approché d'un processus de computation qui possède au préalable une unité et une homogénéité mathématique de conception et de construction. Cette formulation mathématique unitaire et abrégée n'existe pas en revanche dans le cas des simulations algorithmiques, parfois en attente de théorie (automates cellulaires), ni dans le cas des simulations informatiques.

Simulation universelle : expression par laquelle nous qualifions un type de simulation informatique qui offre une possibilité de paramétrage telle qu'elle est susceptible de simuler l'ensemble des manifestations possibles d'un objet ou système donné. Exemple : la simulation architecturale des plantes de de Reffye (1979) est universelle en ce qu'elle n'est pas spécifique à un seul modèle architectural de plantes. Elle peut en effet simuler l'ensemble des 24 modèles architecturaux existants.

Sous-symbolique : nous disons que les simulations sur ordinateur font un usage sous-symbolique des symboles qu'elles font traiter par l'ordinateur dans la mesure où elles ne reposent pas prioritairement sur la capacité qu'ont ces symboles formels de donner lieu à des règles conventionnelles de condensation, de combinaison et de transformation. Ces règles peuvent au contraire y être décomposées et redevenir très iconiques comme dans la simulation discrétisée neutron par neutron d'une charge nucléaire. Cela ne signifie pas pour autant que la simulation remplace le traitement symbolique par tout autre chose, mais que les symboles qui y sont mobilisés ne sont pas totalement traités et utilisés comme tels. Ainsi, on reste dans le symbolique et c'est souvent un système symbolique qui simule le comportement d'un autre. Ce peut être souvent une axiomatique (discrète) qui en simule une autre (continue), l'une pouvant alors être considérée comme sous-symbolique *par rapport* à l'autre.

Stochasticisme biologique : Peter Galison nomme « stochasticisme » une thèse ontologique qui veut que le monde soit discret et « régi » par des événements stochastiques élémentaires. Cette option se développa notamment pour justifier, parfois *a posteriori*, le recours à la méthode de Monte-Carlo en physique nucléaire mais aussi en chimie. En y ajoutant la qualificatif « biologique », nous l'étendons ici à l'application de cette même méthode à la granularité cellulaire des tissus vivants (voir Murray Eden, 1960).

Sursimulation : terme que nous introduisons pour qualifier une expérimentation virtuelle effectuée sur une simulation de réplication de scène en elle-même déjà complète, calibrée et stabilisée. Exemple : dans le travail de Jean Dauzat (1990), la simulation de la réflectance se fait par la simulation de lancers de rayons solaires virtuels sur une forêt virtuelle qui est elle-même le résultat d'une série de simulations architecturales.

Système multi-agents (SMA) : un SMA est un type de formalisation informatique dans lequel des « agents », c'est-à-dire en fait des entités computationnelles définies dans un langage de programmation, partagent des ressources, communiquent, interagissent, héritent de leurs attributs au cours du temps. L'emphase y est portée sur l'autonomie des agents. Deux ouvrages de référence : J. Ferber : *Les systèmes multi-agents – Vers une intelligence collective*, Paris, InterEditions, 1995 et F. Amblard et D. Phan (éds.) : *Modélisation et simulation multi-agents – Applications aux sciences de l'homme et de la société*, Paris, Hermes, 2006.

Théorie : dans notre contexte, la théorie s'oppose au modèle en ce qu'elle s'inscrit au niveau des principes (notamment chez Rashevsky), en ce qu'elle garde pour certains le reflet de l'essence même des phénomènes et surtout en ce qu'elle peut donner lieu à un certain nombre de résultats déduits sous forme de théorèmes (comme le souligne Françon). Beaucoup de formalismes utilisés plus tard comme simples modèles sont introduits au départ comme morceaux de théorie : c'est le cas des L-systèmes qui, en 1968, devaient faire accéder la biologie quantitative des formes au rang de discipline théorématique.

Unité de croissance : désigne la portion de tige mise en place durant une période d'élongation. Elle peut contenir plusieurs entrenœuds, ces derniers étant fabriqués dans le méristème et ne se prêtant qu'ensuite à élongation.

Validation : pour un modèle formel, la validation désigne l'ensemble des procédures (comparaison aux mesures, tests de cohérence, tests statistiques) mises en œuvre pour assurer la recevabilité du modèle eu égard à la fonction qu'on veut lui assigner (fonction d'expérimentation, de représentation, de compréhension, d'intégration, d'action, de décision ou encore de concertation).

Vérification : pour un modèle formel, ensemble des procédures de test et de contrôle permettant d'évaluer la qualité (innocuité) de l'implémentation informatique du modèle par rapport aux performances attendues de ce modèle.

Verse : flexion naturelle de certains rameaux (notamment porteurs de fruits) sous l'effet du poids et occasionnant un pincement altérant le flux de sève.

Voxel : l'analogue, pour les volumes, du pixel. C'est l'unité de volume minimale visible à l'écran.

BIBLIOGRAPHIE SÉLECTIVE

ABELSON (H.), « Logo graphics as a mathematical environment », *Proceedings of the Annual Conference of the Association of Computing Machinery, ACM/CSC-ER, Houston, ACM-Press, 1976, 159-163.*

AGUILAR-MARIN (J.) (éd.), *Modélisation mathématique et simulation des systèmes de l'environnement,* Textes du 1er séminaire du Programme Interdisciplinaire de Recherche sur l'Environnement du CNRS, Toulouse, Editions du CNRS, 1982.

ALTHUSSER (L.), *Philosophie et philosophie spontanée des savants*, Paris, Maspero, 1974.

AMBLARD (F.), *Comprendre le fonctionnement de simulations sociales individus-centrées – Application à des modèles de dynamiques d'opinion*, Thèse d'informatique, Université Blaise Pascal – Clermont II, 2003.

AMBLARD (F.) et PHAN (D.), *Modélisation et simulation multi-agents – Applications aux sciences de l'homme et de la société*, Amblard, F. et Phan D. (éd.), Paris, Hermes, 2006.

ANDRIEU (B.) (éd.), « Modélisation architecturale du fonctionnement des cultures : Orientations de l'équipe de Bioclimatologie de Grignon », dans *Modélisation architecturale*, Andrieu (éd.), Actes du séminaire des 10-12 mars 1997, département de Bioclimatologie, INRA-Grignon, 15-18.

AONO (M.), KUNII (T.L.), « Botanical Tree Image Generation », *IEEE CG&A*, may 1984, 10-34.

APTER (M. J.), *Cybernetics and Development*, Oxford, Pergamon Press, 1966.

ARMATTE (M.), DAHAN-DALMEDICO (A.) (éd.), *Modèles et modélisations 1950-2000*, n° spécial de la *Revue d'histoire des sciences*, 57, 2, juillet-décembre 2004.

BADIOU (A.), *Le concept de modèle*, Paris, Maspero, 1969.

BARKER (S. B.), CUMMING (G.), HORSFIELD (K.), « Quantitative Morphometry of the Branching Structures of Trees », *Journal of Theoretical Biology,* 1973, 40, 33-43.

BARTHÉLÉMY (D.), *Architecture et sexualité chez quelques plantes tropicales : le concept de floraison automatique*, Thèse Doct., physiologie, biologie des organismes et des populations, Montpellier, 1988.

– « Levels of organization and repetition phenomena », *Acta Biotheoretica*, vol. 39, 309-323.

—, BLAISE (F.), FOURCAUD (T.), NICOLINI (E.), « Modélisation et simulation de l'architecture des arbres : bilan et perspectives », *Revue Forestière Française*, n°spécial de 1995, vol. 47, 71-96.

—, EDELIN (C.), HALLÉ (F.), « Architectural concepts for tropical trees », dans L.B. Holm-Nielsen, I. Nielsen, H. Balslev (éd.), *Tropical Forests : Botanical Dynamics, Speciation and Diversity*, London, Academic Press, 1989, 89-100.

BAUER (P. S.), « The validity of minimal principles in physiology », *The Journal of General Physiology*, July 1930, vol. 13, 617-619.

BEAUMONT (J. H.), « An analysis of growth and yield relationships of coffeetrees in the Kona district, Hawaii », *Journal of Agricultural Research (Washington)*, vol. 59, n° 3, Aug. 1, 1939, 223-235.

BEDAU (M. A.), « Philosophical content and method of Artificial Life », dans T. W. Binum, J.H Moor, *The Digital Phoenix : How computers are changing philosophy*, Oxford, Basil Blackwell, 1998, 135-152.

BELL (A. D.), « Computerized Vegetative Mobility in Rhizomatous Plants », dans A. Lindenmayer, G. Rozenberg, *Automata, Languages, Development*, Amsterdam, North-Holland Publishing Company, 1976, 3-14.

BLACK (M.), *Models and Metaphors – Studies in Language and Philosophy*, Ithaca and London, Cornell University Press, 1962, sixth printing : 1976.

BLAISE (F.), *Simulation du parallélisme dans la croissance des plantes et application,* nouvelle thèse n°1071 (spécialité informatique), Strasbourg, Université Louis Pasteur, 1991.

– « Simulation de couverts végétaux réalistes en 3D », dans DC / L.W. Fritz, J.R. Lucas (éd.), XVIIe Congrès I.S.P.R.S., USA, Washington, Archives internationales de Photogrammétrie et de télédétection, 1992, 24, B3, (3), 207-212.

—, BARCZI (J. F.), JAEGER (M.), DINOUARD (P.), REFFYE (de) (P.), « Simulation of the growth of plants – Modeling of metamorphosis and spatial interactions in the architecture and development of plants », dans T. L. Kunii, L. Luciani, *Cyberworlds*, Tokyo, Springer Verlag, 1998, 81-109.

—, REFFYE (de) (P.), « Simulation de la croissance des arbres et influence du milieu : le logiciel AMAPpara », dans J. Tankoano (éd.), *Proceedings of the 2nd African Conference on Research, Computer Science (CARI'94)*, Ouagadougou, Burkina Faso, 12-18 October 1994, INRIA-ORSTOM, 1994, 61-75.

BLASCO (F.) (éd.), *Tendances nouvelles en modélisation pour l'environnement*, Actes du colloque des 16-17 janvier 1996 – Programme Environnement du CNRS, Paris, Elsevier, 1997.

BOUCHON (J.), POUPARDIN (D.), « Entretien avec Jean Bouchon », 21 juillet 1995, Nancy, avec Denis Poupardin pour le compte des Archorales-INRA (Archives orales de l'INRA), 21 pages.

BOUCHON (J.) (éd.), *Architecture des arbres fruitiers et forestiers*, Paris, INRA-Éditions, « Les colloques », n°74, 1995.

—, REFFYE (de) (P.), BARTHÉLÉMY (D.), *Modélisation et simulation de l'architecture des végétaux*, « Science Update », Paris, INRA-Éditions, 1997.

BOULEAU (N.), *Philosophies des mathématiques et de la modélisation*, Paris, l'Harmattan, 1999.

BOULIGAND (Y.) (éd.), *La morphogenèse : de la biologie aux mathématiques*, Paris, Maloine, 1980.

BOUTOT (A.), *L'invention des formes*, Paris, Odile Jacob, 1993.

BRISSAUD (M.), FORSÉ (M.), SIGHED (A.) (éd.), *La modélisation, confluent des sciences*, Actes du colloque interdisciplinaire des 15 et 16 juin 1989 de Villeurbanne, Paris, Editions du CNRS, 1990.

BUCK-SORLIN (G. H.), BACHMANN (K.), « Simulating the morphology of barley spike phenotypes using genotype information », *Agronomie*, 2000, vol. 20, 691-702.

BURKS (A. W.) (éd.), *Essays on Cellular Automata*, Urbana, University of Illinois Press, 1970.

CANGUILHEM (G.), « Modèles et analogies dans la découverte en biologie », *Études d'histoire et de philosophie des sciences concernant les vivants et la vie,* Paris, Vrin, 1968, réimp., 1994, 305-318.

– *Idéologie et rationalité*, Paris, Vrin, 1977, réimp., 2000.

CAPOT (J.), « L'amélioration du caféier en Côte d'Ivoire – Les hybrides Arabusta », *Café, Cacao, Thé*, vol. 16, n°1, janvier-mars 1972, 3-16.

CARNAP (R.), « Die physikalische Sprache als Universalsprache der Wissenschaft », *Erkenntnis*, Bd. 2, H 5/6, 1932, 432-465.

– *Logische Syntax der Sprache*, Wien, Julius Springer, 1934 ; *The logical syntax of language*, trad. A. S. von Zeppelin, London, Paul Kegan, 1937 ; réimp., London, Open Court, 2002.

CARTWRIGHT (N.), *A Dappled World – A study of the Boundaries of Science*, Cambridge University Press, 1999.

CASEAU (P.), « Les modèles numériques et leur place dans la recherche-développement », *Culture Technique*, n°18, mars 1988, 126-130.

CHAUNU (P.), *Le temps des réformes*, Paris, Fayard, 1975.

CHAZAL (G.), « La simulation informatique comme mesure du possible », dans Centre d'Analyse des Formes et des Systèmes de la Faculté de Philosophie de Lyon III (éd.), *La mesure : instruments et philosophes*, Paris, Champ-Vallon, 1994, 147-155.

– « La pensée et les machines – Le mécanisme algorithmique de John von Neumann », préface à la *Théorie générale et logique des automates*, J. von Neumann, Champ-Vallon, coll. Milieux, 1996, 7-58.

CHORAFAS (D. N.), *La simulation mathématique et ses applications*, Paris, Dunod, 1966.

CIRAD-1997, *Le Cirad en 1997*, rapport d'activité, Service des éditions du CIRAD, Délégation à l'information scientifique et technique, Svi-Publicep, Montpellier, 1997.

CIRAD-1998, *Images de la recherche*, Service des éditions du CIRAD, Délégation à l'information scientifique et technique, Svi-Publicep, Montpellier, 1999.

CIRAD-1999, *Le Cirad en 1998*, rapport d'activité, Service des éditions du CIRAD, Délégation à l'information scientifique et technique, Svi-Publicep, Montpellier, 1999.

COHEN (D.), « Computer Simulation of Biological Pattern Generation Processes », *Nature*, vol. 216, october 21 1967, 246-248.

COOPER (N. G.) (éd.), *From Cardinals to Chaos*, Los Alamos Science, Special issue, 1987 ; réimp., Cambridge, Cambridge University Press, 1989.

COQUILLARD (P.), HILL (D. R. C.), *Modélisations et simulations d'écosystèmes*, Paris, Masson, 1997.

CORNER (E. J. H.), *The Life of Plants*, Cleveland, World Publisher, 1964, trad. Paule Corsin : *La vie des plantes*, Paris, Stock, 1970.

COSTES (E.), REFFYE (de) (P.), LICHOU (J.), GUÉDON (Y.), AUDUBERT (A.), JAY (M.), « Stochastic modelling of apricot growth units and branching », 3rd Int. Symposium on Computer Modelling *in* Fruit Research and Orchard Management, New Zealand, Palmerston North, Acta Horticulturae, 313, 1992, 89-98.

COURNÈDE (P. H.), KANG (M. Z.), MATHIEU (A.), BARCZI (J. F.), YAN (H. P.), HU (B. G.), REFFYE (de) (P.), « Structural Factorization of Plants to Compute their Functional and Architectural Growth », *Simulation*, vol. 82, n° 7, 2006, 427-438.

COX (D. R.), *Planning of Experiments*, New York, Wiley and Sons, 1958.

– *Renewal theory*, London, Chapman and Hall, U. K., 1962.

—, LEWIS (P.A.W.), *The statistical Analysis of Series of Events*, London, Methuen and Co. Ltd, 1966, trad. *L'analyse statistique des séries d'événements*, Paris, Dunod, 1969.

DAHAN-DALMEDICO (A.), « Modèles et modélisations : le foisonnement des pratiques contemporaines exige une réflexion théorique nouvelle », *Lettre du SPM (Département des Sciences Physiques et Mathématiques du CNRS)*, n°42, décembre 2003, 26-28.

DAMIEN (R.), *Bibliothèque et État*, Paris, PUF, 1995.

DAUZAT (J.), « Radiative Transfer Simulation on Computer Models of *Elaeis guineensis* », *Oléagineux*, vol. 49, n°3, 1994, 8-90.

—, HAUTECŒUR (O.), « Simulation des transferts radiatifs sur maquettes informatiques de couverts végétaux », dans J. J. Hunt (éd.), *Physical Measurements and Signatures* in *Remote Sensing*, European Space Agency (ESA), Courchevel, France, 1991, 415-418.

DELATTRE (P.), THELLIER (M.), *Elaboration et justification des modèles*, Paris, Maloine, 1979, 2 tomes.

DELÉAGE (J. P.), *Histoire de l'écologie*, Paris, La Découverte, 1991.

DELEUZE (Ch.), *Pour une dendrométrie fonctionnelle : essai sur l'intégration des connaissances écophysiologiques dans les modèles de production ligneuse*, Thèse de l'Université Claude Bernard, Lyon I, 1996.

DESROSIÈRES (A.), *La politique des grands nombres. Histoire de la raison statistique*, Paris, La Découverte-Syros, 1993.

DIETRICH (M. R.), « Monte-Carlo Experiments and the Defense of Diffusion Models *in* Molecular Population Genetics », *Biology and Philosophy*, vol. 11, n°3, July 1996, 339-356.

DI PAOLO (E. A.) *et al.*, « Simulation Models as Opaque Thought Experiments », dans Mark A. Bedau *et al* (éd.) *Artificial Life VII*, Proc. of the 7th Intern. Conf. on Artificial Life, Cambridge, MIT Press, 2000, 497-506.

DUBOZ (R.), *Intégration de modèles hétérogènes pour la modélisation et la simulation de systèmes complexes – Application à la modélisation multi-échelles en écologie marine*, Thèse d'informatique, Université du Littoral, 2004.

DUBUCS (J.), « Simulations et modélisations », *Pour la science*, n°300, octobre 2002.

DUHEM (P.), *La théorie physique – son objet – sa structure*, Paris, 1906-1914; réimp., Vrin, 1989.

– *Sauver les phénomènes*, Paris, 1908 ; réimp., Vrin, 1994.

DUPRÉ (J.), *The Disorder of Things : Metaphysical Foundations of the Disunity of Science*, Harvard University Press, 1993.

DZIERZON (H.), KURTH (W.), « LIGNUM : A Finnish tree growth model and its interface to the French AMAPmod database », dans Franz Hölker (ed.), *Scales, Hierarchies and Emergent Properties* in *Ecological Models*, Frankfurt am Main, Peter Lang, 2002, 29-46.

EDELIN (C.), *Images de l'architecture des conifères*. Th. Doct. 3e cycle en biologie végétale, Université Montpellier II, 1977.

EDEN (M.), « A probabilistic model for morphogenesis », *Symposium on Information Theory* in *Biology*, New York, Pergamon Press, 1958, 359-370.

– « A two-dimensional growth process », *Fourth Berkeley Symposium on Mathematical Statistics and Probability*, Berkeley, University of California Press, 1960, 223-239.

EMMECHE (C.), *The Garden in the Machine*, Princeton University Press, 1994.

ERICKSON (R. O.), « Relative Elemental Rates and Anisotropy of Growth in Area : a Computer Programme », *Journal of Experimental Botany*, 1966, vol. 17, n° 51, May 1966, 390-403.

– « Modeling of Plant Growth », *Annual Review of Plant Physiology*, 1976, vol. 27, p. 407-434.

FELTZ (B.), 1991, *Croisées biologiques*, Bruxelles, Éditions Ciaco, 1991.

—, CROMMELINCK (M.), GOUJON (P.) (éd.), *Auto-organisation et émergence dans les sciences de la vie*, Bruxelles, Ousia, 1999.

FERBER (J.), *Les systèmes multi-agents – Vers une intelligence collective*, Paris, InterEditions, 1995.

FEUVRIER (C. V.), *La simulation des systèmes*, Paris, Dunod, 1971.

FISHER (J. B.), « How predictive are computer simulations of tree architecture ? », *International Journal of Plant Sciences*, 153 (3), 1992, 137-146.

—, HONDA (H.), « Computer simulation of branching pattern and geometry in *Terminalia (Combretaceae)*, a tropical tree », *Botanical Gazette*, 1977, 138 (4), 377-384.

— « Branch geometry and effective leaf area : a study of *Terminalia* branching pattern, 1. Theoretical Trees », *American Journal of Botany*, 1979, 66 (6), 633-644.

— « Branch geometry and effective leaf area : a study of *Terminalia* branching pattern, 2. Survey of Real Trees », *American Journal of Botany*, 1979, 66 (6), 645-655.

FISHER (R. A.), « Studies *in* Crop Variation. I. An Examination of the Yield of Dressed Grain from Broadbalk », *Journal of Agricultural Sciences*, 1921, vol. 11, 107-135.

– « Some Remarks of the Methods Formulated *in* a Recent Article on "The Quantitative Analysis of Plant Growth" », *Annals of Applied Biology*, 1921, vol. 7, 367-372.

– « On the Mathematical Foundations of Theoretical Statistics », *Philosophical Transactions of the Royal Society of London*, A, 1922, vol. 222, 309-368.

– *Statistical Methods for Research Works*, Edinburgh, Oliver and Boyd, 1925; trad. de I. Bertrand : *Les méthodes statistiques adaptées à la méthode scientifique*, Paris, PUF, 1947.

FLEURY (V.), *Arbres de pierre – La croissance fractale de la matière*, Paris, Flammarion, 1998.

—, BOULIGAND (Y.) (éd.), *Les formes de la vie*, Pour la science, n° hors-série, juillet-septembre 2004.

—, GOUYET (J. F.), LÉONETTI (M.), *Branching* in *Nature*, Berlin, Springer, 2001.

FOURNIER (C.), *Modélisation des interactions entre plantes au sein des peuplements. Application à la simulation des régulations de la mophogenèse aérienne du maïs (*Zea mays L.*) par la compétition pour la lumière*, Thèse de l'INAPG, avril 2000.

—, ANDRIEU (B.), « Utilisation de l'approche L-système pour la modélisation architecturale du développement du maïs », dans B. Andrieu (éd.), *Modélisation architecturale*, Actes du séminaire des 10-12 mars 1997, département de Bioclimatologie, INRA-Grignon, 203-211.

— « A 3D Architectural and Process-Based Model of Maize Development », *Annals of Botany*, 1998, vol. 81, 233-250.

— « Dynamics of the Elongation of the Internodes *in* Maize (*Zea mays L.*) : Analysis of Phases of Elongation and their Relationships to Phytomer Development », *Annals of Botany*, 2000, vol. 86, 551-563.

FRANC (A.), GOURLET-FLEURY (S.), PICARD (N.), *Une introduction à la modélisation des forêts hétérogènes*, Nancy, ENGREF Éditions, 2000.

FRANÇON (J.), « Arbres et nombres de Strahler dans diverses sciences », *Revue du Palais de la Découverte*, 1984, vol. 12, n° 120, 29-36.

– « Sur la modélisation informatique de l'architecture et du développement des végétaux », dans C. Edelin (éd.), *Naturalia Monspeliensa*, n° Hors série, Montpellier, A7, 1991, 231-247.

—, LIENHARDT (P.), « Basic principles of topology-based methods for simulating metamorphosis of natural objects », dans N. M. Thalmann, D. Thalmann (éd.), *Artificial life and virtual reality*, Chichester, U. K., John Wiley and Sons, 1994, 23-44.

FREUDENTHAL (H.), (éd.), *The Concept and the Role of the Model* in *Mathematics and Natural and Social Sciences*, Dordrecht, D. Reidel Publishing Company, 1961.

GALISON (P.), *How Experiments End*, Chicago, Chicago University Press, 1987.

– *Image and Logic*, Chicago, The University of Chicago Press, 1997.

—, STUMP (D. J.) (éd.), *The Disunity of Science*, Stanford, Stanford University Press, 1996.

GARFINKEL (D.), « Digital Computer Simulation of Ecological Systems », *Nature*, 194, 1962 (June), 856-857.

GAYON (J.), 2000, « History of the Concept of Allometry, *American Zoologist*, 2000, vol. 40, p. 748-758.

GIEGERENZER (G.), SWIJTNIK (Z.), PORTER (T.), DASTON (L.), BEATTY (J.), KRÜGER (L.) (éd.), *The Empire of Chance – How probability changed science and everyday life*, Cambridge, Cambridge University Press, Ideas in context, 1989 ; réimp., 1997.

GILBERT (S. F.), « Cellular politics : Ernest Everett Just, Richard B. Goldschmidt, and the Attempt to Reconcile Embryology and Genetics », dans R. Rainger, K. R. Benson, J. Maienschein (éd.), *The American Development of Biology*, Philadelphia, University of Pennsylvania Press, 311-346.

GODIN (C.), CARAGLIO (Y.), « A multiscale model of plant topological structures », *Journal of Theoretical Biology*, 1998, 191, 1-46.

GODIN (C.), GUÉDON (Y.), COSTES (E.), « Exploration of a plant architecture database with the AMAPmod software illustrated on an apple tree hybrid family », *Agronomie*, vol. 19, n°3/4, 1999, 163-184.

GOETHE (von) (J. W.), *La métamorphose des plantes*, 1790-1807, trad. de H. Bideau, 1975, Paris, Éditions Triades, 2e éd., 1992.

GORENFLOT (R.), *Biologie végétale – Plantes supérieurs : appareil végétatif*, Paris, Masson, 1re éd., 1977 ; 2e éd., 1998.

GOSSET (*alias* "Student") (W. S.), « The probable error of a mean », *Biometrika*, 6, 1908, 1-25.

GOUJON (P.), « La biologie à l'ère de l'informatique. Connaissance et naissance de la vie artificielle, Première partie », *Revue des Questions Scientifiques*, 1994, 165 (1), 53-84.

– « La biologie à l'ère de l'informatique. Connaissance et naissance de la vie artificielle, Seconde partie », *Revue des Questions Scientifiques*, 1994, 165 (2), 119-153.

GRANGER (G. G.), « Simuler et comprendre », *Philosophie, langage, science*, Paris, EDP, 2003, 187-192.

– *Le probable, le possible et le virtuel*, Paris, Odile Jacob, 1995.

GREENE (N.), « Voxel space automata : modelling with stochastic growth processes in voxel space », *Computer Graphics*, vol. 23 (3), 1989, 175-184.

GREGG (J. R.), HARRIS (F. T. C.) (éd.), *Form and Strategy in Science – Studies dedicated to Joseph Henry Woodger on the Occasion of his Seventieth Birthday*, Dordrecht, D. Reidel Publishing Company, 1964.

GRIMM (V.), « Ten years of individual-based modeling in ecology : what have we learned and what could we learn in the future ? », *Ecological Modelling*, 115, 1999, 129-148.

GUÉDÈS (M.), « La théorie de la métamorphose en morphologie végétale : des origines à Goethe et Batsch », *Revue d'histoire des sciences appliquées*, 22, 1969, 323-363.

– « La théorie de la métamorphose en morphologie végétale : A. P. de Candolle et P. J. F. Turpin », *Revue d'histoire des sciences appliquées*, 25, 1972, 253-270.

– « La théorie de la métamorphose en morphologie végétale. La métamorphose et l'idée d'évolution chez Alexandre Braun », *Epistémè*, 7, 1973, 32-51.

GUILLEVIC (P.), *Modélisation des bilans radiatif et énergétique des couverts végétaux*, thèse de doctorat de l'Université Paul Sabatier, spécialité « télédétection de la biosphère continentale – modélisation », décembre 1999.

HACKING (I.), *The Taming Of Chance*, Cambridge University Press, 1990.

– *Representing and Intervening*, Cambridge University Press, 1983; trad. : *Concevoir et expérimenter*, Paris, Bourgois, 1989.

HALLÉ (F.), « Modèles architecturaux chez les arbres tropicaux », dans Delattre (P.), Thellier (M.), *Elaboration et justification des modèles*, Paris, Maloine, 1979, t. 2, 537-550.

– *Eloge de la plante. Pour une nouvelle biologie*, Paris, Seuil, 1999.

—, OLDEMAN (R. A. A.), *Essai sur l'architecture et la dynamique de croissance des arbres tropicaux*, Paris, Masson, 1970.

—, OLDEMAN (R. A. A.), TOMLINSON (P. B.), *Tropical trees and forests. An architectural analysis*, New York, Springer Verlag, 1978.

HARRIS (T. E.), *The theory of branching processes*, vol. 119 de la série "Die Grundlehren der mathematischen Wissenschaften", Berlin, Springer-Verlag, 1963.

HARTMANN (S.), « Simulation », *Enzyklopädie Philosophie und Wissenschaftstheorie*, vol. 3, Stuttgart, Verlag Metzler, 1995, 807-809.

– « The World as a Process : Simulation *in* the Natural and Social Sciences », dans T. Hegselmann, U. Muller, K. Troitzsch (eds.), *Modelling and Simulation* in *the Social Sciences from the Philosophy of Science Point of View*, Dordrecht, Kluwer Academic, p. 77-100.

HESSE (M. B.), *Models and Analogies* in *Science*, Notre Dame, University of Notre Dame Press, 1966 ; 2e éd., 1970.

HEUDIN (J. C.), *La vie artificielle*, Paris, Hermès, 1994.

HILL (D. R. C.), « Verification and Validation of Ecosystem Simulation Models », *Summer Simulation Conference*, July 24-26, Ottawa, Canada, 1995, 176-182.

– *Object Oriented Analysis and Simulation*, Boston, Addison Wesley, 1996.

– *Contribution à la modélisation de systèmes complexes – Application à la simulation d'écosystèmes*, Mémoire d'habilitation à diriger des recherches de l'Université Blaise Pascal, spécialité informatique, Clermont-Ferrand, 2000.

HODGES (A.), *Alan Turing : the enigma of intelligence*, London, Burnett Books Ltd *in* association with the Hutchinson Publishing Group, 1983; trad. abrégée : *Alan Turing ou l'énigme de l'intelligence*, Paris, Payot, 1988.

HONDA (H.), « Description of the form of trees by the parameters of the tree-like body : effects of the branching angle and the branch length on the shape of the tree-like body », *Journal of Theoretical Biology*, 31, 1971, 331-338.

– « Pattern Formation of the Coenobial Algae *Pediastrum biwae* Negoro », *Journal of Theoretical Biology*, 1973, vol. 42, 461-481.

—, EGUCHI (G.), « How Much Does the Cell Boundary Contract in a Monolayered Cell Sheet ? », *Journal of Theoretical Biology*, 1980, vol. 84, 575-588.

—, FISHER (J. B.), « Tree Branch Angle : Maximizing Effective Leaf Area », *Science*, 24; February 1978, vol. 199, 888-890.

—, FISHER (J. B.), « Ratio of tree branch lengths : The equitable distribution of leaf clusters on branches », *Proc. of the National Academy of Sciences of the USA*, vol. 76, n°8, August 1979, Botany, 3875-3879.

—, HATTA (H.), FISHER (J. B.), « Branch Geometry in *Cornus Kousa* (Cornaceae) : Computer Simulations », *American Journal of Botany*, 1997, 84 (6), 745-755.

—, TOMLINSON (P. B.), FISHER (J. B.), « Computer Simulation of Branch Interaction and Regulation by Unequal Flow Rates in Botanical Trees », *American Journal of Botany*, 1981, 68 (4), 569-585.

—, TOMLINSON (P. B.), FISHER (J. B.), « Two Geometrical Models of Branching of Botanical Trees », *Annals of Botany*, 1982, vol. 49, 1-11.

HOULLIER (F.), « Modélisation de la dynamique des peuplements forestiers. Relations entre objectifs, structures, données et méthodes », dans J. Demongeot, P. Malgrange (éd.), *Biologie et Economie*, Dijon, Librairie de l'Université de Bourgogne, 1987, 271-293.

– « Dynamique des peuplements de forêt dense humide : dialogue entre écologues, expérimentateurs et modélisateurs », *Revue d'Ecologie*, 50.3, 1995, 303-311.

—, BOUCHON (J.), BIROT (Y.), « Modélisation de la dynamique des peuplements forestiers : état et perspectives », *Revue Forestière Française*, vol. 43 (2), 1991, 87-108.

—, LEBAN (J. M.), COLIN (F.), « Linking growth modelling to timber quality assessment for Norway spruce », *For. Ecol. Manage.*, 74, 1995, 91-102.

HUMPHREYS (P.), « Computer Simulations », *PSA (Philosophy of Science Association)*, 1990, vol. 2, 497-506.

– « Computational Models », *Philosophy of Science*, 69 (September 2002), S1-S11.

– *Extending Ourselves : Computational Science, Empiricism and Scientific Method*, Oxford University Press, 2004.

INRA-GRIGNON, 1997, *Modélisation architecturale*, Actes du séminaire des 10-12 mars 1997, département de Bioclimatologie, INRA-Grignon, document interne.

ISRAEL (G.), *La mathématisation du réel*, Paris, Seuil, 1996.

JAEGER (M.), REFFYE (de) (P.), « Basic concepts of computer simulation of plant growth », *J. Biosci.*, 17, 1992, 275-291.

– *Représentation et simulation de croissance des végétaux*, nouvelle thèse n° 1071 (spécialité informatique), Strasbourg, Université Louis Pasteur, 1987.

JAKOBSON (R.), HALLE (M.), « Phonology and Phonetics, première partie » des *Fundamentals of Language*, La Haye, 1956 ; modifié et traduit : Phonologie et phonétique, *Essais de linguistique générale*, Paris, Éditions de Minuit, 1963, 103-149.

JEAN (R. V.), *Phytomathématique*, Montréal, 1978.

– *Phyllotaxis – A Systemic Study in Plant Morphogenesis*, Cambridge University Press, 1994 ; réimp., 1995.

KANG (M. Z.), REFFYE (de) (P.), BARCZI (J. F.), HU (B. G.), « Fast Algorithm for Stochastic Tree Computation », 11th Int. Conf. in Central Europe on Computer Graphics-Visualization and Computer Vision 2003, in cooperation with EUROGRAPHICS, *Journal of WSCG (Winter School of Computer Graphics)*, vol. 11, n° 1, 8p.

KANT (E.), *Critique de la Faculté de Juger*, 1790, trad. fr. A. Philonenko, Paris, Vrin, 1989.

KAUFMAN (S.), *At Home in the Universe. The Search for the Laws of Self-Organization and Complexity*, Oxford, Oxford University Press, 1995.

KELLER (E. F.), *Refiguring life. Metaphors of Twentieth-Century Biology*, Columbia University Press, 1995.

– *Making Sense of Life. Explaining Biological Development with Models, Metaphors and Machines*, Cambridge Mass., Harvard University Press, 2002 ; 2e éd., 2003.

– « Models, Simulation and "Computer Experiments" », dans Hans Radder (éd.), *The Philosophy of Scientific Experimentation*, University of Pittsburgh Press, 2002, 198-215.

KINGSLAND (S. E.), *Modeling Nature – Episodes* in *the History of Population Ecology*, Chicago and London, The University of Chicago Press, 1985 ; 2e éd. avec une nouvelle postface, 1995.

KOSTITZIN (V. A.), *Biologie Mathématique*, Paris, Armand Colin, 1937.

KURTH (W.), « Morphological models of plant growth : possibilities and ecological relevance », *Ecological modelling*, 75/76, 1994, 299-308.

—, SLOBODA (B.), « Sensitive Growth Grammars Specifying Models of Forest Structure », Competition and Plant-Herbivore Interaction, Proc. of the IUFRO

4th Congress on “Forest Biometry, Modelling and Information Science”, Greenwich (UK), June 25-29, 2001, 15 pages.

– « Stochastic sensitive growth grammars : A basis for morphological models of tree growth », Actes du colloque *L'arbre – Biologie et Développement*, Montpellier, 11-16 septembre 1995.

– « Spatial structure, sensitivity and comunication in rule-based models », dans Franz Hölker (éd.), *Scales, Hierarchies and Emergent Properties in Ecological Models*, Frankfurt am Main, Peter Lang, 2002, 95-104.

LANGTON (C. G.) (éd.), *Artificial Life*, Proceedings of an interdisciplinary workshop on the synthesis and simulation of living systems, sept. 1987, Los Alamos, New Mexico.

LASSÈGUE (J.), « Turing, l'ordinateur et la morphogenèse », *La Recherche*, n°305, janvier 1998, 76-77.

– *Turing*, Paris, Les Belles Lettres, 1998.

LATIL (de) (P.), *La pensée artificielle – Introduction à la cybernétique*, Paris, Gallimard, 1953.

LECOURT (D.), *Pour une critique de l'épistémologie*, Paris, Maspero, 1972.

LECOUSTRE (R.), REFFYE (de) (P.), « AMAP, un modeleur de végétaux, un ensemble de logiciels de CAO/DAO à l'usage des professionnels de l'aménagement et des paysages », *Revue horticole suisse*, vol. 66, n°6/7, 1993, 142-146.

LEGAY (J. M.), « Eléments d'une théorie générale de la croissance d'une population », *Bulletin of Mathematical Biophysics*, vol. 30, 1968, 33-46.

– « Contribution à l'étude de la forme des plantes : discussion d'un modèle de ramification », *Bulletin of Mathematical Biophysics*, vol. 33, 1971, 387-401.

– « La méthode des modèles, état actuel de la méthode expérimentale », *Informatique et Biosphère*, Paris, 1973, 5-73.

– *L'expérience et le modèle. Un discours sur la méthode*, Paris, INRA Éditions, 1997.

LENHARD (J.), « Nanoscience and the Janus-Faced Character of Simulations », dans D. Baird, A. Nordmann, J. Schummer (éd.), *Discovering the Nanoscale*, Amsterdam, IOS Press, 2004, 93-100.

LEOPOLD (L. B.), « Trees and Streams : The Efficiency of Branching Patterns », *Journal of Theoretical Biology*, 31, 1971, 339-354.

LÉVY (P.), *La machine univers – Création, cognition et culture informatique*, Paris, La Découverte, 1987, 2e éd., « Point Sciences », Paris, Seuil, 1992.

LINDENMAYER (A.), « Life Cycles as Hierarchical Relations », dans Gregg (J.R) et Harris (F.T.C.) (éd.), *Form and Strategy in Science – Studies dedicated to Joseph Henry Woodger on the Occasion of his Seventieth Birthday*, Dordrecht, D. Reidel Publishing Company, 1964, 416-470.

– « Mathematical models for cellular interactions in development. I. Filaments with one-sided inputs », *Journal of Theoretical Biology*, 18, 1968, 280-299.

– « Mathematical models for cellular interactions in development. II. Simple and branching filaments with two-sided inputs », *Journal of Theoretical Biology*, 18, 1968, 300-315.

– « Developmental systems without cellular interactions, their languages and grammars », *Journal of Theoretical Biology*, 30, 1971, 455-484.

– « Cellular automata, formal languages and developmental systems », dans P. Suppes, L. Henkin, A. Joja, G. R. C. Moisil (éd.), *Logic, Methodology and Philosophy of Science IV*, Proc. of the 4th intern. Congress for Logic, Methodology and Philosophy of Science, Bucharest, 1971, Amsterdam, North Holland Publishing Company, 1973, 677-691.

—, ROZENBERG (G.) (éd.), *Automata, Languages, Development*, Amsterdam, North-Holland Publishing Company, 1976.

LIVET (P.), « Essai d'épistémologie de la simulation multi-agents en sciences sociales », dans F. Amblard, D. Phan (éd.), *Modélisation et simulation multi-agents*, Paris, Hermes, 2006, 193-218.

LOTKA (A. J.), *Elements of Physical Biology*, 1924; 2nd edition : *Elements of Mathematical Biology*, Dover Publications, New York, 1956.

LOTODÉ (R.), « Possibilités d'amélioration de l'expérimentation sur cacaoyers », *Café, Cacao, Thé*, vol. 15, n°2, avril-juin 1971, p. 91-103.

LÜCK (H. B.), « Elementary Behavioural Rules as a Foundation for Morphogenesis », *Journal of Theoretical Biology*, vol. 54, 1975, 23-34.

LUQUET (D.), *Suivi de l'état hydrique des plantes par infrarouge thermique*, thèse de doctorat de l'Institut National Agronomique Paris-Grignon, 2002.

MACH (E.), *Analyse der Empfindungen*, Iéna, 1911, 1922; traduction de l'édition définitive et posthume de 1922 : *L'analyse des sensations – le rapport du physique au psychique*, Paris, Éditions Jacqueline Chambon, 1996.

MACKENZIE (D. A.), *Statistics in Britain, 1865-1960*, Edinburgh University Press, 1981.

MALÉCOT (G.), *Les mathématiques de l'hérédité*, Paris, Masson, 1948.

MALÉZIEUX (E.), TRÉBUIL (G.), JAEGER (M.) (éd.), *Modélisation des agro-écosystèmes et aide à la décision*, Montpellier-Versailles, Librairie du CIRAD-INRA Éditions, 2001.

MANDELBROT (B.), *The fractal geometry of nature*, New York, Freeman, 1977.

MANZO (G.), « Actions, interactions et structures dans l'émergence de la stratification sociale des diplômes : un modèle de choix discrets avec externalités », *Mathématiques et Sciences Humaines*, n°175, 2006 (3), p. 53-99.

MATHIEU (A.), *Essai sur la modélisation des interactions entre la croissance et le développement d'une plante – Cas du modèle GreenLab*, Thèse de mathématiques de l'École Centrale de Paris, 2006.

MCLEOD (J.), « Computer modeling and simulation : The changing challenge », *Simulation*, March 1986, 114-118.

METROPOLIS (N.), ULAM (S.), « A property of randomness of an arithmetical function », *Amer. Math. Monthly*, 60, 1953, 252-253.

MITCHELL (S. D.), *Biological Complexity and Integrative Pluralism*, Cambridge University Press, 2003.

MONDZAIN (M. J.), *Image, icône, économie*, Paris, Seuil, 1996.

MORANGE (M.), *Histoire de la biologie moléculaire*, Paris, La Découverte, 1994.

MORGAN (M.S.), MORRISON (M.) (éd.), *Models As Mediators*, Cambridge University Press, 1999.

MOULINES (C. U.), *La philosophie des sciences*, Paris, Editions ENS/Rue d'Ulm, 2006.

MÜLLER (J. P.) (éd.), *Le statut épistémologique de la simulation*, Actes des 10e journées de Rochebrune : rencontres interdisciplinaires sur les systèmes complexes naturels et artificiels, Paris, Editions de l'École Nationale Supérieure de Télécommunications de Paris (ENST), 2003.

MURRAY (C. D.), « The physiological principle of minimum work applied to the angle of branching arteries », *The Journal of General Physiology*, July 1926, vol. 9, 835-841.

– « A relationship between circumference and weight in trees and its bearing on branching angles », *The Journal of General Physiology*, May 1927, vol. 10, 725-729.

– « The physiological principle of minimum work – A reply », *The Journal of General Physiology*, March 1931, vol. 14, 445.

NAGEL (E.), *The Structure of Science*, Indianapolis, Hackett Publishing Company, 1960.

NAYLOR (T. H.), BALINTFY (J. L.), BURDICK (D. S.), CHU (K.), *Computer Simulation Techniques*, New York, John Wiley and Sons, 1966.

NEUMANN (von) (J.), « The general and logical theory of automata », dans Lloyd A. J. (éd.), *Cerebral Mechanisms and Behaviour*, New York, John Wiley and Sons, 1951 ; trad. J. P. Auffrand : *Théorie générale et logique des automates*, Paris, Champ-Vallon, 1996.

– *The Computer and the Brain*, 1958, trad. : *L'ordinateur et le cerveau, Paris, Champs-Flammarion*, 1996.

– *Theory of self-reproducing automata*, edited and completed by A. W. Burks, Urbana IL : University of Illinois Press, 1966.

NIKLAS (K. J.), « Computer simulations of branching-patterns and their implications on the evolution of plants », *Lecture Notes on Mathematics* in *the Life Sciences*, vol. 18, 1986, 1-50.

– « The Evolution of Plant Body Plans – A Biomechanical Perspective », *Annals of Botany*, 2000, vol. 85, p. 411-438.

NOUVEL (P.) (éd.), *Enquête sur le concept de modèle*, Paris, PUF, 2002.

ODUM (H. T.), ODUM (E. C.), *Modelling for all scales – An introduction to system simulation*, San Diego, Academic Press, 2000.

OLDEMAN (R. A. A), *L'architecture de la forêt guyanaise*, Paris, Mémoire de l'ORSTOM, n°73, 1974.

– *L'architecture de la forêt guyanaise*, Th. Doct. Etat, Université de Montpellier II, 1972.

PARROCHIA (D.), « L'expérience dans les sciences : modèles et simulation », dans *Qu'est-ce que la vie ?,* Université de tous les savoirs, Paris, Odile Jacob, 2000, 193-203.

PARVAIS (J. P.), REFFYE (de) (P.), LUCAS (P.), « Observations sur la pollinisation libre chez *Theobroma Cacao* : analyse mathématique des données et modélisation », *Café, Cacao, Thé*, vol. 21, n°4, oct.-déc. 1977, 253-262.

PAVÉ (A.), *Modélisation en biologie et en écologie*, Lyon, Aléas Éditeur, 1994.

– *et al., Première revue externe de l'unité de modélisation des plantes*, Montpellier, CIRAD, 1996.

PEARSON (K.), *The Grammar of Science*, London, The Temple Press, 1892.

PERTTUNEN (J.), NIKINMAA (E.), LECHOWICZ (M. J), SIEVÄNEN (R.), MESSIER (C.), « Application of the Functional-Structural Tree Model LIGNUM to Sugar Maple Saplings (*Acer saccharum* Marsh) growing in Forest Gaps », *Annals of Botany*, 88, 2001, 471-481.

—, SIEVÄNEN (R.), NIKINMAA (E.), SALMINEN (H.), SAARENMAA (H.), VÄKEVA (J.), « LIGNUM : A Tree Model Based on Simple Structural Units », *Annals of Botany*, 77, 1996, 87-98.

PETITOT (J.), *Morphogenèse du sens – I*, Paris, PUF, 1985.

– (éd.), *Logos et théorie des catastrophes*, Colloques de Cerisy, Genève, Éditions Patino, 1988.

PHAN (D.), VARENNE (F.), « Épistémologie dans une coquille de noix : concevoir et expérimenter », dans F. Amblard, D. Phan (éd.), *Modélisation et simulation multi-agents : applications aux Sciences de l'Homme et de la Société*, Paris, Hermes, 2006, 104-119.

PIAGET (J.), « La représentation "concrète" », dans J. Piaget (éd.), *Logique et connaissance scientifique*, « Bibliothéque de la Pléiade », Paris, Gallimard, 1967, 772-778.

PICARD (J. F.), *La république des savants – La recherche française et le CNRS*, Paris, Flammarion, 1990.

PICHOT (A.), *Histoire de la notion de vie*, Paris, TEL-Gallimard, 1993.

PINEL (E.), *Les fondements de la biologie mathématique non statistique*, Paris, Maloine, 1973.

POINCARÉ (H.), *La valeur de la science*, Paris, 1905, rééd. Champs-Flammarion, 1994.

POLYA (G.), *How to solve it*, Princeton University Press, 1945 ; 2e éd., 1957.

POUGET (J. M.), *La science goethéenne des vivants – De l'histoire naturelle à la biologie évolutionniste*, Bern, Peter Lang, 2001.

PRUSINKIEWICZ (P.), LINDENMAYER (A.), *The algorithmic beauty of plants*, New York, Springer Verlag, 1990.

PRUSINKIEWICZ (P.), « Modeling of spatial structure and development of plants : a review », *Scientia Horticulturae*, vol. 74, 1998, 113-149.

– « Modeling plant growth and development », *Current Opinion in Plant Biology*, 2003, vol. 7, n°1, 1-5.

—, LINDENMAYER (A.), HANAN (J.), « Developmental models of herbaceous plants for computer imagery purposes », *Computer Graphics*, 22, 1988, 141-150.

RAMUNNI (G.), *La physique du calcul – Histoire de l'ordinateur*, Paris, Hachette, 1989.

RAPAPORT (D. C.), *The Art of Molecular Dynamics Simulation*, Cambridge, Cambridge University Press, 1995.

RASHEVSKY (N.), « Foundations of Mathematical Biophysics », *Philosophy of Science*, 1934, vol. 1, n°2, 176-196.

– *Mathematical Biophysics* (1vol.), University of Chicago Press, 1938 ; 2e éd., 2 vol., 1948.

– « A contribution to the search of general mathematical principles in biology », *Bulletin of Mathematical Biophysics*, vol. 20, 1958, 71-93.

– *Mathematical Biophysics – Physico-mathematical Foundations of Biology*, 2 vol., Chicago, University of Chicago Press, 1960.

– *Mathematical Principles in Biology and their Applications*, Springfield – Illinois, Charles C. Thomas Publisher, 1961.

REFFYE (de) (P.) « La recherche de l'optimum en amélioration des plantes et son application à une descendance F1 de *Coffea arabusta* », *Café, Cacao, Thé*, vol. 18, n°3, 1974, 167-178.

– « Le contrôle de la fructification et de ses anomalies chez les *Coffea arabica, robusta* et leurs hybrides Arabusta », *Café, Cacao, Thé*, vol. 18, n°4, 1974, 237-254.

– *Formulation mathématique des facteurs de la fertilité dans le genre* coffea, Thèse de troisième cycle, Université Paris-Sud Orsay, 1975.

– « Modélisation et simulation de la verse du caféier, à l'aide de la théorie de la résistance des matériaux, *Café, Cacao, Thé*, vol. 20, n°4, 1976, 251-272.

– *Modélisation de l'architecture des arbres par des processus stochastiques. Simulation spatiale des modèles tropicaux sous l'effet de la pesanteur. Application au* Coffea Robusta, Th. Doct. Etat, Université Paris-Sud, Orsay, 1979.

– « Modèle mathématique aléatoire et simulation de la croissance et de l'architecture du caféier *Robusta.* 1re partie. Études du fonctionnement des méristèmes et de la croissance des axes végétatifs », *Café, Cacao, Thé*, vol. 25, n°2, 1981, 83-104.

– « Modèle mathématique aléatoire et simulation de la croissance et de l'architecture du caféier *Robusta.* 2e partie. Études de la mortalité des méristèmes plagiotropes », *Café, Cacao, Thé*, vol. 25, n°3, 1981, 219-230.

– « Modèle mathématique aléatoire et simulation de la croissance et de l'architecture du caféier *Robusta.* 3e partie. Études de la ramification sylleptique des rameaux primaires et de la ramification proleptique des rameaux secondaires », *Café, Cacao, Thé*, vol. 26, n°2, 1982, 77-96.

– « Modèle mathématique aléatoire et simulation de la croissance et de l'architecture du caféier *Robusta.* 4e partie. Programmation sur micro-ordinateur du tracé en trois dimensions de l'architecture d'un arbre », *Café, Cacao, Thé*, vol. 27, n°1, 1983, 3-20.

—, BLAISE (F.), CHEMOUNY (S.), JAFFUEL (S.), FOURCAUD (T.), « Calibration of a hydraulic-based growth model of cotton plant », *Agronomie*, vol. 19, n°3/4, 1999, 265-280.

—, BLAISE (F.), FOURCAUD (T.), HOULLIER (F.), BARTHÉLÉMY (D.), « Un modèle écophysiologique de la croissance et de l'architecture des arbres et de leurs interactions », dans B. Andrieu (éd.), *Modélisation architecturale*, Actes du séminaire des 10-12 mars 1997, département de Bioclimatologie, INRA-Grignon, 129-135.

—, DINOUARD (P.), BARTHÉLÉMY (D.), « Modélisation et simulation de l'architecture de l'orme du Japon *Zelkova serrata* (Thunb.) Makino *(Ulmaceae)* : la notion d'axe de référence », dans C. Edelin (éd.), 2e Colloque International sur l'Arbre, 10-15 sept 1990, Montpellier, *Naturalia Monspeliensa*, n° hors série A7, 251-266.

—, EDELIN (C.), FRANÇON (J.), JAEGER (M.), PUECH (C.), « Plants models faithful to botanical structure and development », *Computer Graphics*, vol. 22, n°4, 1988, 151-158.

—, EDELIN (C.), JAEGER (M.), « Modélisation de la croissance des plantes », *La Recherche*, vol. 20, 1989, 158-168.

—, ELGUERO (E.), COSTES (E.), « Growth units construction in trees : a stochastic approach », *Acta Biotheoretica*, 39, 1991, 325-342.

—, *et al.* (éd.), *Document préparatoire à la revue externe de l'Unité de modélisation des plantes*, CIRAD, Montpellier, 1996.

—, GOURSAT (M.), QUADRAT (J. P.), HU (B. G.), « The dynamic equations of the tree morphogenesis GreenLab Model », dans B. G Hu., M. Jaeger (éd.), *Plant Growth Modeling and Applications*, Proc. of 2003' International Symposium on Plant Growth Modeling, Simulation, Visualization and their Applications (PMA03), Beijing, China, 2003, 108-116.

—, SNOECK (J.), « Modèle mathématique de base pour l'étude et la simulation de la croissance et de l'architecture du *Coffea Robusta* », *Café, Cacao, Thé*, vol. 20, n° 1, 1976, 11-31.

ROGER (J.), *Pour une histoire des sciences à part entière*, Paris, Albin Michel, 1995.

ROHRLICH (F.), « Computer Simulation in the Physical Sciences », *PSA (Philosophy of Science Association)*, 1990, vol. 2, 507-518.

ROLL-HANSEN (N.), « E. S. Russel and J. H. Woodger: The Failure of Two Twentieth-Century Opponents of Mechanistic Biology », *Journal of the History of Biology*, vol. 17, n°3, 1984, 399-428.

ROSEN (R.), « A relational theory of biological systems », *Bulletin of Mathematical Biophysics*, vol. 20, 1958, 245-260.

– « The representation of biological systems from the standpoint of the theory of categories », *Bulletin of Mathematical Biophysics*, vol. 20, 1958, 317-341.

– « Turing's morphogens, two-factors systems and active transport », *Bulletin of Mathematical Biophysics*, vol. 30, 1968, 493-499.

– *Essays on Life Itself*, New York, Columbia University Press, 2000.

ROSENBLUETH (A.), WIENER (N.), « The role of models in science », *Philosophy of Science*, vol. 12, October 1945, n°4, 316-321.

SACHS (T.), NOVOPLANSKY (A.), « Tree form: Architectural models do not suffice », *Israel Journal of Plant Sciences*, 43, 1995, 203-212.

SAINT-SERNIN (B.), *La raison au XXe siècle*, Paris, Seuil, 1995.

SAUVAN (J.) « Méthode des modèles et connaissance analogique », *Revue d'Agressologie*, 7, 1, 1966, 9-18.

SCHMID (A. F.), *L'âge de l'épistémologie*, Paris, Kimé, 1998.

SCHMITT (S.), *Histoire d'une question anatomique : la répétition des parties*, Paris, Editions du Muséum National d'Histoire Naturelle, 2004.

SCHREIDER (E.), *La biométrie*, Paris, PUF, 1960 ; 2e éd., 1967.

SCHRUBEN (L.W.), « Establishing the credibility of simulations », *Simulation*, March 1980, 101-105.

SCS TECHNICAL COMMITTEES, « Terminology for model credibility », *Simulation*, March 1979, 103-104.

SEGAL (J.), *Le zéro et le un – Histoire de la notion scientifique d'information au XXe siècle*, Paris, Syllepse, 2003.

SHANNON (R. E.), « Introduction to the Art and Science of Simulation », dans D. J. Medeiros, E. F. Watson, J. S. Carson, M. S. Manivannan (éd.), *Proc. of the 1998 Winter Simulation Conf.*, 7-14.

SILK (W. K.), ERICKSON (R. O.), « Kinematics of Plant Growth », *Journal of Theoretical Biology*, 1979, vol. 76, 481-501.

SINACEUR (H.), *Corps et modèles*, Paris, Vrin, 1991 ; 2e éd. corrigée, 1999.

SKELLAM (J. G.), « Some philosophical aspects of mathematical modelling in empirical science with special reference to ecology », dans J. N. R. Jeffers (éd.), *Mathematical models in ecology,* Oxford, London, Blackwell Scientific Publ., 1977, 27.

SLOBODKIN (L. B.), « Meta-models in theoretical ecology », *Ecology*, 1958, vol. 39, 3.

SMITH (A. R.), « Plants, Fractals, and Formal Languages », Computer Graphics, vol. 18 (3), July 1984, 1-10.

SOLER (C.), SILLION (F.), BLAISE (F.), REFFYE (de) (P.), *A physiological plant growth simulation engine based on accurate radiant energy transfer*, Le Chesnay, rapport de recherche de l'INRIA, n°4116, février 2001.

SOMMERHOFF (G.), *Analytical Biology*, London, Oxford University Press, 1950.

SORENSEN (R. A.), *Thought Experiments*, Oxford, Oxford University Press, 1992.

STAHL (W. R.), « The Role of Models in Theoretical Biology », *Progress in Theoretical Biology*, vol. 1, n°1, 1967, 165-218.

STÖCKLER (M.), « On Modeling and Simulations as Instruments for the Study of Complex Systems », dans M. Carrier, G. J. Massey, L. Ruetsche (éd.), *Science at Century's End*, University of Pittsburgh Press, 2000, 355-373.

SUPPES (P.), « A Comparison of the Meaning and the Uses of Models in Mathematics and the Empirical Sciences », dans Hans Freudenthal (éd.), *The Concept and the Role of the Model in Mathematics and Natural and Social Sciences*, Dordrecht, D. Reidel Publishing Company, 1961, 163-177.

TATON (R.) (éd.), *La science contemporaine, vol. 1 : le XIXe siècle*, Paris, PUF, 1961, rééd. « Quadrige », 1995.

– (éd.), *La science contemporaine, vol. 2 : le XXe siècle – années 1900-1960*, Paris, PUF, 1964, rééd. « Quadrige », 1995.

TEISSIER (G.), « La description mathématique des faits biologiques », *Revue de métaphysique et de morale*, vol. 43, n°1, 1936, 55-87.

– *Les lois quantitatives de la croissance*, Paris, *Rapport de l'Association des Physiologistes*, coll. exposés de biométrie et de statistiques biologiques, 455, XI, 1937.

– *Matérialisme dialectique et biologie*, Paris, Éditions Sociales, 1946.

THOM (R.), *Stabilité structurelle et morphogenèse*, W. A. Benjamin Inc., 1972 ; 2e éd. revue et augmentée, Paris, InterÉditions, 1977.

– *Modèles mathématiques de la morphogenèse*, Paris, UGE-10/18, 1974.

THOMPSON, d'Arcy (Sir), *On Growth and Form*, Cambridge University Press, 1917 ; nouv. éd., 1942, abrégée en 1961 par J. T. Bonner; trad. par D. Teyssié : *Forme et croissance*, Paris, Seuil, 1994.

TOMASSONE (R.), DERVIN (C.), MASSON (J. P.), *Biométrie. Modélisation de phénomènes biologiques*, Paris, Masson, 1993.

TREUIL (J. P.), MULLON (C.), « Expérimentation sur mondes artificiels : pour une réflexion méthodologique », dans Blasco (F.) (éd.), *Tendances nouvelles en modélisation pour l'environnement*, Actes du colloque des 16-17 janvier 1996 du Programme Environnement du CNRS, Paris, Elsevier, 1997, 425-431.

TURING (A.), « The chemical basis of morphogenesis », *Phil. Trans. of the Royal Society*, B, 237, 1952, 37-72.

—, GIRARD (J. Y.), *La machine de Turing*, Paris, Seuil, 1995.

ULAM (S.), « On the Monte-Carlo method », *Proc. of a Second Symposium on Large-Scale Digital Calculating Machinery*, 1949, Harvard University Press, Cambridge, Mass., 1951, 207-212.

– « Infinite models in physics », *Applied probability. Proceedings of Symposia in Applied Mathematics*, vol. VII, New York-Toronto-London, McGraw-Hill Book, Co., for the American Mathematical Society, Providence, R.I., 1957, 87-95.

– « On some mathematical problems connected with patterns of growth of figures », *Proceedings of Symposia* in *Applied Mathematics*, American Mathematical Society, 14, 1962, 215-224.

– « Patterns of growth of figure : Mathematical aspects », dans G. Kepes (éd.), *Module, Proportion, Symmetry, Rhythm*, New York, Braziller, 1966, 64-74.

– *Adventures of a Mathematician*, Berkeley, University of California Press, 1976 ; réimp. augmentée, 1991.

VAN FRAASSEN (B.), *The Scientific Image*, Oxford, Clarendon Press, 1980.

VARENNE (F.), « What does a Computer Simulation Prove ? », dans N. Giambiasi, C. Frydman (éd.), *Simulation in industry*, Proc. of the 13th European Simulation Symposium, Marseille, October 18-20th, 2001, SCS Europe Bvba, Ghent, 2001, 549-554.

– « La simulation conçue comme expérience concrète », dans J. P. Müller (éd.), *Le statut épistémologique de la simulation*, Actes des 10e journées de Rochebrune, Paris, Editions de l'École Nationale Supérieure de Télécommunications de Paris (ENST), 2003, 299-313.

– « La simulation informatique face à la méthode des modèles », *Natures Sciences Sociétés*, vol. 11, n°1, 2003, 16-28.

– « Un aperçu sur la biologie théorique au XXe siècle », *Traces de futurs 2004*, Actes du XVIe Colloque Interdisciplinaire de Carcassonne organisé par l'Université Paul Sabatier (Toulouse) et l'ADREUC (Association pour le Développement des Rencontres et des Echanges Universitaires et Culturels), Arques, 2005, 34-45.

– « La simulation d'objets complexes : retour à un "sens commun" simulé ? », *Natures Sciences Sociétés*, vol. 14, n°1, 2006, 63-65

– *Les notions de métaphore et d'analogie dans les épistémologies des modèles et des simulations*, préface d'A. F. Schmid, Paris, Editions Pétra, 2006.

– « Nicholas Rashevsky (1899-1972) : de la biophysique à la biotopologie », *Cahiers d'Histoire et de Philosophie des Sciences*, n° hors-série : Actes du Congrès National d'Histoire des Sciences et des Techniques de Poitiers (mai 2004), 2006, 162-163.

– « Optimalité et morphogenèse : le cas des plantes au XXe siècle », *Bull. Hist. Epist. des Sciences de la Vie*, vol. 13, n°1, 2006, Paris, Kimé, 89-117.

– « Bachelard avec la simulation informatique : nous faut-il reconduire sa critique de l'intuition ? », dans R. Damien, B. Hufschmitt (éd.), *Bachelard : confiance raisonnée et défiance rationnelle*, Besançon, Presses Universitaires de Franche-Comté, 2006, 111-143.

VESSEREAU (A.), *Méthodes statistiques en biologie et agronomie*, Paris, 1re éd., 1947 ; 2e éd., Paris, J. B. Baillière, 1960 ; réimp., Paris, Lavoisier, 1988.

– *La statistique*, « Que sais-je ? », Paris, PUF, 1re éd., 1947 ; 18e éd., 1992.

VINCI (de) (L.), *Les carnets de Léonard de Vinci*, tome I, carnets de 1508-1518, traduction française d'une édition anglaise de 1906, Paris, Gallimard, 1942 ; réimp., Paris, Tel-Gallimard, 1987.

VOLTERRA (V.), *Leçons sur la théorie mathématique de la lutte pour la vie*, Paris, Gauthier-Villars, 1931 ; réimp., Paris, Editions Jacques Gabay, 1990.

WADDINGTON (C. H.), *New Patterns in Genetics and Development*, New York, Columbia University Press, 1962.

WAGENSBERG (J.), *Ideas sobre la complejidad del mundo*, Barcelona, Tusquets Editores, 1985 ; trad. : *L'âme de la méduse – Idées sur la complexité du monde*, Paris, Seuil, 1997.

WALLISER (B.), *Systèmes et modèles – Introduction critique à l'analyse des systèmes*, Paris, Seuil, 1977.

WARDLAW (C. W.), *Essays on Form in Plants*, Manchester, Manchester University Press, 1968.

WATERMAN (T. H.), MOROWITZ (H. J.), *Theoretical and mathematical biology*, New York – Toronto – London, Blaisdell Publishing Company, 1965.

WHITE (J.), « The plant as a metapopulation », *Ann. Rev. Ecol. Syst.*, 10, 1979, 109-145.

WHITEHEAD (A. N.), Russell (B.), *Principia Mathematica to 56*, London, Cambridge University Press, 1910 ; éd. abrégée, 1962 ; réimp., 1970.

WIENER (N.), *Cybernetics, or Control and Communications in the Animal and the Machine*, New York, John Wiley, 1948.

WINSBERG (E.), « Simulated Experiments : Methodology for a Virtual World », *Philosophy of Science*, 70, January 2003, 105-125.

WOLFRAM (S.), *A New Kind of Science*, Champaign, USA, Wolfram Media Inc., 2002.

WOODGER (J. H.), *The Axiomatic Method in Biology*, London, Cambridge University Press, 1937.

YAN (H. P.), REFFYE (de) (P.), LE ROUX (J.), HU (B. G.), « Study of Plant Growth Behaviors Simulated by the Functional-structural Plant Model GreenLab », dans B. G Hu., M. Jaeger (éd.), *Plant Growth Modeling and Applications*, Proc. of 2003' International Symposium on Plant Growth Modeling, Simulation, Visualization and their Applications (PMA03), Beijing, China, October 2003, p. 118-125.

ZAMIR (M.), « The Role of Shear Forces in Arterial Branching », *The Journal of General Physiology*, vol. 67, 1976, 213-222.

ZEIGLER (B. P.), PRAEHOFER (H.), KIM (T. G.), *Theory of Modeling and Simulation – Integrating discrete event and continuous complex dynamic systems*, New York, Academic Press, 2000.

ZHAN (Z. G.), REFFYE (de) (P.), HOULLIER (F.), HU (B. G.), « Fitting a Structural-Functional Model with Plant Architectural Data », dans B. G Hu., M. Jaeger (éd.), *Plant Growth Modeling and Applications*, Proc. of 2003' International Symposium on Plant Growth Modeling, Simulation, Visualization and their Applications (PMA03), Beijing, China, October 2003, 236-243.

ZHAO (X.), REFFYE (de) (P.), BARTHÉLÉMY (D.), HU (B. G.), « Interactive Simulation of Plant Architecture Based on a Dual-Scale Automaton Model », dans B. G. Hu., M. Jaeger (éd.), *Plant Growth Modeling and Applications*, Proc. of 2003' International Symposium on Plant Growth Modeling, Simulation, Visualization and their Applications (PMA03), Beijing, China, October 2003, 144-153.

INDEX DES MATIÈRES

agronomie 15, 63, 68, 76-78, 86, 90, 113, 119, 141-142, 148-149, 155, 160, 172, 203-206
algorithme, algorithmique 19, 39, 50-51, 60, 97, 108, 116-121, 128, 144, 148, 151, 156, 164, 172, 178, 187-189, 208-209
allométrie 68, 77-78, 152-153, 176, 204
amélioration des plantes 64-66, 90
analyse combinatoire 23, 116-118, 173
analyse de données 66, 188, 206
analyse de variance 78, 201, 207, *cf.* aussi *réduction de variance*
analyse multivariée 206-207
arboriculture 30, 114
architecture végétative 95-96, 98, 103-104
assimilation (de nutriments) 154, 177
auto-adaptation 25
automate 57-60, 131, 140, 170, 171-172
axe (végétatif) 98, 101, 105, 106, 122, 125, 126, 131, 140, 148, 160, 169, 170, 171
axe de référence 131, 140, 160, 170
axiomatique 12, 17, 19, 41, 44, 107, 108, 164, 186, 204, 209
bioinformatique 174
biologie théorique 12, 16, 23, 37-40, 45-46, 50, 60, 91, 103, 178, 182, 190, 195, 198
biométrie 11-13, 30, 60, 64-65, 70, 75, 93, 109, 142-145, 174, 182, 196, 201, 204
botanique 21-23, 27-32, 37, 53, 61, 79-81, 90-91, 94, 97, 101-106, 109-125, 129-134, 137, 142-146, 158, 160-164, 179, 190, 198, 205

calculateur numérique 25, 48, 181
champ morphogénétique 23-24, 201
computation 19, 54, 60, 88, 181, 185, 188, 190-192, 201, 206, 209
convergence 8-11, 17, 55, 61, 100, 104, 114-115, 119, 133-134, 139, 149, 151, 155, 159-161, 163-165, 168-169, 173-175, 178, 184, 190, 201
convergence absorbante 11, 190, 201
convergence agrégeante 61, 190, 201
convergence entre disciplines 9, 61, 91, 114, 143, 174, 190, 198

couvert végétal 36, 142, 145, 146, 148, 153, 161, 203
croissance 9, 19, 22-26, 29-31, 34-36, 39-42, 48-53, 60, 63, 67, 75-83, 89-99, 102, 108, 110-112, 121-131, 138, 148-152, 153-154, 158, 162, 167, 169-172, 176-178, 183, 202-205, 208, 210
croissance diffuse 96, 203
croissance primaire 78, 152, 153, 202-203
croissance secondaire 78, 129, 152, 202

déracinement (des formalismes) 8, 13-16, 19, 168, 198
différenciation cellulaire 36, 41, 49, 54, 93
différenciation morphologique 96, 131, 176, 203
dispersion (des formalismes) 8, 13, 15-17, 19, 175, 178

échéancier 127, 130
école française de modélisation 135, 204
écophysiologie 114, 123, 133-135, 144, 152-153, 166-168, 171, 197, 202
efficience de l'eau 152-154, 160, 202
élongation 119, 126, 210
embryologie 22-23, 54-55
émergence, émergente (propriété) 50, 176
épigenèse 22, 24, 57, 125
épistémologie 10, 13, 16-17, 20, 78, 107, 110, 129, 133, 143, 159, 165, 174- 175, 182, 187-188, 198-199, 204
estimation 12, 70, 78, 131, 145, 204
événements 42, 69, 70, 72, 80, 87-89, 98, 114, 126, 127, 130, 140, 192-193, 208
exobiologie 46
expérience 18, 20, 27, 54, 60, 74, 86, 91, 138, 145, 149, 159, 179, 186, 188-189, 193, 202, 206
expérimentation virtuelle 18, 114, 184, 188-189, 192, 202, 210

facteurs contrôlés 149, 206
fiction, fictionnalisme 7, 13, 40, 72, 136, 168
forêt 96, 103, 148, 161, 210
forêt virtuelle 210
formalisme 8, 16, 27, 32, 41-46, 49-61, 70, 87, 98, 108, 118, 130-131, 156-168, 173-175, 179, 185, 192, 201, 206
fractales 106-107, 117, 121-123, 156, 159, 164, 177, 179, 183

génétique 26, 36, 45, 54-55, 64-67, 71-74, 80, 90, 95, 102, 105, 138, 154, 175, 189, 194, 203
géométral 93
gestion du temps (dans une simulation) 127-128, 208
gradient métabolique 201

hétérogénéité 21, 48, 63, 74, 146, 147, 153, 161, 183, 190, 206
horloge (gestion du temps de simulation par) 127, 208
houppier 153
hybridation, hybride 65, 71, 75, 194

iconoclasme épistémologique 16-17, 114, 144, 198-199
implémentation 85, 100, 125, 129, 151, 166, 167, 184, 202
inductivisme 76
informatique 9-11, 17-19, 25-29, 63, 79, 85, 86, 90, 93, 97, 100, 102, 105, 113-119, 122-128, 131-133, 138-151, 156-171, 175, 178, 182-184, 190, 196, 199, 202, 208-211

informatique graphique 90, 115, 117, 133, 156, 157, 158, 159, 175
informatique théorique 55, 117
informatisme 160
ingénieur 22, 31, 63, 64-67, 115-121, 127, 130, 140, 145, 202
interdisciplinarité 197
intrication 37, 99, 131, 189, 201

L-systèmes 39, 55, 60, 117-123, 156-162, 165-168, 179, 208, 210
laboratoire virtuel 158, 159, 175, 184, 202
logiciste (épistémologie) 9, 41, 162, 203, 208
loi 12, 26, 31, 36, 70-72, 98, 104-106, 109, 130, 152-154, 160, 167-168, 185, 202-205, 208
loi mathématique hypothétique 12, 204

machine déductive (l'ordinateur comme) 50, 60
maquette 122-124, 138, 144-149
mécanismes 54, 112, 137, 161, 165, 176, 191
méristème 98, 99, 122, 126, 130, 158, 168, 210
méthode des modèles 7, 9, 11-17, 74, 107, 144
mimétisme (*de* dynamique / *par* dynamique) 88, 122, 185
modèle à base de processus 173, 204
modèle architectural 90-91, 94-96, 155, 203, 209
modèle géométrique (en architecture végétale) 35
modèle géométrique (en électromagnétisme) 13
modèle logique 39-61, 108, 156, 162, 203, 208
modèle mathématique 10, 34-37, 56, 59, 63, 71, 75, 79-83, 87, 96-98, 102, 106, 110-111, 143-144, 154, 164, 167, 183, 192, 193, 201-205
modèle maximal 133, 136, 204
modèle minimal 198, 204
modèle plongé dans le temps 184
modèle probabiliste 65, 69, 73, 204
modèle structurel-fonctionnel 171-172, 204
modèle théorique 16, 36, 93, 107, 202, *cf.* aussi *théorie mathématique des modèles*
modélisateur 54, 110, 136, 185, 204
modélisation fragmentée 10, 63, 74, 79, 80-86, 89, 93, 97-98, 110-113, 126, 136, 143-144, 149, 155-156, 165, 178, 182, 194-196, 205, 207
modélisme pragmatiste 8
monopodiale (ramification) 96, 121, 203
morphologie, morphologique 22, 23, 30, 31, 33, 35, 49, 54, 65, 75, 78, 90, 95-96, 103, 108, 109, 153-154, 158, 161-162, 163, 170, 175, 176, 203
morphologie végétale 31, 35
morphométrie, morphométrique 30-33
moteur de croissance 121-122, 129-131, 153

objet complexe 10, 17, 178, 182, 198
objet composite 195, 205, 209
ontogenèse 41, 106, 201
optimalité 104, 105, 173, 176
organe 41, 152, 153, 168, 205
organogenèse 108, 201
orthotrope (croissance d'un axe) 79, 96, 104-105, 203

parallélisme (dans la simulation) 125-129
paysage épigénétique 22
paysagisme 114
photoréalisme 27, 52, 78
photosynthèse 124, 152, 154, 202
phyllotaxie 52, 61, 94, 101, 177
physiologie 18, 25-27, 36, 49, 58, 73, 78-79, 104, 109-110, 115, 130, 137, 140, 142, 151, 153, 160, 170, 176, 198, 205
picturabilité 13
pixel 128, 211
plan d'expérience 74, 129, 149, 206
pluralisme intégratif 18
pluriformalisation 18, 168, 179, 189, 192, 202, 205, 207
port statistique (d'un arbre) 203
programmation modulaire 25
programmation orientée objets 9, 121, 126, 202, 206, 208
programmation procédurale 206

ramification 22, 30-32, 52-53, 94-98, 103-109, 117-118, 163, 167-168, 195, 203
randomisation 206
réalisme 14, 19, 21, 27, 93, 149, 195, *cf.* aussi *photoréalisme*
réalisme d'entités 14
réalisme intégratif 19
réalisme sélectif 185
réalisme structurel 14
réduction de variance 73, 77-78, 201, 206-207
réflectance 145, 146, 147, 167, 210
remathématisation 19, 149-151, 155, 172-175, 187, 191-194, 207
rétroaction 37, 47, 172, 177

sélection variétale 64-68, 73, 84, 85, 89, 111, 194
sexualité (fleurs) 96, 131, 203
simulation à événements discrets 126
simulation algorithmique 19, 39, 60, 97, 108, 144, 151, 208-209
simulation de dynamique 122, 185
simulation géométrique 21, 27, 30, 33, 35, 37, 74, 123
simulation informatique 10, 11, 17, 19, 63, 93, 97, 113, 124, 138, 146, 168, 178, 182-183, 184, 190, 196, 199, 208, 209
simulation numérique 9, 14, 17, 20-22, 146, 177-178, 182, 186, 192, 208, 209
simulation par dynamique 122, 185
simulation universelle 111-112, 133, 143
sous-symbolisation 10, 13-14, 27, 86, 179, 186-192, 207, 209
stochasticisme 189, 209
sursimulation 134, 147, 186
sylviculture 30, 114, 203
sympodiale (ramification) 96, 203

temps dans une simulation : *cf. gestion du temps*
théorème, théorématique 12, 43-44, 50, 60, 61, 117, 158, 162, 164, 203, 210
théorie 7, 11-14, 25-27, 40-45, 48-51, 55, 60, 84, 94, 106-108, 113, 117, 119, 120, 131, 140, 169, 183, 187-195, 201, 203-205, 209, 210
théorie des catégories 49, 107, 179, 201
théorie des types 41
théorie mathématique des modèles 12-13, 41, 205
topologie 15, 49, 117, 121, 130, 142, 152, 195, 201, 205

transpiration de la plante 152, 202

unité de croissance (dans les plantes) 125, 126, 171

validation 60, 72, 98-101, 115, 123, 129, 155, 191, 210

variance 77-78, 99, 201, 206-207

vérification 98-100, 129, 151, 155

visualisation 13, 17-19, 25-29, 60, 76-78, 84-87, 119-123, 136, 171, 182, 186, 207

voxel 128

INDEX DES NOMS

ABELSON H. 157, 159, 163
ALTHUSSER L. 196
AMAP 120-124, 128-130, 134-142, 145, 148-155, 159-173, 176-177, 184-185, 194, 197-198, 202-206
AMBLARD F. 168, 183, 187, 210
ANDRIEU B. 166-168, 175
AONO M. 118, 120, 123
APTER M.J. 47-51
ARMATTE M. 17
ASHBY W.R. 46-47

BACHELARD G. 196
BACHMANN K. 175
BADIOU A. 196
BALINTFY J.L. 86
BARCZI J. -F. 140, 171-173
BARKER S.B. 32
BARTHÉLÉMY D. 122, 129, 131, 135, 139-140, 153, 174
BAUER P.S. 104
BEAUMONT J.H. 77-78
BELL A.D. 161-162
BICHAT H. 115, 141
BLACK M. 11, 17
BLAISE F. 122, 125-130, 134, 139, 148, 153, 155, 159, 168-169, 176
BOLTZMANN L. 13
BOUCHON J. 113, 134-137, 140-144, 204
BURKS A.W. 46, 184

CANGUILHEM G. 195-196
CAPOT J. 65
CARAGLIO Y. 164
CARNAP R. 41-43
CEA 186, 195
CHILD C.M. 23, 201
CHOMSKY N. 202
CIRAD 65, 115-116, 120-125, 133-141, 144-145, 148, 150-152, 155, 159, 169, 173, 184, 197
CNRS 121, 169, 174, 185
COHEN D. 21-29, 36, 39, 45, 50-51, 55, 86, 101-102, 176, 186, 190
COLÉNO A. 113, 134, 139, 141, 152
COMTE A. 7
COQUILLARD P. 101, 127
COSTE R. 64
COSTES E. 120, 126, 139
COUDER Y. 177
COURNÈDE P.H. 173
COX D.R. 131
CUMMING G. 32

DAHAN-DALMEDICO A. 17
DAMIEN R. 16, 196

DAUZAT J. 145-148, 161, 166-167, 183, 190, 210
DELATTRE P. 96, 103
DEMARLY Y. 90
DESCARTES R. 7
DGRST 103, 204
DI PAOLO E.A. 144
DIETRICH M.R. 189
DINOUARD P. 131
DOUADY S. 177
DREYFUS Ph. 46
DUBOZ R. 168
DUHEM P. 8, 196
DZIERZON H. 165

Ecole Centrale de Paris 151, 172-174
EDELIN C. 96, 117-126, 131
EDEN M. 14, 22-27, 45, 48-51, 86, 102, 182, 185-186, 210
ELGUERO E. 130, 164
EYROLLES G. 117
ENS-Ulm 177
ENSAT 64, 130
EPHE 174
ERICKSON R.O. 41-42

Faculté des Sciences de Tokyo 118
Faculté Saint-Jérôme 60
FISHER J.B. 21, 30, 33-39, 61, 86, 98
FISHER R.A. 12, 64, 73-74, 149, 204, 206
FARADAY M. 13
FLEURY V. 177-178, 195
FOERSTER (von) H. 26, 47
FOURCAUD T. 122, 129, 153, 155
FOURNIER C. 166-168, 175
FRANC A. 185
FRANÇON J. 115-120, 124-125, 141, 159, 210
FREUDENTHAL H. 11

GALILÉE 7
GALISON P. 9, 188-189, 209
GAYON J. 78
GIEGERENZER G. 71
GODDARD D.R. 41-42
GODIN C. 139, 155, 164-165, 170
GOETHE (von) J.W. 96
GOODWIN B.C. 55-58, 59
GOSSET (alias « Student ») W.S. 12, 204
GOUJON P. 158
GOURSAT M. 171-173
GRANGER G.G. 193
GREGG J.R. 41, 45-46
GUÉDON Y. 139, 155
GUILLEVIC P. 148

HACKING I. 70
HALLÉ F. 90, 94-97, 106, 109, 111, 120-123, 131, 134, 176, 201-203
HALLE M. 22
HARTMANN S. 88, 184-185, 207
HEGEL G.W.F. 7
HESSE M.B. 58
HILL D.R.C. 101, 127
HOFMEISTER W. 23
HOGEWEG P. 156
HONDA H. 27-30, 33-36, 39, 61, 86, 89, 98, 101, 118, 208
HORN H.S. 30, 33
HORSFIELD K. 32
HORTON R.E. 31-32, 36, 103-106, 117
HOULLIER F. 139, 149, 151-154, 172-174
HU B.G. 171-173
HUMPHREYS P. 18, 88, 184-185
HUXLEY J.S. 23, 78, 201, 204

IEEE 118
IFCC 64-65, 68, 74, 83-85, 102, 115
INRA 103, 113, 133-141, 148, 152-155, 166-167, 173

INRIA 148, 151, 169-170, 172-174
Institut d'Automatique de Pékin 169
Institut de Biologie Théorique (Fort Collins) 46
Institut de Botanique d'Abidjan 94
Institut de Botanique de Montpellier 121
IRD 130, 174
IRRI 141
ISRAEL G. 17

JACOB F. 47, 56
JAEGER M. 120-125, 140-141, 155, 159, 171-172
JEAN R.V. 177-178

KANG M.Z. 171-173
KANT E. 7, 119
KAUFMAN S. 56
KELLER E.F. 102
KIMURA M. 189
King's College 47
KUNII T.L. 118, 120, 123
KURTH W. 161-167, 177, 196

Laboratoire de Botanique Analytique et de Structuralisme Végétal 60
LANGTON C.G. 158
LATIL (de) P. 9
LECOUSTRE R. 120, 146
LEGAY J.M. 74, 103, 109-110, 135, 138, 204
LENHARD J. 188
LEOPOLD L.B. 31-32, 103
LIAMA 169-170
LINDENMAYER A. 39-61, 107-108, 117-118, 123, 149-151, 155, 158-159, 162, 186, 189, 196, 202-203
LINNÉ C. 94
LIVET P. 187
LOTODÉ R. 74
LÖWENHEIM L. 11
LUCAS P. 87
LÜCK H.B. et J. 60, 163
LUQUET D. 148

MACH E. 8
MANGENOT G. 94
MANZO G. 190
MATHIEU A. 172-173
MAXWELL J.C. 13, 160
MENDEL G. 69
METROPOLIS N. 205
MINSKY M. 157
MIT 22, 25, 56, 144, 157, 161-162, 182
MITCHELL S.D. 18
MONOD J. 47, 56
MORGAN M.S. 20
MORRISON M. 20
MURRAY C.D. 104-106, 176

NASA 46
NAYLOR T.H. 86
NEUMANN (von) J. 46, 158, 184, 192
NIH 45
NIKLAS K.J. 176
NOVOPLANSKY A. 176
NOZERAN R. 95, 201

OLDEMAN R.A.A. 90, 94-97, 109, 122-123, 176, 203
ORSTOM 64, 94-95, 103

PAPERT S. 157-159
PARVAIS J.P. 87
PAVÉ A. 141
PEARSON K. 71
PERTTUNEN J. 163
PHAN D. 183, 187, 210
PIAF 153, 166
PIAGET J. 157, 159
PLANTEFOL L. 94
POINCARÉ H. 8

PRUSINKIEWICZ P. 156-164, 167, 175-176, 184, 196, 202
PUECH C. 121, 124, 141

QUADRAT J.P. 171-173

RASHEVSKY N. 12-14, 44, 47, 49, 106, 109-110, 160, 176, 205, 210
REFFYE (de) Ph. 63-155, 159- 160, 162, 168-173, 178, 182, 191, 197, 202, 205, 209
RIVALS P. 130
ROSEN R. 12, 49-50, 205
ROZENBERG G. 162
RUSSELL B. 41, 203

SACHS T. 176-177
SANDER L. 177
SCHMID A.F. 16
SIGGRAPH 120, 124
SILLION F. 148
SINACEUR H. 12
SKOLEM A.T. 11
SMITH A.R. 121, 156
SNOECK J. 75, 80-81, 89
SOLER C. 148
SOMMERHOFF G. 47
SOR J. 116
STAHL W.R. 45
STÖCKLER M. 184
STRAHLER A.N. 31, 117
SUPPES P. 11, 43, 56
SZILARD A. 156-157

TARSKI A. 11, 41, 43, 48
TEISSIER G. 78, 204
THELLIER M. 96
THOMPSON D'ARCY (Sir) 40, 105, 177-178
TORREY J.G. 49
TURING A.M. 14, 48, 60, 186, 205
Trinity College 47

ULAM S. 14, 48, 51, 158, 184, 186, 205
Université Cornell 31, 176
Université d'Agronomie de Chine 169, 172
Université de Bristol 47
Université de Calgary 159
Université de Columbia 104
Université de Göttingen 160-161
Université de Harvard 104, 161
Université de Kyoto 27-30
Université de la ville de New York 40, 45
Université de l'Illinois 46
Université de l'Ontario occidental 156
Université de Londres 47
Université de Montpellier II 174
Université de Paris Sud 64, 121
Université de Pennsylvanie 41
Université de Princeton 47
Université de Regina 156-158
Université de Technologie de Compiègne (UTC) 164
Université des Sciences et Techniques du Languedoc (USTL) 120-121, 131
Université du Michigan 177
Université du Sussex 56
Université Duke 46
Université Hébraïque de Jérusalem 22, 176
Université Louis Pasteur 115-117, 122, 126
Université Technique de Varsovie 157
Université McGill 56
USDA 141

VAN FRAASSEN B.C. 17

VINCI (de) L. 105-106

WADDINGTON C.H. 22-23, 40, 44, 48, 55
WAKEFIELD J.C. 45-46
WHITE J. 35-36, 163
WHITEHEAD A.N. 40-41, 203
WITTEN T.A. 177
WOLPERT L. 47
WOODGER J.H. 40-46, 50-51, 59, 196, 203
WRIGHT S. 22

YAN H.P. 170-173

ZHAN Z.G. 172
ZHAO X. 170

TABLES DES MATIÈRES

REMERCIEMENTS 5

AVANT-PROPOS 7

INTRODUCTION 9

CHAPITRE PREMIER : SIMULATION GÉOMÉTRIQUE ET BOTANIQUE 21

La simulation probabiliste de formes biologiques ramifiées : Cohen (1966) 22

Rôles épistémiques de la programmation modulaire, de la simulation et de la visualisation 25

Première simulation géométrique et réaliste des arbres (Honda-Fisher 1971-1977) 27

Les limites de la morphométrie et de la thermodynamique des arbres 31

La première simulation géométrique d'un arbre réel : le Terminalia 33

Bilan sur la simulation géométrique 37

CHAPITRE II : MODÈLE LOGIQUE ET SIMULATION ALGORITHMIQUE DES ALGUES 39

Un botaniste convaincu par le positivisme logique : la « théorie des cycles de vie » d'A. Lindenmayer (1963-1965) 40

Axiomatique inutilisable et axiomatique utilisée 44

De la théorie logique à la théorie des automates (1966-1967) 45

Le « modèle développemental » et les règles de réécriture (1968) 50

La controverse avec Brian Carey Goodwin au sujet des formalismes « naturels » 55

Bilan : l'ordinateur comme modèle d'automate et comme machine déductive 60

CHAPITRE III : LIMITE DES MODÈLES BIOMÉTRIQUES ET PASSAGE À LA SIMULATION EN AGRONOMIE ... 63
Le contexte institutionnel et technique de l'IFCC (1966-1971) ... 64
Transférer un peu d'économétrie dans la biométrie : un problème d'optimisation (1974) ... 65
Une première application de la simulation des plantes en agronomie (1974-1975) ... 68
Modélisation fragmentée et simulation géométrique : de Reffye (1975-1981) ... 74
Simulation, mimétisme et usage sous-symbolique des formalismes ... 86

CHAPITRE IV : UNE SIMULATION ARCHITECTURALE, ALÉATOIRE ET UNIVERSELLE ... 93
Une avancée en botanique : la notion de « modèle architectural » (1966-1978) ... 94
La recherche du réalisme botanique (1978-1979) ... 97
Critiques des modèles théoriques ... 102
Critiques des modèles biométriques ... 109
Réception mitigée (1979-1981) ... 112

CHAPITRE V : CONVERGENCE ENTRE SIMULATION INTÉGRATIVE ET INFORMATIQUE GRAPHIQUE ... 115
Le redémarrage de la recherche en simulation architecturale (1985-1991) ... 116
Thèse de Jaeger : modèle en préfixé et synthèse d'images botaniques (1987) ... 120
Thèse de Blaise : simulation du parallélisme des bourgeons (1991) ... 125
Valider une simulation intégrative ? ... 129

CHAPITRE VI : CONVERGENCE ENTRE SIMULATION UNIVERSELLE ET FORESTERIE (1990-1998) ... 133
Une controverse épistémologique entre modélisateurs : INRA et CIRAD ... 135
Convergence conceptuelle et institutionnelle : le laboratoire associé CIRAD/INRA (1995) ... 139
La valeur empirique de la simulation ... 142
Les sursimulations ... 145

CHAPITRE VII : REMATHÉMATISATION DES SIMULATIONS (à partir de 1998) 151
Le premier modèle mixte structure-fonction : « l'efficience de l'eau » (1997-1999) 152
Évolution parallèle de la simulation algorithmique : 1984-1994 156
Simuler la plante individuelle pour voir fonctionner les cultures (1997-2000) 166
L'association de l'AMAP avec l'INRIA : sous-structures et factorisation (1998-2006) 169
Bilan : simulation pluriformalisée et convergences entre disciplines 174

CONCLUSION 181

GLOSSAIRE 201

BIBLIOGRAPHIE SÉLECTIVE 213
INDEX DES MATIÈRES 235
INDEX DES NOMS 241

TABLES DES MATIÈRES 247

DANS LA MÊME COLLECTION

BAILHACHE P., *Essai de logique déontique*, 224 pages
BARBEROUSSE A., *La physique face à la probabilité*, 212 pages
BARTHELEMY G., *Newton mécanicien du cosmos*, 216 pages
BELNA J.-P., *Conceptions du nombre à la fin du XIXᵉ siècle : Dedekind, Cantor, Frege*, préface C. Imbert, 376 pages
BENMAKHLOUF A. *Frege, le nécessaire et le superflu*, 224 pages
BERNAYS P., *Philosophie des mathématiques*, introduction, traduction et notes H. Sinaceur, 240 pages
BONIFACE J., *Hilbert et la notion d'existence en mathématiques*, 320 pages
BOOLE G., *Les lois de la pensée*, introduction et traduction S.B. Diagne, 416 pages
BRENNER A., *Duhem, science, réalité et apparence*, 256 pages
CARNAP R., *La construction logique du monde*, introduction E. Schwarz, traduction Th. Rivain, 368 pages
CHAPPERT A., *L'édification au XIXᵉ siècle d'une science du phénomène lumineux*, 382 pages
CHAREIX F., *La philosophie naturelle de Christiaan Huygens*, 320 pages
CHARRAK A., *Raison et perception. Fonder l'harmonie au XVIIIᵉ siècle*, 320 pages
CHERNI A., *Épistémologie de la transparence. Sur l'embryologie de A. von Haller*, préface F. Dagognet, 370 pages
DUCHESNEAU Fr., *La dynamique de Leibniz*, 368 pages
– *Les modèles du vivant de Descartes à Leibniz*, 402 pages
DUHEM P., *Sozein ta phainomena. Essai sur la notion de théorie physique de Platon à Galilée*, introduction P. Brouzeng, 148 pages
– *L'évolution de la mécanique et autres textes*, préface P. Germain, introduction et notes A. Brenner, 496 pages
ÉLIE M., *Lumières, couleurs, nature. L'optique et la physique de Gœthe et de la Naturphilosophie*, 210 pages
GAUTHIER Y., *De la logique interne*, 142 pages
GRANGER G.-G., *Formes, opérations, objets*, 402 pages
HERMANN G., *Fondements philosophiques de la mécanique quantique*, préface B. d'Espagnat, introduction et postface L. Soler, traduction A. Schnell et L. Soler, 182 pages
HINTIKKA J., *Les principes des mathématiques revisités*, introduction, traduction et notes M. Rebuschi, 320 pages
HORIUCHI A., *Les mathématiques japonaises à l'épodque d'Edo (1600-1868). Une étude des travaux de Seki Takakazu (?-1708) et Katebe Katahiro (1664-1739)*, 410 pages

JOLY B., *La Rationalité de l'alchimie au XVIIe siècle*, préface J.-P. Dumont, texte latin, traduction et commentaire du *Manuscriptum ad Fridericum*, 408 pages

KISTLER M., *Causalité et lois de la nature*, 316 pages

KOBAYASHI M., *La philosophie naturelle de Descartes*, 142 pages

LARGEAULT J., *Intuition et intuitionnisme* suivi d'un texte de Brouwer, 240 pages

– *Intuitionnisme et théorie de la démonstration*, avec des textes de Bernays, Brouwer, Gentzen, Gödel, Hilbert, Kreisel, Weyl, 566 pages

LE RU V., *D'Alembert philosophe*, préface M. Clavelin, 312 pages

LEIBNIZ Gottfried W., *Caractéristique géométrique*, introduction, texte latin, traduction et notes M. Parmentier, 368 pages

– *L'estime des apparences. 21 manuscrits sur les probabilités, la théorie des jeux, l'espérance de vie*, introduction, texte latin, traduction et notes M. Parmentier, 474 pages

– *La quadrature arithmétique du cercle, de l'ellipse et de l'hyperbole*, introduction, traduction et notes M. Parmentier, texte latin E. Knobloch, 370 pages

– *Naissance du calcul différentiel : 26 articles des Acta Eruditorum*, introduction, traduction et notes M. Parmentier, 474 pages

– *Réforme de la dynamique*, introduction, traduction et notes M. Fichant, 448 pages

MARTIN T., *Probabilités et critique philosophique selon Cournot*, 362 pages

MICHEL A., *Constitution de la théorie moderne de l'intégration*, 338 pages

PARROCHIA D., *La raison systémique. Essais de morphologie des systèmes philosophiques*, 320 pages

PRIOR Arthur N., *Objets de pensée*, introduction, traduction et notes J.-C. Pariente, 200 pages

RAMSEY F., *Logique, philosophie et probabilités*, traduction P. Engel et M. Marion (dir.), 352 pages

ROBERVAL Gilles Personne de, *Éléments de géométrie*, préface J. Dhombres, édition et présentation V. Jullien, 544 pages

ROMMEVAUX S., *Clavius : une clé pour Euclide au XVIe siècle*, 320 pages

SINACEUR H., *Corps et modèles. Essai sur l'histoire de l'algèbre réelle*, 496 pages

SZABO A., *L'aube des mathématiques grecques*, traduction M. Federspiel, 368 pages

VAN FRAASSEN Bas C., *Lois et symétrie*, introduction et traduction C. Chevalley, 520 pages

VERNANT D., *La philosophie mathématique de Bertrand Russell*, 510 pages

VINCIGUERRA L., *Langage, visibilité, différence. Histoire du discours mathématique de l'âge classique au XIXe siècle*, 368 pages

WEYL H., *Le continu et autres écrits*, introduction, traduction et notes J. Largeault, 322 pages

ZAHAR E., *Essai d'épistémologie réaliste*, avant-propos A. Boyer, 192 pages

ACHEVÉ D'IMPRIMER
EN SEPTEMBRE 2007
PAR L'IMPRIMERIE
DE LA MANUTENTION
A MAYENNE
FRANCE
250-07

Dépôt légal :3e trimestre 2007